옆으로 간 사회복지 비판

급진사회복지실천가들의 현장 이야기

김성천 · 김은재 외 공저

학지사

사회복지실천가들이 사회문제의 근본적인 요인에 관심을 갖게 하고,
이를 해결할 수 있는 한 축이 되기를

"선실에 물이 들어오는데도 움직이지 말래요! 가만히 있으래요."

2014년 4월 16일 발생한 세월호 참사는 대한민국의 총체적 문제를 적나라하게 보여 준다. 우리 국민은 세월호 참사가 본질적으로 선주나 선장, 선원, 해경 등의 초동 대처와 위기관리 능력부실 등에 국한된 우발적이고 개인적인 요인에 기인한 것이 아니라 그동안 불합리하게 누적되어 온 우리 사회의 구조적인 문제점 등 때문에 발생할 수밖에 없는 인재(人災)라는 것을 뼈저리게 알게 되었다.

따라서 이 시점에서 문제에 대한 근본적인 원인 진단과 사회구조적인 변화가 이루어지지 않는다면 앞으로 제2, 제3의 세월호 참사가 일어나지 않는다고 장담할 수 없다. 그래서 대통령도 '국가개조론'

을 외친 것이 아니겠는가.

세월호 참사만이 아니다. 대한민국은 부끄럽게도 산업재해율, 교통사고율, 자살률, 저출산율 등이 세계 1위를 다투는 국가이자 나날이 심각해지는 빈곤과 불평등 문제, 이주민 및 소수자에 대한 차별 문제, 분단 문제 등 다양한 사회구조적인 문제를 지니고 있는 국가다.

사회복지실천 현장에서 사회복지사가 자주 만나게 되는 적지 않은 가족들은 빈곤, 차별, 장애, 폭력, 중독 등의 문제를 겪고 있다. 그런데 과연 이러한 문제들의 원인이 개인과 가족에게만 있는 것일까? 사회복지실천 현장에서 많은 사회복지사는 문제의 진단과 1차적인 해결책을 개인과 가족의 책임에 초점을 두고, 주로 개인 및 가족에 대한 상담과 치료, 교육과 훈련, 전문기관 의뢰 및 자원 연계 등 기능적이고 미시적인 서비스에 머무르고 있는 경향이 강하다. 사회복지사들이 클라이언트의 문제를 해결할 때, 자신의 소명을 개인의 변화에 두는 사회복지 현장의 이 같은 경향성 때문에 사회변화에는 거의 관심을 두지 않는 듯한 인상까지 받고 있다.

원래 사회복지전문직 미션의 근본적인 속성은 사회정의와 사회구조적인 문제해결에 일차적인 관심을 두어야 한다. 그러나 한국의 사회복지는 각 문제의 근본적인 원인이 되는 거시적이고 구조적인 문제에 대해 접근하고 실천하는 데 있어 많은 한계와 약점을 가지고 있다. 이 같은 경향은 사회복지 교육에서도 찾아볼 수 있다. 학부나 석사과정에서 소개하고 가르치는 사회복지실천의 주요 모델과 접근법은 주로 개인과 가족 등의 개인 변화에 초점을 두는 미시적 수준의 심리치료에 기반을 두고 해결책을 모색하는 모델이 일색이다.

이와 같은 연유로 거시와 미시를 포괄하지 않고 미시적인 접근에 경도된 교육을 받고 배출된 사회복지사들은 현장에서 문제해결의 초점을 제대로 잡기 힘들어 문제해결을 위해 아무리 열심히 노력을 해도 근본적으로 나아질 가능성이 희박한 현실에 봉착할 수밖에 없다. 이러다 보니 스스로 전문성에 대한 심각한 회의를 갖게 되어 과연 '사회복지사는 전문직인가?'라는 자조적 질문을 하는 경우가 많다.

그동안 사회복지실천 현장에서 이와 같은 왜곡과 한계를 극복하고자 하는 사회복지사들의 시도와 몸부림이 전혀 없었던 것은 아니다. 대표적인 예로 「장애인 차별 금지법」은 개인적인 이슈에서 시작되었다. 그러나 문제의 핵심은 개인문제가 아니라 사회구조적인 차별의 문제였다. 따라서 사회구조적 차원에서 문제에 대한 근본적인 해결이 이루어지지 않는 한, 개인문제는 결코 해결될 수 없다는 현장의 뼈저린 인식이 바탕이 되어 약 7년 간의 줄기찬 법 제정 투쟁 끝에 법이 제정되었다. 최근에는 '세상을 바꾸는 사회복지사' 활동과 같이 사회복지 쟁점에 대해 사회복지사들이 직접 정치적인 목소리를 내는 시도도 꾸준히 이루어지고 있어 비교적 보수성향이 강한 한국 사회복지 풍토에 새로운 희망을 갖게 한다.

이러한 문제의식을 가지고 필자들은 클라이언트 문제의 근본적인 접근이 될 수 있는 급진사회복지실천모델에 관심을 가져 왔다. 그런데 한국 사회복지실천 현장에서 사회구조적 문제 해결에 적합한 급진모델을 제시하거나 언급할 때, 우리는 다음과 같은 한계점에 봉착한 적이 많았다.

첫째, 남북 대치상황에 놓여 있는 한국사회에서 급진주의라고 하면 사회주의와 노조운동을 연상하여 일단 거부반응을 일으키는 기존 보수적인 현장의 풍토에서 급진모델은 그 이름만으로 환영을 받지 못하고 거부당하기 일쑤였다.

둘째, 대부분의 사회복지시설과 기관이 정부의 재정지원과 통제를 받는 상황이라 급진적 접근은 기존 제도에 대한 비판적 입장을 견지하며 이를 바꾸고자 하는 민원을 동반한 사회행동을 수반할 가능성이 높기 때문에 매우 위험한 모델이라는 부정적 인식을 갖는 경향이 높았다.

셋째, 사회복지를 가르치는 교수들과 연구자들이 급진적 접근에 대해 관심을 보이지 않고 있다. 한국에서 사회복지를 가르치는 많은 교수들은 대부분 미국에서 공부한 교수들인데, 미국에서 공부할 때 구체적으로 배웠던 사회행동 등의 거시적 방법을 왜 한국에 소개하지 않고 관심을 두지 않는지 그 이유가 궁금하다. 물론 서구에서 1960~1980년대 번성하였던 급진모델들이 주도적인 모델은 아니지만 미국이나 영국, 호주 등에서는 기본적으로 서적이나 논문으로 소개하고 있고 실천현장에서도 꾸준히 활용하고 있다. 그런데 한국의 사회복지에서는 거의 소개조차 안 되고 있다는 점은 학문적으로나

실천적으로 균형을 잃은 크나큰 손실이라고 생각한다.

이 같은 상황이다 보니 현재 우리나라에서 사회복지사를 양성하는 교재나 전문서적을 출간하는 출판사에서도 급진적 실천 관련 서적은 아예 배제되고 있는 실정이다. 사회구조적인 개혁을 도모하는 사회행동, 정치적 임파워먼트, 계층 옹호 등과 같은 거시적인 방법들은 뒷전이고 '귤이 회수를 건너면 탱자'가 되듯이 점점 더 그 성격이 보수화되어 체제 순응적인 방법만을 가르친다. 게다가 아예 현실 적합성이 적다는 이유를 들며 소개조차 되지 않고 있는 것이 한국 사회복지실천의 현실이다.

한국사회가 급진실천의 불모지는 아니다. 오히려 정부의 통제를 받지 않고 있는 순수 NGO 단체에서는 한국의 사회문제 해결을 위해 거시적이고 근본적이며 연계적인 접근, 즉 급진적인 해결책을 모색하는 활동가들이 적지 않으며, 단기간에 큰 성과를 이루는 경우도 자주 눈에 띄고 있다.

현실적으로 이와 같은 문제의식에 입각하여 우리는 한국에서 이미 '급진적 사회운동'을 선구적으로 실천하고 있는 실천가들의 활동을 소개하는 것이 매우 소중한 일이라는 소명의식을 가지고 이 책을 집필하기 시작했다. 그동안 사회복지실천 현장에서 일하는 사회복지사의 활동을 소개하는 책이 없지는 않았으나, 기존의 소개서들은 주로 제도권 내에서 클라이언트 체계의 변화와 역량강화를 도모하는 미시적 활동을 소개하고, 좀 더 나간다면 지역의 자원을 동원하고 연계하는 지역조직과 네트워크 활동 중심으로 소개해 왔다. 그동안 급진사회복지에 관련된 번역서와 극소수의 논문이 소개된 적은 있었지만 한국에서 이루어졌던 급진적 실천활동에 대한 현장의 이야기가 집중적으로 소개된 책은 없었다. 그리하여 우리는 이 책을 통하여 클라이언트의 문제와 사회문제의 원인을 사회구조적 문제로 진단하고, 이에 대한 대책을 고민하며 적극 실천으로 옮겨 일정 부분 큰 성과를 이룬 급진실천가의 활동을 소개하고자 하였다.

이 책을 집필하는 과정에서 우리는 우리 사회에서 도드라지진 않지만 급진실천이 여성, 아동, 장애인, 노숙인, 빈민계층, 이주노동자, 결혼 이주여성, 성소수자 등의 다양한 영역에서 꾸준히 활기차게 펼쳐지고 있음을 확인할 수 있었다. 이 작업을 통하여 우리가 만난 급진실천 활동가들이 펼치고 있는 사회운동, 급진적 전략 및 기법 등이 급진사회복지실천 방법론과 거의 유사하거나 같다는 것을 알 수 있었다. 이들 중 대부분은 사회복지실천가는 아니지만 이들이 펼치는 급진운동이 주장하는 이슈나 쟁점은 한국 사회복지실천에 많은 시사점을 제공한다.

그동안 사회복지실천 분야에서 이러한 거시적 실천에 대해 사회복지사들이 무관심하거나 접근하지 못한 이유는 급진적 실천 방법이 있는데도 불구하고 학생들에게 소개하거나 가르치지 않은 교수와 연구자들의 편향된 이론 소개, 급진적 실천에 대한 무관심이 크게 일조하였기 때문이라고 생각한다. 또한 더 분명해지고 확신할 수 있었던 점은 한국의 다양한 분야에서 이미 실천되고 있는 급진적 활동의 많은 부분이 정부의 통제를 받고 있는 사회복지실천 분야에도 충분히 적용될 수 있다는 가능성이었다.

이 책은 2013년 중앙대 사회복지학과 대학원의 '급진사회복지실천'이라는 수업에서 학생들과 뜻을 같이하여 공부하고 기획하고 자료를 수집하고 토론하는 과정을 통해 결실을 맺게 되었다.

석사 · 박사과정 학생들의 인터뷰 요청에 어려운 시간을 내어 쾌히 응해 주신 강인남, 김정열, 배옥병, 은재식, 안진걸, 윤용택, 이동현, 이혁상, 최의팔, 한국염 등의 실천가들께 다시 한 번 깊은 감사의 마음을 전한다. 어려운 여건 가운데서도 이분들의 선구자적인 실천과 활동을 이 책에 담는 것을 쾌히 허락하신 큰 마음이 있었기에 이같이 귀한 책이 탄생할 수 있게 되었다. 아울러 쉽지 않은 수업을 따라오랴 현장을 찾아가 인터뷰하랴 바쁠 텐데도, 몇 번의 수정요구에도 묵묵히 그리고 즐겁게 초고를 작성하고 수정해 준 김지선, 김솔아, 김인수, 권영지, 문성아, 이보라, 정혜윤, 임장현, 임정인 석사과정 학생들과 김은재, 이수영, 황환, 송영매 박사과정 학생들에게 깊은 감사의 마음을 전한다. 그리고 이 책 집필에 직접 참여하지 못했지만 한때 급진실천에 대한 이론적 연구를 같이 하였던 이재경 박사와 이은정, 박재은박사과정 수료에게도 특별한 고마움을 전한다. 특히 이재경은 이 책의 이론적 배경 글에 적지 않은 자료 제공을 해주었다. 또한 이 책의 기획단계부터 전문적 조언을 아끼지 않고 도와

주신 이명묵 세밧사세상을 바꾸는 사회복지사 회장님께 특별한 감사의 말씀을 드린다.

끝으로 급진실천에 대한 어려운 이론서가 아니라 현장에서 활동한 실천가들의 이야기를 알기 쉽게 엮은 이 책을 통해 부디 한국의 사회복지실천가들이 한국사회의 근본적이고 거시적인 요인에 대해 관심을 가지고 이를 해결할 수 있는 단단한 한 축이 되기를 기원한다.

2015년 흑석동 연구실에서

집필 대표 김성천, 김은재

| 차 례 |

제2부

한국사회, 변화의 중심에 선 그들의 이야기

제3부

우리 사회의 소수자, 그들의 목소리

제1부

급진사회복지실천

01
들어가며

"사회복지사의 직업은 사회변화, 인간관계의 문제해결, 역량강화, 인간해방을 촉진함으로써 인류의 복지를 증진한다. 인간행동이론, 사회체계이론을 활용하여 사회복지사는 인간이 그의 환경과 상호작용하는 지점에서 개입을 한다. 인권과 사회정의의 원칙은 사회복지의 기본이 된다."(NASW & IFSW, 2001). 미국사회복지교육협의회 Council on Social Work Education: CSWE와 국제사회복지사연맹International Federation of Social Work: IFSW의 사회복지에 대한 이러한 정의와 선언의 특징은 사회복지실천이 개인의 변화를 강조하는 정의(Richmond, 1922; Perlman, 1957)에 국한되지 않고, 사회구조적 환경의 변화와 사회정의의 실현까지도 목표로 하고 있다는 점이다. 그러나 미국의 임상 실천의 영향을 받은 한국의 사회복지실천은 역기능적인 사회구조적 환경의 변화보다는 개인의 부적응을 변화시키는 데 더 초점을 두고 있어서 많은 한계점을 보이고 비판의 대상이 되고 있다.

일반적으로 사회복지실천 방법은 클라이언트의 문제의 원인을 주로 개인과 가족에게 초점을 두고 접근하는 미시적 접근과 불합리한 사회구조와 환경 등에서 원인을 찾는 거시적 접근으로 구분할 수 있다(김성천, 2008). 이 거시적인 접근 중 문제의 근본적인 원인을 사회구조에서 찾고 문제 해결을 빠른 시일 내에 도모하는 접근을 '급진사회복지실천'이라고 한다. 사회복지에서 급진사회복지실천 방법은 개인의 변화에 치중하고 있는 주류 사회복지실천에 가려 특히 한국의 사회복지사들이나 관련 단체 등에게 익숙하지 않은 접근법이다.

근대적 사회복지가 시작된 20세기 초의 사회복지실천은 사회문제의 원인을 사회환경에서 찾고자 했다. 그러나 1930년대 이후 사회복지실천의 전문화가 이루어지면서 환경의 변화보다는 개인의 변화를 통한 문제 해결을 강조하게 되었다. 그러나 개인에게 초점을 두고 문제를 해결하는 심리사회적 모델은 개인의 부적응과 병리를 강조하고 사회구조적인 맥락을 간과하기 때문에 문제해결에 효과적이지 못하다는 점은 늘 지적되고 비판을 받아 왔다(김성천, 2008). 급기야 1970년대에 와서는 '환경 속의 인간person in environment'을 대상으로 환경과 인간을 균등하게 다루는 통합방법론이 대두하였다. 그러나 거시와 미시를 동시에 아우르는 통합적 접근이 실제로는 사회복지 전문직의 전문화 강세 속에 여전히 미시적인 접근을 강조하는 경향을 벗어나지 못한 한계를 지니고 있어 클라이언트의 문제에 효과적으로 대처하기 힘든 한계를 지닌다는 비난을 면치 못하고 있다(김성천, 2007; 김미원, 1997; 김인숙, 2001; 이은주, 2002).

최근 세계화와 신자유주의, 후기산업사회로의 전환은 전 지구적 사회구조와 노동의 형태를 급속도로 재편시키고 있다. 이러한 시대 흐름에 신속하게 적응하지 못한 사람들은 급속하게 신빈곤 취약집단으로 편입되고 있고, 점점 심화되는 사회양극화 문제는 전 지구적으로 뜨거운 쟁점으로 떠오르고 있다. 그동안 민족국가의 고정된 범위 안에서 지역적이고 미시적인 차원의 사회문제에 초점을 두는 기존 사회복지실천은 새로운 형태로 나타나는 문제를 해결하는 데 상당한 한계를 지니고 있다. 따라서 급격한 사회변동에 맞추어 좁게는 국지적인, 넓게는 국제적인 흐름에 적응할 수 있도록 사회복지실천의 정체성을 재구성하여 변화무쌍하게 대두되는 신사회적 도전에 대응할 수 있는 실천방법으로의 전환이 절실한 시점이다.

이렇듯 변화하는 실천현장의 흐름을 직시하지 않고 미시적인 기존 실천패러다임만을 고집한다면 세계화와 신자유주의 등이 감행하는 국내외적으로 발생하는 실업, 외국인 이주노동자, 불법이민 문제, 학교폭력, 알코올중독, 약물남용, 노인자살 문제 등 급속하게 다변화되는 사회문제 해결은 한계에 봉착하여 호미로 막을 일을 가래로 막는 엄청난 사회적 비용과 혼란을 초래할 것으로 예상된다.

최근 다양한 실천현장에서 기존 사회복지실천의 한계가 가시화되자 사회환경의 변화를 중시하는 급진사회복지실천이 신사회 문제최근 세계화 이후 등장한 사회 문제를 해결하는 대안적인 실천으로 재부상하고 있다. 급진사회복지실천은 악순환적으로 발생하는 클라이언트 문제의 근본적인 원인이 되는 불합리한 사회구조를 변화시켜 클라이언트의 문제의 뿌리를 제거하는 거시적 차원의 실천이다. 문제의 원인을 개인에게서 주로 찾으면서 사회환경이나 사회구조적 요인을 간과하는 기존 사회복지실천의 약점을 극복하기 위한 대안적 실천 방법이다. 또한 불합리한 사회구조 때문에 억압받고 문제에 매몰될 수밖에 없는 클라이언트의 문제환경을 구조적으로 분석하여 사회구조와 환경을 신속하게 변화시킴으로써 개인의 생존이나 사회적 역할수행에 적합한 환경을 제공하여 클라이언트의 문제를 해결하고자 하는 적극적인 실천방법이다.

급진사회복지실천은 사회복지실천의 역사에서 비교적 비주류의 위치에 있어 널리 알려지지는 않았지만 갑자기 반짝 등장한 실천패러다임이 아니다. 미국의 경우, 사회복지실천은 초기에 개인에 초점을 두는 자선조직협회Charity Organization Society: COS와 사회구조적 문제에 초점을 둔 인보관운동으로 이분화되어 발전되어 왔다. 특히 사회구조적 문제에 관심을 두고 사회환경을 개선하여 사회정의의 실현과 평등, 분배를 지향한 인보관운동의 전통은 미국의 윤리강령이나 현재 소수자의 위치이지만 급진사회복지실천 등을 통하여 명맥을 이어왔다.

급진사회복지실천은 초기 미국의 사회복지실천에 있어 사회적 개혁에 관심을 가졌던 사회복지실천가들이 사회문제에 대한 현실적인 대안으로 사회운동을 통한 사회개혁에 중점을 둔 실천방법이다. 이는 사회정의와 평등을 실현하기 위하여 사후치료보다 사전예방 차원에서 구조적인 변화에 초점을 두었다.

급진사회복지실천은 1930년대 대공황 이후 근로자 및 중산층 등이 대량실업에 처하면서 폭발적으로 신빈곤층으로 몰락하는 현상이 일어나자, 사회복지실천가들은 전통적인 빈곤은 물론 새롭게 양산되는 신빈곤과 사회문제의 원인이 개인의 결함에 의해서 야기되는 것이 아니라 경제적 · 사회적 환경에 의해 구조적으로 발생한다는 것에 주목하면서 발전하게 되었다(김성천, 2012). 그러나 자선조직협회가 훈련된 유급 사회복지사를 채용하는 과정에서 개인에 초점을 둔 전문사회사업이 이루어지고 세계적으로 몰아닥친 대공황과 세계대전 등으로 좌우 이념 논쟁이 심화되자 매카시즘을 비롯한 반사회주의 운동과 정부의 조직적인 탄압 등으로 급진주의 운동이 위축되었다.

이후 1960년대 마틴 루터 킹 목사를 중심으로 한 흑인민권운동, 학생들의 베트남반전운동, 제2차 여성해방운동 등 다양한 반차별-반억압 사회운동의 물결 속에서 전문사회복지사를 포함한 사회복지제도가 사회통제의 도구로 활용되고, 클라이언트의 이익에 반하고 있다는 사회적 비판이 거세졌다. 이에 따라 개인보다는 환경의 변화를 중시하는 급진사회사업에 대한 관심이 촉발되었다. 이 시기의 급진사회사업은 사회구조적 조건의 변경, 경제사회적 불평등 감소 및 제거, 사회자원과 권력의 재분배를 위한 위임, 규범과 기준을 실행하기 위한 저항으로, 특히 개인에 초점을 둔 사회복지 전문가주의에 대한 논쟁으로 확산되었다(Reisch & Andrews, 2001). 급진사회복지실천은 1970년대에 접어들어 다시 힘을 얻었으나 냉전과 1980년대 레이거노믹스와 대처리즘을 중심으로 한 보수집권 세력의 영향으로 다시 위축되었다.

그러다 1990년대 초반, 1980년대에 신자유주의를 앞세워 집권한 영미 보수주의 정권들의 실정으로 사회부정의와 불평등문제, 사회양극화가 심화되자 이를 해결하기 위한 대안으로 급진주의가 부상하면서 급진사회복지실천은 인도주의와 평등주의 사회구현을 위하여 계급주의, 인종주의, 성차별주의를 없애자는 목표를 갖게 되었다. 아이러니하게 여러 시대상황에 밀려 근근이 명맥을 유지하던 급진사회복지실천이 최근 재부상하고 있다. 이에 따라 페미니즘의 확산, 인종차별주의와 성차별주의를 막기 위한 입법, 장애와 성적 취향의 자유, 노인에 대한 반차별 접근, 클라이언트의 자기결정, 클라이언트와 사회복지사의 평등하고 인격적인 관계, 임파워먼트, 사회행동, 옹호, 클라이언트의 개별화 및 다양성 인정 등을 주장하며 사회복지실천 패러다임을 변화시키고 있다.

한국 사회복지실천 현장에서도 최근 이러한 경향이 신사회운동[1]과 급진사회복지운동의 형태로 나타나고 있다. 다양한 실천현장에서 클라이언트 개인에 초점을 둔 임상적 접근은 문제해결의 핵심을 벗어난 임시 방편적인 처방에 불과해 시대변화에 부응하지 못하는 클라이언트들이 문제상황에서 벗어나지 못하는 경우가 많다. 이에 따라 거시적인 차원으로 사회구조적인 불평등을 변화시켜 악순환적으로 발생하는 문제의 근원적인 고리를 제거하려는 노력이 사회복지현장에서 일어나고 있다세밧사.[2]

그러나 오랜 권위주의적인 독재정권이 감행했던 관주도적 사회통제 성향이 아직도 적지 않게 잔존하는 우리나라 대부분의 사회복지 시설과 기관은 정부보조금이나 지방정부의 지원을 받는 경우가 많은 편이다. 그동안의 사회복지사의 역할을 살펴보면, 주로 정부의 정책이나 자원을 지자체에 전달하고 클라이언트에게 전달하거나 매개하는 역할에 활동의 영역이 국한되는 경우가 많았다. 이와 같은 실천환경에서 사회복지사가 급진사회복지실천에 대한 인식과 의지를 가지고 클라이언트에게 불합리한 사회구조나 정부정책을 클라이언트

1 1970년대에 들어 나타난 신사회운동은 이전의 노동운동, 민주화운동으로 대표되었던 사회운동과는 달리 환경운동(녹색운동), 반핵운동, 생명운동, 소비자운동, 생활, 세계, 문화, 인종, 언어 등 인류의 생존에 관련된 보편적인 가치를 전제로 사회 전체의 복지를 추구하려는 집합행동을 말한다.

2 세상을 바꾸는 사회복지사(세밧사)는 정의, 인권, 평등, 연대, 민주주의에 기초한 보편적 복지국가인 대한민국을 꿈꾸며 한국사회에 사민주의 복지국가 실현을 위한 복지운동과 사회복지를 사회복지사답게 실천하고자 하는 사회복지사들의 모임이다(www.sebasa.org).

와 함께 도전하여 변화시킨다는 것은 결코 쉬운 일이 아니다. 이러한 한국 사회복지실천 현장의 구조적인 약점을 보완하기 위해서는 기존 사회복지실천모델을 부정하지 않고 인정하면서 환경에 대한 개입을 중시하는 거시적 실천과 급진적 실천을 확장하고 강조하여야 한다. 이를 통해 급진사회복지실천모델을 수용할 수 있는 유연성과 사회복지 부문에 종사하는 종사자들과 전문가들의 인식 전환이 필수적으로 선행되어야 한다.

02

급진사회복지실천 이론

급진사회복지실천의 관점

최근 급진사회복지실천을 대표하는 학자는 폭Janis Fook, La Trobe University, 도미넬리Lena Dominelli, Durham University, 톰슨Neil Thompson, Avenue Consulting Ltd이 있다. 급진주의가 기존 사회복지실천에 어떻게 반영될 수 있는지를 연구한 폭은 급진개별사회사업을, 차별의 문제를 강조한 톰슨은 반차별 사회복지실천을 발달시켰고, 권력관계와 정체성에서 억압과 역동을 설명한 도미넬리는 반억압 사회복지실천을 추구하였다.

폭(1993)은 클라이언트의 문제를 개인의 권력부족, 이데올로기로 인한 역할제한, 이익집단과의 갈등, 개인/사회의 무능력, 사회적 낙인 과정, 사회경제적 구조의 제한 등이 원인이 된다고 보았다. 톰슨(2001)은 사회문제가 사회적 구분에 의한 차별에 의해 발생한다고 보았다. 그는 차별을 특정개인이나 집단이 사회구조적으로 불공정하거나 불평등하게 취급됨으로써 불이익을 받게 되는 편견적인 행동으로 정의하며, 사회적 구분인 계급, 성gender, 인종/민족race/ethnicity, 연령, 장애 등이 주요요소가 되어 권력, 지위, 기회의 분배에 중요한 역할을 한다는 것이다. 톰슨은 사회문제의 이데올로기와 언어의 역할을 강조하였다. 사회에는 다양한 이데올로기가 존재하지만 지배집단의 이데올로기가 그 사회의 지배적 이데올로기가 되면서 이것이 기존 사회의 권력관계와 사회적 합의를 강화, 유지, 정당화하려는 역할을 하게 된다. 이렇게 형성된 이데올로기는 특정집단에 대한 편견으로 발전하게 됨으로써 지배, 불평등, 부정의를 유지시킨다는 것이며, 언어에 담겨 있는 지배집단의 차별적 성격에 주목하였다.

도미넬리(2002)는 사회구조적 권력관계에서 발생하는 억압에 더 초점을 두어 사회문제를 설명하였다. 그는 억압을 이해하기 위해서는 억압이 일어나는 상호작용의 맥락을 이해하는 것이 중요하다고 보면서, 사회구조적 억압은 개인이나 집단이 가지는 정체성 형성, 차이의 정치화politicization of difference, 타자화 과정othering process 등을 통해 구성된다고 보았다. 여기에는 인종, 성, 성적 지향, 연령, 장애, 정신건강, 계급의 사회적 분리에 배제와 포함의 원칙이 적용된다.

'차이의 정치화'란 성이나 인종과 같은 생득적인 차이를 상이한 본성으로 보기보다 그 차이를 불평등한 차별로 당연시 하는 것이다. 불평등에 뿌리를 둔 이원론의 역동성은 '타자화 과정'의 핵심요인이 된다. 타자화 과정은 사람들을 경쟁적인 비교를 하게 하고 권력의 발휘, 배제와 포함에 대한 정의기준을 활용해서 내부자와 외부자로 범주화하게 한다. 타자화 과정은 사람들을 비인간화시켜 외부자들에 대해서는 인간성을 부정하고 폭력 등을 행하는 것을 허용하게 만든다.

급진사회복지실천 이론

급진주의의 기원은 다양하게 추적되기도 하나 주로 사회주의 혹은 좌파의 정치적 급진사상을 의미하는 것으로, 광범위한 정치운동과 함께한 마르크스주의 정치 철학과 사회학에서 유래되었다. 이는 사회복지에 영향을 주어 급진사회복지실천을 태동시켰다(서진환 외, 2001; 엄명용, 2011). 이러한 영향으로 개인의 변화와 사회변혁에 관심을 기울이는 급진적 경향은 1930년대 미국 사회복지실천에서 클라이언트를 둘러싼 환경과 사회개혁을 중시하게 되어 아담스Adams의 인보관운동, 뉴딜정책 시기에 나타난 랭크앤파일운동the Rank and File Movement[3] 등에서 기원을 찾을 수 있다. 이 시기 급진주의의 중요한 이데올로기 원천은 선험론transcendentalism, 마르크시즘 그리고 사회주의와 같은 19세기의 세속적 이상주의 철학과 종교에서 영향을 받았다. 그 이후인 20세기 초에는 다양한 사회운동, 노동운동, '1세대 페미니즘', 평화주의 등과 깊은 관련을 맺었다. 이후 매카시즘McCarthyism[4]의 영향으로 급진사회복지실천은 위축되었다. 그러나 다양한 사회운동이 촉발되기 시작한 1960년대 들어와서 급진주의는 다시 부활하여 사회복지실천에서 사회적 맥락을 중요한 의제로 만들었다. 이로 인해 사회경제적 구조와 역사적 조건들이 개인의 경험에 영향을 미친다는 관심을 촉발하며 강력한 사회개혁을 요구하게 되었다(Fook, 2002).

이때 일부 사회학에서는 원조 전문직 자체에 문제가 있다고 비판하였는데(Mills, 1943; Halmos, 1965; Illich, 1970; North, 1972; 김성천 외, 2007) 원조 전문직이 표면상 돕고 있는 집단에 대한 지배력을 영속화하는 이데올로기를 창출하기 때문이었다. 또 다른 비판은 사회복지

3 1930년대 임금 삭감 요구에 직면한 전문가들은 조직(Association of Federation Social Workers: AFSW)을 결성하여 필요한 대응을 하였다. 이 조직은 훗날 「Social Work」 저널을 만든 실천가 집단과 연대하여 일반 조합원(직원)운동(Rank and File Movement)을 결성하였다. 일반 조합원들은 빈곤, 실업, 인종차별 반대운동에 적극 참여하였다.

4 매카시즘(McCarthyism)은 1950~1954년 미국을 휩쓴 공산주의자 색출 열풍을 말한다. 옥스포드 영어사전에서는 "1950년~54년 사이에 일어난 공산주의 혐의자들에 반대하는 떠들썩한 반대 캠페인으로, 대부분의 경우 공산주의자와 관련이 없었지만, 많은 사람들이 블랙리스트에 오르거나 직업을 잃었다."라고 정의하고 있다.

제도가 사회통제의 수단으로도 작용하기 때문에 클라이언트의 이익에 반대되는 것으로 보았다. 이는 사회복지실천이 직접적으로는 사회변화를 방해하고, 간접적으로는 현재 자본주의 체계가 가지는 본래적 억압에 기여하는 것으로 간주한다. 사회복지 전문직 내부에서도 이러한 비판이 제기되었고, 이러한 비판은 전통적 사회복지실천 방법에 집중되었다(김성천 외, 2007). 1980년대 급진사회복지실천은 영국의 대처리즘과 미국의 레이거노믹스의 보수화 물결로 인해 또다시 쇠퇴를 맞게 된다. 그러나 1990년대 초반 사회주의 몰락으로 급진주의 운동에 대한 저항감이 약화되고, 1980년대 집권한 영미의 보수주의 정권들의 실정으로 인한 불평등문제의 심화로 급진주의는 재조명되고 새로 부각되었다. 급진주의는 인도주의와 평등주의 사회를 구현하기 위해 계급주의, 인종주의, 젠더차별주의를 없애자는 목표를 갖게 되었다. 이는 페미니즘의 확산, 인종차별주의와 성차별주의를 막기 위한 입법, 장애와 성적 취향의 자유, 노인에 대한 반차별-반억압 접근 등으로 확산되었다(Thompson, 2001; 엄명용 외, 2011).

한편, 모든 급진적 접근이 기존의 전통적 실천을 전면 부정하는 것만은 아니다. 푹(1993)은 기존 사회복지실천모델을 인정하면서 그 기능을 확장하는 선에서 환경적인 문제에 초점을 두는 급진개별사회사업 모델을 주장하였다. 그는 클라이언트에 대한 심리적 원조도 중시하면서, 기존의 급진주의자들이 잘 언급하지 않았던 구체적인 실천과정인 조사와 사정, 개입방법 그리고 다양한 개입사례를 제시하였다. 전통적 사회복지실천에서 사회환경은 단순히 가족, 친구, 동료와 같은 미시적 주변 요소로 이해되는 반면, 급진사회복지실천에서는 더 넓은 사회경제적 구조, 즉 지배적 이데올로기, 권력 갈등, 은폐되어 있는 착취적 · 억압적 관습 및 제도 등으로 이해된다.

급진사회복지실천 이론의 적용과 한계 그리고 가능성

급진사회복지실천은 기존의 전문사회복지실천에 많은 영향을 주어 클라이언트의 자기결정권, 클라이언트와 사회복지사의 평등하고 인격적인 관계, 임파워먼트, 사회행동, 옹호 등의 방법이 수용되는 계기를 마련해 주었다. 그러나 사회복지실천 역사에서 급진사회복지실천이 미국이나 서구 사회에서 비주류의 위치에 있는 것은 부인할 수 없는 현실이다.

사회복지실천 태동의 본고장인 미국에서 급진주의 사회복지실천의 영향은 상반되게 평가되고 있다(Reisch & Andrews, 2001). 부정적인 관점으로는 급진사회복지실천이 사회문제의 해결에 큰 영향을 미치지 못하고 있다는 평가를 내리고 있다. 1980년대 이후에 계급의식과 노조와 같은 조직적 사회운동이 약화되고 개인주의적이고 물질주의적인 열망이 커지고, 전문사회복지실천이 보수화됨으로써 급진주의의 영향은 미풍에 지나지 않았다고 본다.

반면에 급진주의는 사회복지실천에 계속 긍정적인 영향을 미치고 있다는 평가도 존재한다(Reish & Andrews, 2001). 비록 현 사회복지실천에서 급진주의자의 힘은 미약하지만, 사회복지실천의 발달사에서 급진주의는 중요한 역할을 했다고 평가된다. 특히 사회정의, 법적 수급권, 제도화된 보상 등과 같은 사회복지의 기본개념의 형성과 사회복지실천의 기초원리인 자기결정권, 역량강화, 다양성의 인정 등은 급진주의의 영향을 지대하게 받아 형성된 예들로 지적되고 있다. 또한 급진사회복지실천은 기존의 사회복지실천이 갖고 있는 환경구조의 변화와 사회정의 추구에 대한 약점을 보완하고, 현상유지에 도전할 수 있는 시각과 풀뿌리 형태의 지역사회 기반 실천의 노하우를 제공해 준다. 사회복지실천이 사회문제의 원인을 개인적 결함에 근거하여 타당성 없이 임상적 접근 또는 심리치료화되는 상황에 대해 비판적 시각을 제공해 주며 예방활동에 관심을 갖게 해준다(Reish & Andrews, 2001).

한국의 경우에도 두 가지 측면에서 조망할 수 있다. 먼저 급진주의라고 하면 사회주의와 노조운동을 연상하여 일단 거부반응을 일으키는 사회와 기존의 보수적인 사회복지실천 현장의 풍토를 들 수 있다. 그리고 대부분의 사회복지시설과 기관들이 정부의 재정지원을 받는 상황에서 급진적 접근은 사회행동을 수반하는 민원을 일으킬 소지가 있는 위험한 모델이라는 부정적 인식이 우선하여 제도권 내의 사회복지실천 현장에서 급진사회복지실천 모델을 채택하지 않을 가능성이 높다. 또한 학교에서 보수성향의 심리모델에 입각한 사회복지실천을 교육받고, 이에 순응하여 사회복지실천의 현장에서 일하고 있는 사회복지사들은 클라이언트의 문제를 해결함에 있어서 사회 구조적인 요인들을 도외시하고 클라이언트의 심리문제나 관계의 문제에 관심을 가짐으로써 클라이언트 문제의 환경적인 요인을 간과하는 성향이 강하다. 급진적 접근과 맥을 같이하는 간접적 개입방법인 조정, 중재, 옹호, 의뢰 등의 활동은 교과과정에서 간단하게 소개만 될 뿐, 구체적 교육과 훈련의 영역에서는 소홀하게 취급되고 있다. 더욱이 이러한 간접적 개입 방법들은 지식과 기술이 필요한 일이라기보다는 열정을 가지고 발로 뛰며 몸으로 때우는 시간 소모적 업무라고 생각하여 비전문적 업무라고 잘못 인식되는 경향이 있다(이은주, 2002).

반면에 많은 젊고 진보적인 사회복지사들은 보수적인 사회복지실천 방법에 한계를 느끼고 있고 사회운동과 사회복지 노동조합활동과 같은 급진적인 방법에 관심을 보이고 있기도 하다. 정부지원을 받지 않고 있는 비영리 민간단체NGO들과 당사자와 부모들이 열심히 활동하는 장애인복지 분야 그리고 여성복지의 일부 분야에서는 이미 급진주의 사상과 기법이 활발히 적용되고 있다. 오히려 장애인복지운동의 경우는 그 실천방법이 너무 급진적이라는 평가가 있는 것이 현실이다.

한편, 급진사회복지실천에서 주장하는 이론체계에도 한계가 있다

(Fook, 2007). 예를 들어, 급진주의는 개인의 자기결정권을 주장하고 있으나 불평등한 서비스의 구조에서 각 개인이 어느 정도까지 그리고 어떻게 자기결정권을 주장할 수 있을 것인가에 대해서는 회의적인 의견이 많다. 비자발적 클라이언트와 일하는 경우와 공적사회복지분야에서 급진적인 실천을 행하는 데는 상당한 한계가 있다. 성차별적이고 억압적인 구조와 절차를 사용하는 현장에서 일하는 사회복지사나 급진적 실천에 대하여 이해가 없는 슈퍼바이저나 동료들과 함께 일하는 급진적 사회복지사도 매우 큰 어려움에 봉착할 수 있다.

이러한 한계에도 불구하고 현 한국 사회복지실천 모델의 구조적 약점을 보완하기 위해서는 한국사회에 적용가능한 기존 사회복지실천의 확장으로써의 급진적 사회복지실천이 재평가되고 적극적으로 소개되는 비판적 수용의 자세가 필요하다. 물론 급진사회복지실천의 효과성을 증명할 수 있는 과학적 방법이 개발되고 이를 통하여 효과성이 검증됨으로써 책임 있는 수용이 되어야 할 것이다. 외국의 경험에 비추어 보면 급진적 관점은 사회적으로 불이익을 당하는 저소득집단, 노인집단, 여성집단, 소수민족과 소수인종, 장애인, 동성 부부, 시골거주자 등의 문제분석과 개입에 매우 적합하게 적용될 수 있다고 생각한다(엄명용 외, 2011).

급진사회복지실천의 전략과 기법

사회복지실천은 공통적으로 추구하는 목적이 있기 때문에 경우에 따라서는 동일한 기술이 전통적인 방식과 급진적인 방식 모두에서 활용될 수 있다. 따라서 급진접근과 전통접근의 차이는 기술적인 차이가 아니라 목표에서 나타나는 차이라고 보아야 한다. 여기서는 퓩(1993)이 제시하는 관료주의 대처전략, 비판적 자각, 개발, 옹호, 역량강화, 사회복지실천의 원조관계, 사회교육, 자원의 적극적인 활용, 사회적 공감, 사회적 지지, 사회복지실천 결과에 대한 평가 등을 다룬다.

첫째, 관료주의 대처전략은 관료적인 기관환경에서 근무하는 사회복지사들의 상당수는 관료주의적 성향이 높은 기관에 근무하다 보니 사례에 개입하는 과정에서 변화의 초점이 기관이나 관료제도에 맞춰지는 경우가 있는데 이를 해결하기 위한 것이다. 관료적인 사회복지실천 현장에서 급진적으로 일하기 위해서는 연구와 조사를 통해 여러 가지 급진적 사고를 사회적으로 알리면 급진적 실천을 채택할 수 있는 가능성이 높아지게 된다. 기관이 규정하는 일정한 절차를 분석해 보면 그 기관이 가지고 있는 정책 중에서 어떤 것이 사회적 불평등을 조장하고 있는지 알 수 있다. 일련의 사회복지서비스 제공 절차가 클라이언트의 권력과 변화될 가능성을 축소시키며 클라이언트에게 억압적인 상황을 만들고 있다는 것을 분석함으로써 클라이언트의 자발성과 서비스에 대한 접근성을 최대한 보장해 주어야 한다. 사회복지 전문직 내부에서도 억압적 관료 정책에 대항하는 전략이 있는데, 이는 클라이언트를 '사례'로서 받아들이는 것을 거부하고, 대신 보호와 돌봄이 필요한 잠재적인 '정치적 동맹자'로서 받아들이는 것을 내용으로 한다.

둘째, 급진사회복지실천의 전략과 기법에는 비판적 자각개발이 있다. 이는 의식화와 의식고양과 관련된 기법으로 교육적인 측면을 가지고 있어 사회에 관해 더 많은 것을 알게 된다. 의식화와 의식고양 활동은 사회적 · 정치적 억압에서 개인을 해방시키는 것을 강조하며, 개인의 문제를 일으키는 구조적인 조건을 인식하는 것을 중요하게 여긴다.

셋째, 옹호는 급진사회복지사에게 적합한 역할로서 가장 먼저 제안된 것 중 하나다. 옹호란 어느 한 사람이 다른 사람을 대신하여 행동하고 중재, 조정하는 역할을 뜻한다. 옹호역할을 수행한다는 것은 기본적으로 클라이언트를 문제가 아닌 보호의 대상으로 인식하는 것이기 때문에 '희생자 비난'의 성격도 사라진다. 옹호자 역할을 효과적으로 수행하기 위해서는 기관의 공식적 · 비공식적 규칙이나 절차를 숙지하고, 다양한 대인관계 기술을 구사하는 것이 중요하다.

넷째, 역량강화다. 클라이언트와 권한을 공유하고 나아가 클라이언트에게 권한을 부여하는 기법을 지칭한다. 이러한 기법은 급진사회복지실천의 가정 중 개인의 문제가 권한이 없거나 불평등하기 때문에 발생한다는 내용에서 출발한다. 따라서 개인으로 하여금 권력을 확보하고 삶에서 자율성을 획득할 수 있도록 원조하려는 목표와도 일치한다.

다섯째, 실천화와 유사한 개념으로서 현상에 대한 비판적 성찰을 비롯하여, 그에 따라 후속 행동을 포괄하는 사회교육이 있다. 이 개념은 비판적 자각 개발과도 연결이 되며, 이 전략의 핵심은 자각과 행동이 항상 함께 이루어지는 것으로 둘 중 어느 한쪽만으로는 개인을 충분히 해방시킬 수 없기 때문이다.

여섯째, 자원을 적극적으로 활용하는 전략이 있다. 자원을 적극적으로 활용한다는 것은 통제력과 자율성을 신장하는 방식으로 자원을 활용하도록 돕는 전략유형을 지칭한다. 클라이언트로 하여금 자원을 적극적으로 활용하게 하려면 우리가 앞서 논의한 기법을 다양하게 활용해야 한다. 이를 위해 사회복지사가 클라이언트에게 정보를 충분히 제공하면 클라이언트의 자율성도 극대화되며 평등한 원조관계를 구축하는 데도 도움이 된다.

일곱째, 사회복지사는 클라이언트가 경험한 사회적인 내용을 공감하는 능력인 '사회적 공감' 능력을 개발해야 한다. 사회적 공감은 클라이언트가 처한 상황에서 개인적인 부분과 사회적인 부분을 연관시킬 때 중요하게 활용된다.

03

세계화와 신자유주의

1980년대 이후 전 세계적으로 불어닥친 세계화와 신자유주의는 정치, 경제, 문화 등 사회 전반에 걸쳐서 광범위하게 확대되면서 현대인의 삶의 방식과 패러다임을 전환시키고 있다. 세계화란 사람들의 상호작용과 상호의존이 기존의 지역이나 민족, 국민국가의 단위를 넘어 하나로 통합되어 가는 현상으로, 사람, 자본과 상품, 기술, 문화, 정보 등이 다양한 거래를 통해 자유롭게 국가 간의 경계를 무너뜨리고 이동하며 세계가 하나의 지구촌이 되어 가는 것을 말한다. 세계화가 본격적으로 확대되기 시작한 것은 우루과이라운드 다자 간 무역협상이 타결되고 세계무역기구WTO 체제가 출범됨과 동시에 최첨단 정보통신기술과 운송혁명, 무역장벽의 철폐, 자본시장 개방 등이 이루어지기 시작한 1990년대 초반부터다. 자본의 이동을 저해하는 기술적 · 제도적 장벽의 붕괴는 세계를 하나의 경제와 시장으로 통합하고 있다. 또한 거대자본을 앞세운 다국적 · 초국적 선진국 기업들은 선진국의 특별한 기술이 없는 비숙련 비정규직 노동자들을 한계상황에 내몰기도 한다. 인건비 절감에서 한계에 봉착하면 임금조건과 시장조건이 유리한 저개발국가로 이동하거나 공장자동화로 노동투입량 자체를 줄이거나 국내에 브랜드만 유지하고 아웃소싱하는 등 세계경제를 선진국 중심으로 재편하고 있다. 신자유주의의 횡행으로 규제가 없어진 세계시장을 선진국들과 거대자본을 앞세운 기업이 독점함으로써 저개발국가들은 저임금과 빈곤, 환경파괴, 경제종속, 사회 양극화가 심화되는 상황에 직면했다. 특히, 자본의 해외의존도가 높은 개발도상국들의 국가경제는 다국적 · 초국적 기업들이 글로벌한 차원에서 내린 투자와 생산결정에 큰 영향을 받게 된다. 이에 따라 전통적 주권의 의미에 따른 국가의 자율적인 정치영역이 축소되고 자국적으로 국가경제를 관리하고 통제하는 범위를 벗어나고 있어 제2의 경제식민지가 도래하고 있다고 볼 수 있다(유호근, 2009).

일반적으로 경제의 세계화, 대처리즘, 레이거노믹스 등으로 불리는 신자유주의 이론은 시장원리를 강화하려는 경제적인 구조조정과 사회정책을 지향하는 정치 이데올로기를 가리키며 고전적 자유주의의 근대적 부활을 강조한다. 1970년대 이후 세계적으로 불어닥친 불황으로 장기적인 스태그플레이션이 도래하자, 신자유주의자들은 이러한 경제불황의 원인을 20세기 초 도입된 케인즈의 국가개입주의에 근거한 '정부의 실패'라고 주장한다. 이에 대한 대안으로 시장기제의 전면 도입과 시장기능의 활성화가 필요하다고 주장하였다. 이들이 주장하는 신자유주의 이데올로기는 일국적 차원이 아닌 전 지구적으로 전개되는 세계자본주의의 자본축적 양식을 정당화한다. 또 세계화를 추동하는 국제정치의 논리로 자유시장과 규제완화, 자유무역, 국제분업, 전면 시장개방 등 재산권을 중시하고 국가권력의 시장개입을 최소화하여 자유롭게 시장경쟁을 유도하여 경제의 효율성을 높인다는 이론이다. 신자유주의와 세계화는 국가 간의 자유경쟁이 세계시장 차원에서 전개될 수 있도록 자본과 시장의 역할을 최대한 확대시키는 반면 국가와 정부권력에 의한 통제의 역할을 축소시키는 결과를 초래하며 횡행하고 있다.

신자유주의는 자본축적 양식이 포디즘에서 포스트포디즘으로 전환되는 과정에서 요구되는 국가의 역할을 반영하는 것이기도 하다. 1980년대와 1990년대 초, 후기첨단산업구조의 등장은 제2차 세계대전 이후 30여 년간 고성장, 준완전고용, 고임금, 고복지를 실현한 황금시대의 막을 내리게 했다. 또한 다품종 대량생산 방식인 포드주의 체제를 다품종 소량생산 체제로 전환시키기 시작했다. 신자유주의는 케인즈주의의 실패와 포드주의 해체에 대한 대안으로 '세계화, 자유화, 노동의 유연화, 사유화' 등을 주장한다. 신자유주의적 정책의 목표는 '준칙에 의한' 소극적인 통화정책, 국제금융의 자유화를 통한 경제의 안정적인 성장을 달성하는 것이다. 여기서 완전고용과 고임금이라는 케인즈주의적 타협은 세계적 차원의 경쟁과 효율을 강조함에 따라 구조조정을 통한 노동시장의 유연화로 나타났다. 또한 그동안 국가가 관리하고 보조해 왔던 많은 공공영역과 사회복지 영역 등이 민영화되었다. 신자유주의의 궁극적 목적은 국가의 주권적 규제에서 벗어난 시장체제가 거의 모든 경제활동을 통제하며, 경제활동에 영향을 미치거나 규제하는 국가권력은 제한되는 것이다(유호근, 2009).

경제의 세계화, 첨단과학기술의 발달은 저출산, 노령화, 사회 양극화를 가속시키고 복지국가 체제의 근간을 흔들며 부담을 증가시키고 있다. 이에 대한 신자유주의적 대안은 복지국가의 재구조화를 통한 사회보장제도의 변혁을 주장하고 있다. 이들이 주장하는 개혁방안의 첫 번째 대안은 국가의 복지서비스에 의존하는 대신 노동시장에서 스스로 소득을 얻어야 한다는 것으로, '복지에서 노동으로' 라고 불리는 방안이다. 두 번째 대안은 복지서비스의 민영화다. 세 번째는 사회보장제도의 운영에 시장동기를 도입하는 준시장 또는 내부시장화 방안이다. 이것은 정부가 일정한 범위 내에서 개입하면서 민간기업이나 비영리민간단체NGO의 역할을 돕는 것이다.

이들의 주장과 달리 세계화와 신자유주의를 비판하는 학자들은 신자유주의는 자본주의하에서 삶의 모든 영역을 파괴하고 사회계층간의 격차와 사회적 배제를 심화시키고 있다고 주장한다. 신자유주의자들이 주장하는 긴축 재정과 복지지출 축소, 국가개입 철폐와 규제완화는 결국 선진복지국가가 아닌 개발도상국가 등의 빈민층 문제를 더욱 심각하게 만든다는 것이다. 신자유주의는 인간의 삶의 질을 향상하기 위한 배분적 정의와 가치보다는 자유와 효율, 성장이라는 가치를 우선시한다. 그렇기 때문에 인간에게 물질적 생활 수준이라는 기본적인 욕구충족 외에 건강, 여가, 안정된 일자리와 쾌적한 노동조건 등에 대한 욕구가 있음을 간과하고 있다.

국가 간 자유로운 자본이동, 시장규제 철폐, 자유무역 정책 등으로 인해 국가에 의해 보호되던 농업과 중소기업 등의 삶의 터전이 붕괴되거나 붕괴되어 가고 있다. 엎친 데 덮친 격으로 급격한 정보지식기반 사회로의 전환은 노동자들을 전문적인 지식이나 기술을 소유한 숙련된 노동자와 기술을 소유하지 못한 비숙련 노동자로 양분하고 있다. 첨단정보기술을 따라잡지 못한 비숙련 노동자나 노인, 취약계층은 저임금과 열악한 노동 환경, 장시간의 노동, 사회수당의 감소, 불완전고용, 노동력 착취 등 사회 양극화와 빈곤의 나락에서 허덕거릴 수밖에 없는 상황에 직면하고 있다.

따라서 전 지구적 차원에서 경제적 세계화에 대항하는 사회적 세계화가 절실하게 대두되어야 할 시점이다. 최근 신자유주의적 세계화로 인하여 발생하는 다양한 사회문제에 대응하기 위한 대안으로 다양한 형태의 사회경제적 조직이 등장하여 연대하며 사회경제적 정의를 위해 투쟁하며 지속 가능한 성장과 기업활동, 경제적 민주주의를 결합하는 투쟁이 펼쳐지고 있다. 이러한 사회환경의 변화는 근본적이고 조속한 사회구조적 변화를 가능하게 하는 급진주의와 급진주의사회복지실천의 필요성을 높이고 있다.

04

시민사회운동과 사회복지운동

시민사회운동

시민사회운동은 사회운동 중에서 시민사회에 내재된 다양한 사회문제를 해결하기 위해서 집합적인 행동을 통하여 사회변화를 추구하는 운동이다. 시민사회운동은 가치, 쟁점의 다양화, 행위자, 행동양식의 면에서 신사회운동이 전개되는 방식과 유사하게 전개되고 있다. 신사회운동은 서구에서 노동운동이 제도화된 이후 관료제화, 생활 세계의 파괴 등에 반대하는 새로운 저항의 방법으로 출현하였다. 서구의 신사회운동은 개인의 자유와 인간의 존엄성을 더욱 보존하기 위한 동기에서 발생했다. 하지만 우리 사회에서는 한 개인이 하나의 시민으로서 동등하게 다루어지는 개인의 권리를 존중해 줄 것을 주장한다. 서구에서는 자아실현을 위한 개인의 '삶의 질'이 강조된다면, 한국사회에서는 구조적 모순의 감소와 제도의 개혁을 통해 전체 국민의 '삶의 질', 공동체로서의 '삶의 질' 향상이 강조된다.

우리 사회에서 시민사회운동[5]이 시작된 것은 1987년 민주화항쟁 이후 정치적 민주화가 진전되고 민주화항쟁에 참여했던 사람들, 주로 사회의 중간 계급[6]을 중심으로 새롭게 시민사회가 활성화되고 다양한 시민단체가 등장하기 시작하면서부터다. 최근 한국사회에서 시민사회운동은 사회복지제도의 확대나 개선에 직간접적으로 지원을 하기도 하고 영향력을 행사하며, 사회복지 관련 문제에 직접 개입함으로써 사회복지 영역에도 적극적으로 참여하고 있다.

사회복지 부문에서 가장 눈에 띄는 시민운동은 시민운동단체인 참여연대 산하에 사회복지위원회를 설치, 사회복지제도 개혁을 위한 적극적인 활동을 전개하면서 국민생활최저선 확보를 위한 제도 개혁과 공익 소송, 입법 청원 등을 주도한 것이다. 또한 실업극복운동을 통하여 각 지역 노동단체, 종교단체, 학계, 언론 등과 연계하여

5 시민사회운동은 민주화항쟁 이전의 민중운동(노동운동)과는 대립되는 새로운 운동의 성격을 말한다. 민중운동이 계급에 따라 조직화되는 전통적인 사회운동이라고 한다면 시민사회운동은 비계급적 라인을 따라 조직화되고 전개되는 1980년대 후반의 다양한 운동 양상을 통칭하여 말할 수 있다(조희연, 1995).

6 중간 계급은 일명 넥타이부대로 불리던 우리 사회의 화이트칼라를 말한다.

민간실업운동의 인프라 구축에 기여하였다. 이와 같이 시작된 시민운동은 의료보험 통합, 국민연금제도와 기금 운영의 민주화, 실업대책 정비, 공공부조 개혁 등 여러 핵심 사회복지 분야의 정책적인 변화를 유도하면서 상당한 영향력을 행사하고 있다. 이러한 시민사회단체들이 적극적으로 참여한 실업극복과 도시빈민 자활운동은 사회복지운동의 경험이 되면서 현재 사회복지운동 전개의 모델이 되고 있다.

지난 수십 년 간 권위적인 독재 정권의 탄압에 맞서며 꾸준히 축적해 온 민중운동 경험은 시민사회운동에 상당한 시너지로 작용하고 있다. 하지만 시민사회운동은 민중운동과 성격이 다르다. 첫째, 민중운동은 계급에 따라 조직화되는 전통적인 사회운동인 반면, 시민사회운동은 비계급적 관계를 가지고 민중운동이 추구하는 기존 사회질서에 대한 총체적인 변혁보다는 사회체제의 부분적 계량을 지향하고 있다. 예를 들면, 경제정의실천시민연합경실련의 금융실명제운동, 참여연대의 소액주주운동, 건강연대의 통합주의 의료보험제도운동 등이 여기에 속한다. 둘째, 시민사회운동은 기존 국가권력의 정당성을 인정하는 범위 안에서 운동을 전개하기 때문에 운동방법 또한 비합법적 수단보다는 가능하면 전국민서명운동 등과 같은 합법적인 방법을 사용하려고 한다. 셋째, 기존 민중운동에서 계급적 이해관계를 지닌 노동자, 농민, 빈민보다는 현상적으로 계급적 이해를 벗어난 전문가들이 주체가 되어 일반시민을 설득하여 참여시키는 형태로 운동을 전개하고 있다(이인숙, 2009).

시민단체들이 사회복지와 관련된 이슈에 관여하면서 사회복지운동이 시민사회운동의 핵심 주제로 부상하였다. 이로 인해 사회복지운동이 활성화되는 계기가 마련되면서 현재 시민사회운동은 사회복지운동에서 매우 중요한 비중을 차지하고 있다.

시민사회운동과 사회복지운동

사회복지운동은 사회복지실천가의 주도하에 지역사회의 가능한 자원을 동원하여 모든 국민의 사회복지를 향상시키기 위한 조직적 활동이며, 사회복지 발전을 목적으로 하는 민간 차원의 조직화된 사회운동이다(이영환, 2004; 임성규, 2007). 요약하면 사회복지운동은 사회복지전문가가 종사자 입장이 아닌 시민 입장에서 하는 공익 지향적인 시민운동으로, 클라이언트의 권익과 권리를 회복시키기 위한 운동, 시민의 복지권과 기본권 실현을 위해 정책을 생산하고 법적·제도적 장치를 마련하는 운동이라고 할 수 있다.

한국사회에서 사회복지운동은 1980년 후반 정치적 민주화와 함께 지역사회 운동과 주민운동으로 시작됐으며, 주로 시민운동조직에 의해 주도되었다. 권위주의적인 군사독재정권에 대한 반정부운동과

1987년 민주화운동을 주도한 사회복지운동은 시민사회운동이 되어 시민사회가 급속히 성장하는 계기가 되면서 함께 성장하게 되었다.

시민사회의 성장과 함께 1990년대를 휩쓴 세계화와 신자유주의의 성장 논리는 복지국가의 위기와 재편에 따른 민영화와 지방화 등 정부의 정책기조를 바꾸며 사회 양극화, 신빈곤층의 증대 및 사회불균형을 심화시켰다. 특히 1997년 말에 발생한 외환위기는 대량 실업과 대량빈곤을 양산하였다. 참여연대 등 시민사회단체들은 공동으로 이 위기를 극복할 수 있는 획기적인 빈곤대책을 마련하기 위하여 전국 50여 개의 시민, 사회, 노동, 빈민, 종교단체들이 대거 참여하는 '국민기초생활보장법 제정추진연대'를 구성하였다. 이를 통해 국민기초생활보장법을 제정하는 결실을 맺기에 이르렀다.

이러한 시민사회운동의 경험축적은 사회복지와 관련된 복지쟁점을 극복하기 위한 사회복지운동을 증폭시킨 중요한 계기가 되었다. 또한 시민사회단체들의 관심영역도 이전의 노동운동이나 민중운동의 계급적인 문제를 넘어서 탈계급화된 생활과 환경, 문화영역으로 다양하게 확대되었다. 외환위기 당시 봇물처럼 터진 사회복지 문제의 부각은 사회복지제도에 대한 시민들의 적극적인 관심과 높은 참여를 유발, 다양한 영역으로 확대되며 시민사회조직 간의 연대가 활발히 이루어졌다. 1989년 경실련, 1994년의 참여연대 그리고 여성단체연합의 창립 등은 사회복지 개선을 위한 시민운동으로 본격적으로 전개되면서 사회복지운동이 시민운동의 중요한 영역으로 자리매김하게 되었다. 1990년대 중반 이후 일어난 시민사회운동은 사회변혁운동을 넘어 국가권력이나 자본에 대하여 시민 스스로의 권리를 확보하고 보호하기 위한 시민사회의 성장으로 이어지면서 사회복지의 핵심이슈와 결합하였다. 이러한 시민운동의 양적증대는 한국의 사회복지운동의 발전으로 이어졌다.

시민사회의 성장과 함께 사회복지운동도 사회적으로 배제된 개인들의 생존권에 대한 요구를 개별적인 차원에서 접근했던 방식에서 벗어나 사회복지 문제에 대한 공동체적 대응을 위해 사회복지 제도 및 정책의 도입과 개혁, 관련법안 마련 등에 초점을 맞추며 활발하게 운동을 펼쳐 나가기 시작했다. 사회복지운동이 노동운동과 시민사회운동으로 확장하며 다양한 운동주체들과 연대하면서 점점 사회복지 당사자들의 운동인 빈민운동, 장애인운동, 여성운동 등 다양한 양상으로 전개되며 적극적으로 관련이슈에 참여하게 된 것이다. 한국 사회복지 역사에서 이 같은 사회복지운동의 발전은 그동안 사회 문제의 원인을 개인적 결함에 근거하여 접근하던 경향에서 사회 구조적인 환경의 변화를 통하여 개인 및 사회 문제를 해결하려는 사회복지실천 패러다임의 전환이라 할 수 있다. 다시 말해서 새롭게 전개되는 사회복지운동은 사회구조적으로 불합리한 정부의 사회제도 및 사회 정책의 개선을 통하여 사회복지 대상자의 복지 증진, 사회적 자원의 공정한 배분 등 거시적인 차원의 입법 청원이나 제도개혁 방안을 제시하는 운동으로 지속적으로 이어져 활발하게 전개해 나가고 있다.

사회복지가 전체 국민의 삶의 영역에 전반적으로 걸쳐진 문제인 만큼 사회복지운동의 성격도 다양하게 나타날 수 있다. 사회복지운동은 사회복지의 발전을 목적으로 하는 조직화된 노력으로서 사회복지운동의 영역과 범주는 매우 광범위하다. 운동의 주체와 대상, 운동목적에 대한 규명은 운동을 이해할 수 있는 하나의 틀이 될 수 있다. 먼저 운동의 주체라는 측면에서 살펴보면 사회복지운동은 시민운동, 노동운동, 농민운동, 주민운동, 도시빈민운동, 사회복지종사자 운동과 당사자 집단복지 대상자운동을 포괄할 수 있다.

일반적으로 운동의 성격은 신사회운동과 구사회운동으로 구분할 수 있다. 여기서 구사회운동과 신사회운동은 운동의 성격, 기조, 영역, 주체 등의 이념적인 구분에 따라 차이점을 보인다. 이 두 가지 운동의 근원적인 출발점은 생산영역에서의 자본주의의 구조적 모순에서 출발하고 있는 것이다. 구사회운동이 생산영역에서의 문제를 강조하는 데 비해 신사회운동에서는 소비영역에서의 문제를 강조한다. 즉, 운동의 진행방식은 상이하지만 영역과 주체에서 유기적인 관계를 가지고 있다. 사회복지운동은 이러한 신사회운동과 구사회운동의 성격을 동시에 가지고 있다. 신사회운동의 큰 이슈인 참여민주주의를 사회복지 부문에 적용하여 보면, 사회복지정책이나 시설, 기관운영에 일반 시민과 전문가 등의 참여 구조가 부족함을 알 수 있다. 신사회운동의 '공동체의식 고양운동'이나 '의식개혁운동' 등은 사회복지 부문에 있어 청소년교육이나 대시민 사회복지교육의 측면에서 충분히 이용 가능한 부문이다. 구사회운동의 경우 노동자의 정치세력화와 국가와 자본과의 대타협을 이끌어 내기 위한 민주노동조합 추진운동이나 파업 시의 결손 부분을 보장해 줄 수 있는 노동자기금 조성운동 등을 들 수 있다(백종규, 1997).

사회복지운동을 신사회운동과 구사회운동의 성격으로 구분하여 보면 사회복지운동의 양상이 양 영역에서 중첩되어 나타나고 있음을 알 수 있다. 사회복지는 공동체 사회에서 내적인 관계를 기초로 사회구성원들이 전 생애에 걸쳐 건강하고 안락하며 바람직한 삶을 추구하는 사회적 노력이다. 또한 문제를 가지고 있는 사회복지 대상자들에게 사회적 서비스를 제공하는 것뿐만 아니라 사회제도를 강화시키거나 개선시키려는 노력을 포함하는 것이다. 사회복지운동의 궁극적인 목표는 국가사회복지의 성장과 발전을 위해 민간 차원으로 조직화된 포괄적인 사회운동으로, 관련 당사자, 넓게는 국민의 주체적인 참여와 행동을 통하여 보편적이고 평등한 사회복지를 달성하는 것이다. 따라서 앞으로 사회복지운동이 하나의 사회운동으로서 어떤 성격과 어떤 위상을 가지고 어떻게 전개해야 하는가의 문제는 사회문화적 · 역사적 맥락에 따라 지속적으로 변화해 나갈 것이다(이인숙, 2009).

05 신사회운동

신사회운동

1960년대 중반 이후 미국의 인권운동, 반전운동, 학생운동, 프랑스의 5월 혁명, 독일의 학생운동 등의 도전은 1970년대로 이어져 여성운동, 환경운동, 반핵평화 운동, 지역 및 공동체운동, 소수자 인권운동 등 구사회운동과 뚜렷이 구별된 새로운 형태의 사회운동을 촉발시켰다. 이 운동들은 서구 선진사회의 성차별, 물질만능주의에 의한 환경오염, 국가의 비대화에 따른 관료주의의 폐단, 냉전과 군사주의 등 새로운 쟁점과 갈등 요인을 산출하는 것에 주목하였다.

신사회운동은 성숙된 시민사회의 이면에 새로운 한계와 폐단이 있음을 자각하고 이를 종래의 사회운동과 다른 방식으로 해소하고자 하는 운동의 형태다. 신사회운동은 자본주의의 성숙을 위하여 지불한 새로운 모순과 갈등에 적절히 대처하지 못하는 종래의 사회운동에 대한 성찰적 인식에 기초하며, 자율화, 분권화, 다원성을 존중하면서 '차이의 정치'로 인식을 전환할 것을 종용한다. 이는 또한 탈산업주의, 탈근대주의화되어 가는 현대적 전환의 추세 속에서 근대적 형태의 사회운동이 당면한 전략적 · 실천적 · 이념적 한계를 극복하려는 의도를 가지고 태어난 사회운동의 한 형태로 근대성의 발판 위에서 탈근대적 가치를 완결시키고자 하는 변혁적 운동의 한 형태다.

1970년대 접어들면서 나타난 신사회운동은 이전의 노동운동에 대표되었던 사회운동과는 달리, 환경운동녹색운동, 반핵운동, 생명운동, 소비자운동 등과 같이 보편적인 가치를 전제로 하여 사회 전체의 복지를 추구하려는 집합행동을 말한다. 다시 말하면 신사회운동은 신체, 건강, 성적 정체성 등, 또는 생활세계, 환경, 문화, 인종, 언어 등의 쟁점과 인류의 생존에 관련된 쟁점을 다루고 있다(오용오, 2012). 이러한 신사회운동은 탈산업주의, 탈근대주의가 설득력을 더해 가는 현대적 전환의 추세에서 근대적 형태의 사회운동이 당면한 전략적 · 실천적 · 이념적 한계를 극복하려는 의도를 가지고 촉발된 사회운동의 한 형태로, 근대성의 발판 위에서 탈근대적 가치를 완결시키고자 하는 변혁적 운동이다(김경식, 이병환, 2002).

신사회운동은 자본주의적 시장경쟁 및 성취주의 논리를 불신하며,

평등주의적 분배를 추구하는 사회주의적 비판정신을 계승하고 있다는 점에서 '신좌파'이며, 개인적 혹은 집합적 행위의 자율성을 규제하려는 모든 형태의 위계 서열적 · 관료제적 권위를 부정한다. 신사회운동은 참여 민주주의, 개인과 집단의 고양된 자율성 그리고 공동체적 사회관계의 협동성을 강조하며, 자본주의적 상품화, 관료제적 획일화 민주주의의 형식화 등에 대한 근본적인 저항을 통하여 새로운 사회의 가능성을 추구한다(김성국, 2000). 즉, 신사회운동은 근대적 기획과 제도가 인간 활동과 인식에 굴레가 작용하는 어떤 곳에서도 자생할 수 있으며, 근대성을 완결시키려는 합리적 기획이 자유와 평등, 자율과 참여라는 본질적 가치를 훼손하는 의도치 않은 결과 등을 해소하기 위한 비판적 집합행위를 넓게 규정한다(송호근, 1997).

신사회운동은 복지권을 위한 운동으로 대표될 수 있다. 즉, 사회복지운동은 신사회운동의 측면에서 이해할 수 있다. 사회복지운동은 '사회복지 발전을 목표로 하는 사회운동적 노력', 즉 '목표로서의 사회복지 발전'과 이를 달성하기 위한 '수단적 노력으로서의 사회운동'의 조합으로 이해할 수 있는데, 목표로서의 사회복지에 대한 개념은 최소한의 문화적이고 건강한 삶을 영위하기 어려운 사람에 대한 사회적 원조로서 최저생활의 보장이나 사회문제의 예방과 치유 같은 목적을 달성하는 것과 모든 국민의 삶의 질이 건강하고 문화적으로 향상되며 나아가 보다 평등하도록 하는 광범위한 사회적 노력을 포괄한다(이영환, 2005).

구사회운동과 신사회운동의 비교

신사회운동과 대비되는 구사회운동의 대표적 사회운동이 노동운동이다. 구사회운동인 노동운동이 경제성장 아래서 노동자 자신의 권익 향상을 통한 사회변화를 꾀하고자 하였다면 신사회운동은 개인의 자율성과 정체성의 보장에 높은 가치를 부여한다.

신사회운동은 국가권력의 장악과 계급관계의 변혁을 궁극적 목표로 하지 않는다. 거시적 차원의 정치적 · 경제적인 목표가 아닌 삶의 질 향상이나 생활양식의 다양성 인정 등 개인적이고 미시적인 사회문화적 요인을 다룬다. 신사회운동은 기존의 사회운동 영역에서 간과했던 일상적인 삶의 영역과 자아 정체감의 영역인 건강, 성, 이웃, 도시, 환경, 성차별, 문화, 인류의 생존 문제 등 다양하고 다차원적인 영역에 운동의 쟁점을 두고 있다. 신사회운동의 주체는 주로 중간 계급이다. 이들은 첫째, 탈물질주의 가치를 선호하며, 스스로 정치적 좌익으로 분류하는 사람들이 많은 편이다. 둘째, 연령층은 15~39세로 비교적 교육 수준이 높은 젊은 세대가 많은 편이다. 셋째, 직업 형태는 경영, 자유전문직, 교육 및 개인 서비스 직종에 종사한다. 조직구조는 구성원 간의 서열 관계를 없애고 직접 참여주의를 지향하는 특징이 있으며, 반엘리트주의적이고 민주적 관계를 자신의 조직에서부터 실천하려고 한다.

신사회운동의 방법은 기존의 정치기구들과 의회정치를 포기하고, 비제도화된 수단을 운동에 적극 활용한다. 운동의 최종목표는 기존 정당 체계 내부로 틈입하여 정치질서를 바꾸는 전략이 아니라 정규 정치의 외곽을 포위하여 정치질서의 총체적 전환을 겨냥한다. 행동양식은 대체로 기존 정치권이나 제도화된 경로 밖에서 직접행동에 크게 의존한다. 직접행동의 양식으로는 시위, 공공시설 점거, 연좌항의, 농성, 시설물 파괴와 같은 과격한 유형을 적극 활용하며, 경우에 따라서는 시민불복종이나 비폭력과 같은 비교적 온건한 방식도 취한다. 신사회운동은 기존의 제도를 비판하는 기능이 아니라 대안적인 운동전략을 채택하여 시민 개인이 요구하는 삶을 실현할 수 있도록 노력하는 운동이다.

이러한 사회운동은 급진사회복지실천의 대표적인 방법으로 구사회운동은 자본주의 체제의 근본적인 변화를 추구하는 고전적 급진사회복지실천과 맥을 같이한다. 반면, 관심과 목표의 다양성을 추구하는 신사회운동은 기존의 전통적인 방법도 인정하면서 구조적 변화를 추구하는 폭의 급진사회복지실천과 도미넬리의 반억압실천, 톰슨의 반차별 실천 등과 맥을 같이한다고 볼 수 있다.

한국사회의 사회운동의 성격의 변천을 정치 · 경제 · 역사적인 맥락에서 살펴보면 다음과 같다. 1987년 6월 민주화항쟁을 통해 쟁취한 민주화, 이후 1997년 갑자기 들이닥친 외환위기와 경제위기 등을

〈표 1-1〉 구사회운동(노동운동)과 신사회운동의 비교 분석

비교기준	구분	노동운동	신사회운동
목표 및 가치	가치	정치적 안정, 경제성장 등의 사회적 수준	자율성, 정체성 보장의 개인적 수준
	목표	국가 권력, 계급 관계 변혁 경제적 권리 추구, 규범적	삶의 질, 다양성 생활양식의 변화 요구
	갈등 영역	생산 관계	사회문화 영역
	적대자	국가, 자본계급	불분명(체계에 의해 위협받는 생활 세계)
	쟁점 · 요구	시민권, 자원 배분	다양한 영역, 단일쟁점
운동 주체	참여자	노동계급	중간 계급을 중심으로 한 계급 초월
	참여동기	물질적 이해관계	탈물질주의, 공공선
운동 조직	민주주의	간접(이익 대변)	직접(참여)
	조직 공식성	공식 조직	비공식 조직, 공식 조직
	정체성	집합적	개인적
	의사결정	중앙집권	하향 분산
운동 전략	행위 주체	노동조합, 좌파정당	자발적 결사체들
	정당 활동	좌파정당	독립성, 무관계
	정치 유형	개혁의 정치	영향의 정치
	행위 수단	제도화된 절차	직접행동(직접적 선택)
사회 구조적 조건	발생 원인	계급모순(착취 관계)	계급정치, 생산중심주의, 물적 풍요, 정치 안정

출처: 조돈문(1995).

통해 경험한 희망과 좌절은 운동의 변화를 가져왔다. 다시 말해, 노동운동, 학생운동 등에 대한 지지도가 떨어지고 환경운동, 소비자운동, 여성운동 등에 대한 지지가 상대적으로 상승하기 시작했다. 이러한 변화는 1993년 문민정부 출범 이후 더욱 확대되면서 도덕적 정당성과 이데올로기적 입장을 떠나 일상생활을 개선하기 위한 현실 비판과 더불어 구체적인 대안을 제시하는 방식으로 전개되었다. 그러나 운동의 중심선이 신사회운동으로 완전히 기울어진 것은 아니다. 새롭게 등장하는 문제나 사안에 따라 구사회운동노동운동과 신사회운동의 경계를 넘나들고 있다고 볼 수 있다. 이러한 현상은 시민사회의 성장과 한국사회의 압축적인 성장의 결과로 사회에서 야기되는 다양한 문제에 구사회운동의 이슈와 신사회운동의 이슈가 공존하고 있기 때문이다.

제2부

한국사회, 변화의 중심에 선 그들의 이야기

01 의식은 운동의 힘! 복지의 불모지, 대구에 변화의 바람을 일으키다

02 선의의 탈을 쓴 갑의 횡포에 촛불을 밝히다

03 그들의 목소리로 삶의 이야기를 다시 쓰게 하다

04 마을공동체와 주민운동은 현장이다

05 친환경무상급식은 교육이자 복지, 경제다

06 끝나지 않은 싸움, 일강정은 살아 있다

01

의식은 운동의 힘!
복지의 불모지, 대구에 변화의 바람을 일으키다

– 우리복지시민연합 사무처장 은재식 | 권영지 |

은재식 사무처장은 1993년부터 사회복지시설연구회현 우리복지시민연합에서 일하며, 복지재단의 비리와 아동복지시설의 환경개선 등을 지역주민들에게 알리고 주민감시를 실시하는 등 대구지역 문제를 주민과 함께 해결하고 있다. 또한 2009년부터 대안사회복지학교와 대구사회복지영화제를 통해 시민들에게 대안을 제시하는 복지의 중요성을 알리고, 의식화를 시도하고 있다. 2010년부터 무상급식을 위해 주민소환운동, 주민서명운동, 단식투쟁, 천막농성 등을 벌이며, 다른 분야의 단체들과 연대를 통해 끊임없이 복지의 불모지로 불리는 대구에서 투쟁을 하고 있다.

은재식 사무처장이 시민들과 연대를 통해 사회변화를 추구하려 하는 이유와 이러한 활동을 시작하게 된 배경 그리고 그가 활동을 하면서 지니게 된 가치관, 활동 중 겪었던 험난한 에피소드 등을 살펴보고 보다 근본적인 변화를 추구하기 위한 작지만 큰 활동을 소개하고자 한다.

대구지역 중심으로 '대안사회복지운동' 활발하게 전개해

"밥은 먹고 왔어요?" 서울에서 대구까지 인터뷰를 하러 간 내게 은재식 사무처장이 건넨 첫마디였다. 다른 사람을 챙기는 따뜻함이 느껴졌다. 그는 인터뷰 내내 '사회 변화' '시민운동' 등과 같은 단어들을 빼놓지 않고 말했다. 그만큼 열정적인 사회복지운동가이자 강렬한 투쟁가다. 그는 왜 끊임없이 '사회변화'와 '시민운동'을 말하며 복지 현장에서 이에 대한 이야기를 전하려 하고 있을까.

현재 한국의 사회복지실천 현장에서는 문제에 대해 접근하는 방식은 개인에게 초점이 맞춰져 있다. 인간은 사회환경과 끊임없이 상호작용하고 살아간다. 아리스토텔레스가 '인간은 사회적 동물이다.'라고 정의한 인간에 대한 이해가 무색할 정도로 문제가 발생하였을 때, 대부분의 사회복지실천 현장에서는 문제의 원인을 개인의 역기능에 초점을 두고 개인을 변화시켜 사회에 적응시키는 개입과 사정을 시도하곤 한다. 그러나 이러한 해결 방법은 하루가 다르게 급변하는 현 사회체제 내에서는 문제에 대한 근본적인 해결책을 제시할 수 없다. 따라서 이제는 문제를 해결할 때, 기존 사회복지활동과 다른 시각으로 문제가 발생하는 원인에 대하여 우리는 좀 더 지역적이고, 국가적인, 거시적인 차원에서 문제를 바라보는 사고의 전환이 필요하다. 최근 이러한 한계를 극복하기 위한 대안적인 실천으로 급진사회복지실천이 부상하고 있다.

급진사회복지실천은 개인이 환경에 적응하고 동조하도록 접근하는 방식에서 벗어나 개인과 환경 사이의 변화를 추구한다. 또한 이러한 변화를 위해 문제를 제기하는 것에서 끝나는 것이 아니라 이러한 문제제기를 통해 능동적으로 전략을 세우고 적극적인 활동과 운동을 하며 대안을 제시하고 궁극적으로 사회변화에 기여한다. 예를 들어, 교육을 통한 의식화, 개인 및 집단의 역량강화, 조직화 및 시민운동 등과 같은 것이다.

현재 대구를 중심으로 급진사회복지실천의 성격을 잘 드러내는 운동인 '대안사회복지운동'이 활발하게 일어나고 있다. 이 운동은 대구의 우리복지시민연합에서 시작했으며, 보다 근본적인 우리사회의 문제를 해결하기 위해 복지 분야의 활동가뿐만 아니라 보건의료, 노동, 교육 등 다양한 분야의 활동가들과 시민들의 연대를 통해 사회이슈들에 대해 끊임없이 문제를 제기하고, 근본적인 변화를 목표로 하는 시민사회운동이다.

이러한 대안사회복지운동의 목표는 보편적 복지확대와 사회의 공공성 강화다. 이를 위해 우리복지시민연합 은재식 사무처장은 시민과 각 분야 활동가들의 의식화와 역량강화를 위해 상근자들과 함께 끊임없이 고민하고 토론하며 다양한 프로그램을 기획한다. 예를 들어, 은재식 사무처장은 대안사회복지운동으로 대안사회복지학교와 대구사회복지영화제를 기획하고 진행하는데, 이는 사회복지와 미래의 대안을 대중과 적극적으로 소통하며 함께 찾아가기 위해서다. 복지가 시혜적이거나 잔여적인 것이 아닌 보편적인 권리임을 알리고 있는 것이다. 끊임없이 그는 이슈의 중심에 있는 곳에 문제를 제기하고, 지역사회의 변화, 더 나아가 사회변화를 위해 적극적으로 시위하고 투쟁하고 있다. 이는 현재 대구의 무상급식을 위해 대구시를 상대로 문제를 제기하고, 시청이 주도하는 무상급식이 아닌 시민이 원하는 무상급식을 위해 천막농성, 9일간 단식, 주민소환운동 등 시민이 함께하는 운동을 진행하며 투쟁을 하고 있는 일례를 통해 잘 드러난다.

현재 한국의 사회복지실천 현장에서는 이러한 활동이 진행되고 있음에도, 아직 문제에 대해 미시적이고 소극적인 해결방법을 선호하고 있다. 이러한 한계를 극복하기 위해서는 급진사회복지실천의 전략과 방법을 보다 자세하게 살펴볼 필요성이 있다. 그러한 전략과 방법을 실천하는 활동가를 찾던 중 대구 대안사회복지운동이 눈에 띄었다. 대구 대안 사회복지운동은 보다 근본적인 해결 방법으로 그동안 사회복지실천 현장에서 보았던 실천전략과 다른 방법을 추구하고 있었다. 그리고 그 중심에는 우리복지시민연합 은재식 사무처장이 있었다.

신사회운동과 은재식

은재식 사무처장은 20년 동안 우리복지시민연합에서 일하며 대구에서 일어난 시설문제와 비리에 민감하게 반응하며 문제를 제기하고, 이를 규탄하기 위한 운동을 펼쳤다. 특히 이러한 과정에서 문제제기로 끝나는 것이 아니라 대안을 제시하는 복지를 만들어 가기 위해 각종 단체들과 연대의 중요성을 인식하고 이를 강조하기 위한 운동을 시작했다. 이 운동이 바로 대구 대안사회복지운동이다.

대구 대안사회복지운동은 크게 세 가지로 나누어 설명된다. 우선 2009년 가을 시작된 '대안사회복지학교' 다. 대안사회복지학교는 사회복지의 미래와 대안을 대중과 적극적으로 소통하며 찾고자 한 대중강좌다. 2009년에 대구에서 이렇게 문을 연 대안사회복지학교는 지역의 독자적 복지운동 역량을 구축하기 위해 전국적인 흐름과 연계하며, 지역실정에 적합한 복지정책과 운동 역량을 논의하고 모으는 공간이 되고 있다.

두 번째로는 문화를 매개로 대중과 직접 소통하는 돌파구로 기획한 적극적 대안사회복지운동으로 2010년 봄에 전국 최초로 복지라는 이름을 걸고 영화제를 준비하였다. 2010년에는 3일간, 2011년에는 4일간, 2012년에는 5일간 영화제를 개최하였다. '대구 사회복지

〈표 2-1〉 은재식의 활동사항

연도	활동
1984~1990	• 경북대학교 지질학과 입학 • 한마음 동아리 활동: 고아원 학습지도 및 빈곤층의 탁아를 위한 운동
1991	• 서울대학교 대학원 지질학과 입학(석사과정)
1992	• 자원활동협의단체에서 진행하는 복지 문제에 관한 토론회 참가
1993	• 서울대학교 대학원 지질학과 석사 졸업 • 대구의 사회복지시설연구회(현 우리복지시민연합) 상근자로 근무
1994~1997	• 사회복지시설연구회에서 '우리 사회복지연구회'로 명칭 변경 • 여의도의 각종 집회 참가(아동복지시설 재정 문제, 장애인복지법 개정 문제, 사회복지사처우문제에 관한 집회)
1998	• 우리복지연구회에서 '우리복지시민연합'으로 명칭과 조직 변경
2001~2002	• 우리복지시민연합과 대구 사회복지종사자연합의 싸움 • 대구시청 게시판에 우리복지시민연합에 관한 비방글 도배 및 이에 대한 우리복지시민연합의 소송 • 가정위탁을 위한 '해 뜨는 집' 설립
2003	• 위탁 및 입양 상담, 그룹홈, 위탁과정 법제화를 위한 운동을 담당하는 '대안가정운동본부' 조직 발족 및 운영
2004	• 아시아복지재단 시설비리 제기, 보건복지부 전국 1호 주민감사 청구 및 실시 • 청암재단 시설비리 및 인권문제 제기
2007	• 우리복지시민연합에서 대안가정운동본부 독립
2008	• 애활복지재단 시설비리 문제제기, 보조금 횡령 및 인권문제에 대한 규탄운동 • 비정규직 철폐 대구 공동대책위(집행위원장) • 대구시민단체연대회의 운영위원장
2009	• 제1회 대안사회복지학교 개최
2010	• 제2회 대안사회복지학교 개최 • 제1회 대구 사회복지영화제 개최(조직위원장)

2011	• 의무급식운동(공동집행위원장) • 무상의무급식을 위한 주민서명운동 주도 • 제3회 대안사회복지학교 개최 • 제2회 대구 사회복지영화제 개최
2012	• 무상의무급식운동 조례 개정을 위한 운동 • 무상의무급식 후 주민들에게 맞는 급식을 위해 개정이 필요했으므로, 이를 위해 주민소환운동, 천막농성, 단식투쟁 등 주도 • 제3회 대구 사회복지영화제 개최 • 대구경북 보건복지단체연대회의 발족(대표)
2013	• 제4회 대구 사회복지영화제 개최 • 대구 3호선 경전철 부실 특혜에 대한 문제 제기 • 19개 시민사회단체들과 함께 기자회견 및 시민안전 대책 마련

영화제'는 빈곤, 노동, 의료, 보육, 주거, 교육, 사회 보장 등 다양한 영역의 대중적인 다큐멘터리와 극영화를 통해 복지가 시혜적이거나 잔여적인 것이 아니라 보편적인 권리임을 자연스럽게 시민과 공감하겠다는 목적을 가지고 있다.

마지막으로 '의무급식을 위한 운동'으로, 이 운동은 2011년부터 2013년 현재까지 지속적으로 단식농성, 서명운동, 천막농성, 주민소환운동 등을 통해 복지 불모지인 대구에 지역이슈를 지속적으로 노출시켜 대중적인 공동의제를 개발하고, 공동실천을 하고 있다.

진보적 실천의 사회복지운동 성격에서 보면 사회복지운동은 구사회운동과 신사회운동의 성격을 동시에 가지고 있다는 것을 알 수 있다. 구사회운동은 구조적 문제 분석에서 출발하여, 대부분 계급성을 근거한 세력이 운동의 주체가 된다. 반면 신사회운동은 생활의 문제에서 출발하여 일반 시민이 운동의 주체 세력이 된다는 점에서 구사회운동과 차이점이 있다.

대구 대안사회복지운동은 지역주민의 생활 속 문제에서 출발하기는 한다. 그러나 의무급식운동과 같은 경우 지역사회인 대구의 구조적인 부분에도 문제의식을 가지고, 의무급식이 되지 않는 이유에 대해 의문을 품고, 지역주민들이 함께 조직하여 활동하는 성격을 지녔다. 따라서 대안사회복지학교와 대구사회복지영화제는 신사회운동의 성격을 지녔으나, 의무급식의 경우는 신사회운동과 구사회운동의 성격이 동시에 나타나고 있다.

대구 사회복지운동의 기초는 지역주민들의 생활의 질과 그들의 자아실현에 초점을 맞추어 대중과 소통하고, 지역주민들이 스스로 역량을 갖출 수 있도록 교육하고 의식화하는 작업으로 신사회운동의 기조에 속한다고 할 수 있다. 또한 활동이 정치적인 목표보다 시민사회의 내적 목표인 지역주민들의 의식개혁과 생활공동체운동을 지향하므로 구사회운동보다는 점진적인 운동의 형태인 신사회운동에 속한다. 아울러 지역주민들이 생활하는 공간인 대구지역을 중심으로 일어나는 활동이므로 영역 또한 소비영역에 속하고, 노동자와 농민이 주체가 되어 활동하는 계급운동보다는 지역주민 또는 지식인이 주체가 되어 활동하는 탈계급운동의 성격을 지니고 있다. 그러나 이 운동에 연대한 대부분의 주체는 노동조합이라는 점에서 계급적 관점을 갖고 추진되는 특징을 갖고 있기도 하다. 대구 대안사회복지운동의 해결방식 또한 대중강좌나 영화제를 통한 캠페인과 홍보 등을 통해 교육 및 의식화에 속하는 온건적이고 합법적인 운동방식으로 볼

〈표 2-2〉 급진적 실천의 사회복지운동과 대구 대안 사회복지운동의 성격

	대안사회복지학교	대구사회복지 영화제	무상급식운동
성격	지역주민의 생활 속 문제에서 출발		생활의 문제에서 출발하기는 하나, 구조적 문제 분석도 포함되어 있음
기조	사회복지학교, 사회복지영화제, 무상급식운동은 지역주민의 생활의 질과 개인적 자아실현에 기초		
활동 내용	정치적인 목표보다는 시민사회 내적인 목표, 즉 사회복지학교, 영화제, 무상급식 운동을 통한 지역주민들의 의식개혁, 생활공동체 운동을 지향, 점진적인 제도개선		
영역	소비영역(생활현장)		
계급성	탈계급운동		
부문	지역주민을 중심으로 환경, 인권을 위한 운동		
주체	교육 및 의식화에 초점을 맞추었으므로 지식인 중심		무상급식과 관련한 당사자, 즉 지역주민과 노동자 중심
문제 해결방식	대중강좌 중심(강연회와 같은 온건하고 합법적인 운동방식)	지역주민과 함께 하는 영화제(홍보와 캠페인에 초점을 둔 운동방식)	대안사회복지운동과 사회복지영화제보다 급진적 운동방식을 택함(주민소환운동이나 천막농성 등과 같은 운동방식)

출처: 백종규(1997). 한국 사회복지실천에서 사회복지운동의 특성에 관한 연구. pp. 26-28.

수 있다. 하지만 의무급식운동의 경우는 보다 급진적인 방식인 주민소환운동이나 천막농성 등의 운동방식을 활용하고 있다.

이와 같은 대구 대안사회복지운동의 성격을 보았을 때, 사회복지운동에서도 신사회운동과 유사한 점이 많다. 그러나 의무급식운동의 경우에는 구사회운동과 신사회운동이 동시에 존재하는 모습을 볼 수 있다. 즉, 대구 대안사회복지운동의 성격은 하나의 운동 형태를 띠기보다는 구사회운동과 신사회운동이 결합한 운동이라 볼 수 있다.

동아리활동으로 시작한 운동, 비록 시작은 미약했으나

은재식 사무처장은 1984년 경북대학교 지질학과에 입학하여, '한마음' 동아리 활동을 시작하였다. 그는 '한마음' 동아리를 통해 주 1회에서 2회 정도 자원활동으로 고아원에 다니면서 단순봉사 차원의 학습지도를 하였다. 그 후 좀 더 현장을 확대하기 위해 그 당시 이미 빈민 지역에서 탁아를 위한 활동을 하는 친구들과 함께 자원활동을 시작하였다.

자원활동가는 시설에서 활동하는 활동가를 말한다. 활동가들이 단순히 시혜적인 봉사차원에서 활동하는 사람들이 아닌 사회의 변화를 원하고, 이를 위해 일하는 사람들이기 때문에 은재식 사무처장은 자원봉사자가 아닌 자원활동가라고 부른다고 한다. 자원활동가는 우리복지시민연합에서 자원활동가에 대한 의미를 고민하면서 전국에서 가장 처음으로 사용했다고 한다.

그는 빈민 지역에서 자원활동을 할 때 "우리 집 드나들 듯이 현장을 갔었다."라고 표현한다. 이러한 탁아를 위한 활동을 그는 '탁아운동'이라 표현하며, 당시 보이지 않았지만 동아리활동 시절부터 작은 사회운동을 시작하고 있었다. 1990년 경북대학교를 졸업한 1년 뒤, 서울대학교 지질학과 석사과정에 진학하였다. 그는 석사과정을 밟는 도중에도 사회문제에 대하여 끊임없이 고민하였다. 1993년 2월 석사 졸업 후 대구로 내려와 우리복지시민연합의 모태인 '사회복지시설연구회'와 결합하여 최초의 상근자가 되었다. 그는 사회복지시설연구회와 함께 일하는 이유에 대해 이렇게 말한다.

> 대학교 시절에는 '한마음'이라는 동아리활동에만 초점을 맞추었다면, 졸업 이후에는 이 활동을 토대로 사회참여를 하기 위해 사회운동을 해 보자는 의미에서 사회복지시설연구회까지 온 것입니다.

대학교 시절부터 동아리 활동을 통해 사회참여와 운동의 중요성을 알고, 현장에서 직접 활동했던 그는 우리복지시민연합이 만들어지게 된 배경에 대해 그 당시 사회전체에 퍼져 있던 문제들을 해결하기 위해 운동이 필요했다고 말한다. 사회문제에 민감하게 반응하고 투쟁하며, 순간순간 이슈들이 가지는 욕구에 맞는 사회복지실천을 위해 조직을 개척하여 1991년 '사회복지시설연구회', 1994년 '우리사회복지연구회'를 거쳐 마침내 1998년에 현재까지 몸담고 있는 '우리복지시민연합'을 만들게 된다.

1998년 IMF는 우리 사회가 빈곤문제와 복지문제를 심각하게 들여다보게 되는 계기를 만들었습니다. 이는 우리 사회 전체를 조명하는 기회가 되었지요. 당시 신자유주의가 첨예하게 도입되는 시기에 우리도 좀 더 복지에 대해 전반적인 부분을 아우르면서 지역에서 운동을 할 필요가 있겠다는 취지에서 우리복지시민연합 조직을 개척한 것이죠.

의식은 운동의 힘

은재식 사무처장은 1990년대 당시 사회에서 발생하는 문제들에 민감하게 반응하며 운동하는 단체들과 함께 활발하게 운동을 전개해 나갔다. 1990년대 중반 지역별로 재개발이 시작되고, 그 과정에서 발생한 철거문제, 아동복지시설의 재정부족으로 인해 주식 · 부식제공의 어려움당시 아동복지시설이 정부에서 지원받는 금액은 하루 180원, 어묵 두 개 값에 불과했다, 「장애인복지법」 개정문제, 사회복지사들의 처우문제 등 사회 내에 복지문제가 수면 위로 점점 떠올랐다.

그는 이러한 문제에 관심을 가지고 1990년대에는 여의도에서 일어난 집회에 참가하여 투쟁하였고, 1992년도 대선이 있을 시기에는 전국 자원활동가들이 조직을 만든 '자원활동협의회'에 참가하여 토론회를 열고 같이 대응을 모색하였다. 이러한 활동은 이후 은재식 사무처장이 사회복지운동이 어떤 것에 초점을 맞추고, 어떠한 목표를 지녀야 하며, 어떤 방법과 전략으로 운동해야 하는지에 대해 깊이 고찰하는 계기가 된다.

> 1990년대 중반 재개발 과정에서 발생한 철거문제 이런 것들을 내용적으로 복지라고 얘기했지, 흔히 지금 말하는 복지는 전혀 아니었어요. 자원활동가들이 1990년대에 여의도에서 집회도 하고 투쟁도 하고, 이런 과정을 통해 여의도에서 얘기하고, 그러면서 복지라는 부분이 조금씩 알려지게 된 것이죠.

그는 1990년대 운동에서 사회개혁을 외치는 근본적인 내용이 모두 복지에 관한 내용이었지만, 당시 사회분위기는 복지를 거부하고 불편해하는 사람이 많았다고 한다. 소위 운동권 내 개량주의로 치부되어 말조차 하기 힘든 시기였다. 현재 우리가 논의하는 복지국가에 대한 논의와 사회민주주의는 상상할 수도 없었고, 이러한 이야기를 할 개념적인 밑바탕조차 없었다. 그가 이러한 사회 분위기에서 가장

세월호
진상규명
참교육
전교조 사수

기본적으로 가지고 있었던 생각은 복지가 어떻게 사회의 변화, 변혁과 결합할 수 있을 것인지에 대해서였다.

다양한 철학적 스펙트럼이 있고, 그중에서 사회운동의 성격도 다양하지만, 기본적으로 그는 그람시Antonio Gramsci가 변혁적인 사고방식을 통한 의식적 활동을 강조한 것처럼 사회운동은 진보적인 신사회운동으로서 활동가들이 자각을 통해 정부, 시장에 반하는 시민운동을 전개하는 것이다.

그람시는 사회 구조와 행위 주체 사이에 놓여 있는 간극을 메우기 위해서 의식적 활동이 필요하며, 일상적인 사고방식에서 벗어나 변혁적인 사고방식과 행위양식을 도입해야 한다고 강조하는데, 이는 주체의 자각이라는 과정을 거쳐 일어난다고 주장한다. 그는 이러한 운동 속에서 복지의 메커니즘이 무엇인지 활동가들이 인식하고 논쟁하는 것이 중요하다고 주장한다.

우리가 노동현장에 있는 것은 아니지만 테마를 복지라는 부분으로 하는 것이지, 진보적인 신사회운동으로서 그람시의 시민사회운동처럼 국가에 반하는 시민운동, 정부에 반하는 시민운동, 시장에 반하는 시민운동, 그 속에서의 복지 메커니즘이 무엇인가 이런 부분에 대해 우리가 소위 말하는 활동가들과 논쟁을 많이 해야 하고, 복지라는 부분을 사회운동, 즉 사회의 변화와 변혁에 어떻게 결합할 것인지에 대해 생각해 볼 필요성이 있어요.

적을 알고 전략을 바꾸자!
현장과 연대하는 전략으로 변화

사회복지운동을 통해 사회변화를 주장하며, 지속적으로 활발하게 운동을 전개하는 은재식 사무처장에게도 대구라는 지역은 오르기 힘든 높은 산이다. 사회운동을 시작하던 1990년대, 그 당시부터 현재까지 대구는 복지의 불모지라 불릴 만큼 보수적이다. 일례로 대구에서 황제경영을 하는 한 조직이 1997년 사회복지종사자연합을 만들어 우리복지시민연합이 비리를 제기하자 오히려 기득권 사회복지집단에서 사회복지사를 집단적으로 앞세워 싸움을 붙이는 일이 잦았다.

2001년 대구의 한 복지관에서 비리가 터졌을 때도, 대구지역 사회복지계는 우리복지시민연합을 타도하자는 시위를 벌였고, 2002년에는 대구시청 게시판을 우리복지시민연합에 대한 비방글로 도배를 했다. 2004년에는 대구에 있는 아시아복지재단에서 비리가 발견되어 문제를 제기했지만 이사장은 기소유예가 되었다. 이어 제기된 청암재단의 비리와 인권문제 또한 전국적인 이슈가 되었다. 청암재단 사건 또한 해당시설의 문제를 넘어 우리복지시민연합과 일부 기득권 복지계와의 정면 충돌로 이어졌고, 결국 6개월 만에 이사진 중 반이 시민사회가 추천하는 이사로 채워졌으며, 그 후 전원 시민사회 추천

이사로 구성되어 전국에서 유일하게 가장 짧은 기간 내 민주적인 이사회를 구성하여 지배구조를 완전히 바꾸는 획기적인 사건도 벌어졌다.

시설비리 문제가 제기될 때마다 대구복지계는 집단적으로 시민사회에 대응해 다른 지역과 다른 특징을 보여 왔다.

> 전국적으로 볼 때 시설의 비민주성 문제라든지 횡령 문제와 인권 문제에 대해 우리복지시민연합이 가장 많이 싸웁니다. 그래서 우리 단체의 역사에서 시설 문제는 빼놓고 생각할 수 없습니다. 그렇지만 대구지역은 학연으로 똘똘 뭉쳐 있기 때문에 한 번 싸우면 문제 해결이 어떻게 되든 1년에서 1년 반이 걸립니다.

은재식 사무처장은 이러한 상황에서도 꺾이지 않고, 그만의 전략을 통해 이겨 나가고 있다. 그의 전략은 행동전략과 연대전략으로 나누어 볼 수 있는데, 행동전략은 집회주도, 기자회견, 천막농성 등 실제로 사회문제에 대해 목소리를 내는 것이다. 이런 전략을 가장 잘 보여 주는 사례로 최근 유일하게 무상급식을 하지 않는 대구시를 대상으로 의무급식의 필요성을 주장하면서 천막농성, 주민소환운동, 단식투쟁 등 적극적이고 능동적인 투쟁에 앞서고 있다.

이러한 행동전략을 위해서 그는 내부와 각 단체들의 연대가 중요하다고 말한다. 행동전략으로 활용하는 집회나 기자회견, 주민소환운동, 농성 등과 같은 투쟁은 여러 사람이 모여 한 자리에서 한 목소리를 내야 가능한 일이다. 또한 대구라는 지역 특성으로 인해 겪는 어려움, 즉 '현장과 분리시키기 위한 전술을 구사'하는 전략에 맞서 현장과 연대하는 전략으로 변화할 필요성이 있었다.

> 우리 조직 자체가 활동가라든지 상근자를 포함한 회원들이 집회를 하거나 기자회견을 독자적으로 할 수 있는 내부의 인식과 인식체계를 가지고 있어야 해요. 이것이 내부적으로 큰 목표예요. 기득권 복지계에서는 그 정도로 그 사람들이 집요하게 우리를 흠집 내고 현장과 분리시키기 위한 전술을 구사했죠. 그래서 우리도 그런 부분에 맞게 전술변화가 필요하다고 생각했습니다.

그는 연대전략의 필요성을 느끼면서 2009년부터 전술변화를 모색하기 시작한다. 2010년 무상급식이 등장하면서 보편적 복지가 우리 사회에서 크게 이슈화되기 시작했다. 은재식 사무처장은 공교롭게도 이 시기와 맞물리면서 '조직의 전술 변화, 연대를 강화하자.'고 주장한다. 연대전략은 이슈가 생기고 문제가 터졌을 때에만 모여 시위를 하고 투쟁을 하는 것이 아니라, 일상생활 자체, 일하는 순간순간마다 연대하는 것이 중요하다.

활동을 하면서 지속적인 연대를 통해 우리가 이 사회에 던질 수 있는 대안이 무엇인지 깊이 고민해 보아야 한다는 의미에서 은재식 사무처장은 연대전략을 위한 '대안사회복지운동'을 시작하게 된다.

> 사회 공공성이라는 주제를 가지고 우리가 보통 노동조합과 피상적으로 연대하는 것이 아니라 내용을 가지고 일상적으로 노동조합과 시민사회가 결합하여 시민사회와 한국사회에 무엇을 던질 것인가를 고민해야 하고, 우리 스스로도 한국사회의 대안이 무엇인지를 고민해야 합니다.

은재식 사무처장의 연대전략은 크게 외부전략과 내부전략으로 나눌 수 있다. 외부전략은 '연대를 위한 시민과 단체들의 의식화'에 초점을 맞추었고, 내부전략은 '연대를 위한 역량강화'에 초점을 맞추었다. 우선 외부전략은 학술적 연대전략과 문화연대전략으로 나눌 수 있다. 학술적 연대전략은 2009년부터 시작한 '대안사회복지학교'이며, 이는 5~6개의 강좌를 열고, 각 연대 단체들이 모여 우리 사회의 대안이 무엇인지, 시민들에게 대안복지의 전망을 공개적으로 알리고 지역의 운동역량을 결집하며, 단체들의 책임있는 사회전망을 제시하고 대중적으로 검증받는 공간이다.

대안사회복지학교의 프로그램은 우리복지시민연합에서 모두 기획하였고, 2009년부터 2011년까지 총 세 번의 대안사회복지학교가 열렸다. 노조연합 사무총장, 경북대학교 교수, 전 상상연구소 연구기획실장 등 다양한 분야에서 있는 활동가들을 강사로 초빙하였다.

2009년에 대안사회복지학교를 기획할 때, 우리는 몇 개월을 고민해서 강좌를 구성하고 했습니다. 독창적인 기획을 하고, 우리가 먼저 제안을 해서 연대단체들을 모아 놓고 시민사회도 위기인데 노동조합도 대안이 필요하지 않느냐고 얘기를 하곤 했어요. 특히 대구는 굉장히 보수적인 지역이기 때문에 노동조합과 같이 우리의 대안이 어떤 것인지에 포인트를 두고 대안사회복지학교를 시작했습니다.

이와 더불어 조금 더 편안하게 시민들에게 다가가기 위한 문화연대전략이 사회복지영화제다. 빈곤, 노동, 주거, 의료, 교육, 가족 문제 등 다양한 복지관련 이슈를 영화라는 대중적인 매체를 통해 '복지'가 시혜적인 것이 아니라 보편적 권리임을 나누는 공간이다. 그는 사회복지영화제 집행조직위원장을 맡아 기업의 지원금 없이 관련 단체들과 회원들의 분담금으로 재정을 확충하고 영화 프로그램 기획 모두를 하나부터 열까지 조직위원회에서 총괄하고 있다.

> 그다음 해에 조금 더 편하게 문화를 통해서 복지에 접근해 보자 해서 나온 것이 사회복지영화제입니다. 보통 영화제를 하려면 3~4,000만 원이 드는데 우리 영화제는 1,200만 원의 예산으로 진행하고 있어요. 우리나라에서 가장 돈이 적게 드는 영화제인데, 우리가 기획을 하고 프로그램까지 진행하고 있어서 가능한 일이죠.

그는 대안사회복지학교와 사회복지영화제를 통해 다른 분야에 있지만 연대해야 하는 이유에 대해 끊임없이 이야기하며, 우리복지시민연합이 대구시 내에 있는 노동조합과 시민단체를 의식화하고, 소통을 통해 각 단체를 잇는 허브 역할을 하고 있다고 강조한다.

> 복지 현장을 연대하지 못하게 만드는 시스템 속에서 복지의 변화는 쉽지 않습니다. 그래서 우리는 사회복지 현장과 노동조합, 시민사회가 어떻게 관계를 맺을 것인지, 어떤 연대전략을 구성할 것인지에 대해 고민해야 합니다. 서로가 공유할 수 없으면 우리복지시민연합이 허브역할을 할 수 없다는 것이죠. 엔진이 그만큼 돌아가지 않으니까요.

은재식 사무처장은 이러한 외부전략뿐만 아니라 내부적으로 인적 · 물적 자원을 확장하여 우리복지시민연합 구성원들의 역량을 높여야 한다고 말한다. 현재 우리복지시민연합에서 기획하는 활동은 기업의 후원을 받지 않고 우리복지시민연합의 힘으로 재정을 확충하고 있다. 인적 · 물적 자원을 확장하기 위해서는 회원 수를 늘리는 방법이 가장 효과적이다. 대구의 지역특성상 울산과 대전보다 인구수는 많지만 시민운동을 조직하거나 참여하는 시민의 수가 적다. 이러한 상황에서도 은재식 사무처장은 굴하지 않고 문제를 드러내고 함께 운동을 전개해 나갔다. 그 결과 우리복지시민연합은 현재 600명의 회원을 가진 단체가 되었다.

대전이나 울산이 대구보다 인구가 100만 명이 적은데도 시민운동에 참여하는 시민이 더 많아요. 그만큼 우리 지역은 시민운동에 참여하는 사람이 적어요. 자원이 확장되어야 하는데 확장이 되지 않는 것이거든요. 이런 부분에 대해 전략을 세우고 있고 동시에 복지현장과 부딪치는 대구시, 관공서 같은 행정주체와 타협을 하지 않습니다. 시민의 입장에서 일하기 때문에 협조할 수 있는 부분은 협조하되 특혜라든지 비리문제가 발생하면 분명하게 입장을 얘기하고 있죠.

변화도 있지만 여전히 숙제는 남아 있다

2001년에 처음으로 은재식 사무처장은 위탁, 특히 가정위탁 사업을 시작하였다. 그는 주변의 후원을 조금 받고, 사글세로 집을 하나 얻어 아동들을 위한 '해 뜨는 집'을 만들었다. 여기에서 더 나아가 위탁을 법적으로 제도화시키고, 위탁과정에 대해 구체적인 법적 절차를 만들고자 하였다.

우리복지시민연합 내부적으로 이러한 활동을 주체적으로 할 수 있는 조직을 만들어 보자는 취지에서 '대안가정운동본부'를 출범시켰다. 그는 대안가정운동본부에 대한 명칭을 정할 때 고민이 많았다고 한다. 위탁이라는 단어는 대중이 다가가기에 어려운 느낌이 들고 대리가정 또한 대신 맡아 주는 의미가 강하게 들었기 때문이었다. 그는 고심 끝에 보편적인 구조의 가정은 아니지만 대안을 제시하는 가정이라는 의미에서 '대안가정'이라는 명칭을 사용하였다. 특히 대안가정운동은 시설비리 등을 원천적으로 차단하고, 아동인권 차원에서 탈시설화를 위한 운동을 보다 적극적으로 펼쳐나갔다.

대안가정운동본부는 입양, 위탁에 대해 상담을 하고 현재 그룹홈과 같은 의미의 아동복지시설을 운영하고 있다. 대안가정운동본부는 2003년 대구시에서 법인허가를 받고 사단법인으로 운영하다가

2007년 우리복지시민연합 부설기관에서 독자적으로 운영하는 기관으로 독립하였다. 현재 상담 수가 줄고 있어 그룹홈에 집중하고 있지만 아직까지 예전에 했던 업무를 계속해서 하고 있다고 한다. 은재식 사무처장은 위탁문제에 대해 문제를 제기하고, 제시한 대안이 실제로 대안가정운동본부를 설립하여 운영하게 되고 그 기관이 독립적인 기관으로 자리매김하여 활동하는 모습에 보람을 느낀다고 한다. 또한 2009년부터 연대전략을 모색하면서 그가 만든 대안사회복지학교가 현재 지역의 대표적인 대중강좌로 자리 잡았음은 물론 사회복지영화제도 전국에서 모를 사람이 없을 정도로 독특한 영화제로 널리 알려졌다.

그는 대안사회복지학교를 한겨레신문사에서 주최하는 강좌와의 상황과 비교하며 이야기한다. 매년 대구에서 우리복지시민연합이 주최하는 대안사회복지학교가 열리고, 한겨레 또한 매년 사회복지강좌를 진행하는 데 참여하는 인원에서 차이가 많다고 한다. 대안사회복지학교의 경우 2011년에는 260명이 신청한 반면, 한겨레의 경우는 100명 정도 신청한 것으로 집계되었다고 한다. 은재식 사무처장은 이렇게 참석인원에서 차이가 나는 이유는 조직적으로 가지는 관심이나 프로그램 기획이 다르기 때문이라고 말한다. 그는 우리복지시민연합의 경우 한 가지 프로그램이 있으면 모든 관심을 그 프로그램에 집중하고, 프로그램의 목표와 부합하도록 강좌 하나하나를 살피고 만든다고 한다. 프로그램을 기획하고 만드는 과정에서 여러 단체가 참여하기 때문에 의견차이로 인해 갈등이 생기기도 하지만 결과적으로 보람이 있는 부분이라고 말한다.

> 시설비리라든지 시설문제가 터졌을 때 우리 나름의 고민을 말하고 문제를 제기하는 것은 매우 당연한 일이죠. 그다음에는 대안이 무엇이냐 하는 거예요. 그래서 남들이 하기 전에 우리가 먼저 해 보자 해서 '해 뜨는 집' 을 만들게 됐어요. 이런 일들이 우리가 대안가정운동본부를 만든 토대이기 때문에 보람 있고 잘되었다고 봐요. 대안사회복지학교나 사회복지영화제도 지역의 대표적인 대중강좌, 전국적인 영화제로 자리 잡아 보람되지요.

하지만 어떤 일이든지 양면성이 있는 것은 당연하다. 은재식 사무처장에게도 예외는 아니다. 그가 보람을 느낀 일이 있었다면 이와 반대로 어려움을 느낀 적도 있었을 것이다. 대구의 지역 특성상 사회복지운동에 대한 인식이 낮고, 좋지 않다는 점을 생각한다면, 사회복지운동을 주도하고 있는 우리복지시민연합에 함께하고자 하는 의지를 지닌 사람도 많지 않을 것이다. 사회복지운동으로 대구에서만 20년 동안 활동해 온 은재식 사무처장에게 이러한 점들은 과연 대구가 변하였는지, 변하고 있는지에 대한 의문을 갖게도 한다.

> 우리가 거의 20년 넘게 활동했는데도 과연 대구사회가 변했는가 하

는 생각이 있어요. 물론 순간순간 변화하는 것도 있고 승리하는 것도 있지만, 우리 운동이 큰 것만 바라보고 하고 있기 때문에 패배하고 좌절한 것도 있어요. 궁극적으로 우리 사회가 바뀌었는가 하고 묻는다면 그렇지 않다고 할 수도 있지요.

뭉치면 살고, 흩어지면 죽는다

은재식 사무처장, 그가 사회복지운동을 하면서 느끼는 한계는 다른 분야의 운동과 함께 성장하는 운동을 하지 못하는 것이다. 2011년 전국에서 유일하게 의무급식을 하지 않는 곳이 대구지역이었고, 이에 대해 지역주민들에게 보편적 복지라는 의제를 환기시킬 필요성을 가지면서 그는 대구시민의 서명을 받기 시작하였다. 72일 만에 3만2천명의 서명을 받아 조례를 만들어 의회에 넘겼지만, 그와 시민들이 원하는 무상급식조례의 내용은 변질되어 돌아왔다. 그는 이에 대해 문제를 제기하고 강력한 투쟁을 하기 위해 시위를 시작했다.

은재식 사무처장은 투쟁을 위해서 여러 단체들과 연대하여 운동을 전개하려고 하였지만, 대구 내에 있는 지역단체들과의 연대가 쉽지 않았다. 왜냐하면 지역사회복지운동은 지역을 변화시키고자 하는 활동이고, 사회복지운동은 사회변혁을 위한 활동으로 복지 하나만으로 지역을 바꾸는 것은 불가능하기 때문이다. 거기다 운동에 참여하는 지역복지단체 회원의 80~90%가 사회복지사이며, 다른 분야에 소속된 회원들은 찾아보기 힘들다. 이러한 구조를 지니고 있기 때문에 사회복지운동을 하면서 교육·의료·복지 등 여러 분야가 연대하여 함께하는 운동을 구축하는 데는 상당한 한계가 있다. 이 같은 한계를 극복하기 위해 은재식 사무처장은 회원구성에 많은 관심을 기울이고 있다. 실제로 우리복지시민연합의 회원 중 20% 정도가 사회복지사이고, 나머지 회원들은 교육계, 학계, 노동자, 법조계 등 다양하다.

> 지역사회를 바꾸기 위해서 지역사회 노동조합이라든지 시민사회와 연대해야 합니다. 운동을 통해서 지역운동에서 복지운동이라는 것이 무엇인지 계속 부각시켜야 하는데 잘 안 된다는 거예요. 지역단체들은 그동안 운동해 온 구조가 결합하기 힘든 구조이기 때문에 같이 하자 그래도 하기 힘든 거예요. 그래서 문제가 발생하면 대구는 같이 운동을 못해요.

그는 이 외에도 우리복지시민연합의 내부적인 한계에 대해 이야기한다. 우리복지시민연합은 현재 세 명의 상근자가 있는데, 이들이 우리복지시민연합에서 하는 일들을 모두 감당하기에 역부족이다. 시설비리 문제제기 및 시위, 대안사회복지학교와 사회복지영화제

강좌기획 및 개최 등 여러 일을 처리해야 하는데, 인적 · 물적 자원이 부족하고 제한되어 있기 때문에 활동가의 역량이 부족함을 느낀다는 것이다.

우리 내부적으로 한계점은 우리도 막 치고 나가고 싶은데, 상근자 세 명이서 이 모든 역할을 하기에는 역부족이라는 거죠. 하고 싶은 일은 많은데, 물적 토대나 인적 토대가 갖추어지지 않다 보니까 한계를 느끼는 게 상당히 많아요. 일당백으로 그만큼 역량이나 능력을 높여야 하는데, 우리의 역량 부족으로 하고 싶은 것을 못하는 부분이 있다면 내부적인 한계인 것이죠.

사회복지운동이 한 단계 더 발전하기 위하여

이렇게 외부적 · 내부적으로 한계를 갖고 있는 사회복지운동이 한 단계 발전하기 위해서는 외부와 내부가 잘 조화되는 전략을 세워야 한다. 은재식 사무처장은 외부적으로 다른 분야와 연대해야 한다는 점 그리고 내부적으로는 이에 발맞춰 지역연대 전략을 세우는 것이 중요하다고 말한다. 또한 시민들이 직접 보고활동을 알리고 함께하는 운동을 만들어 가고자 하는 목표도 세우고 있다.

그는 사회복지운동에서도 중요한 것이 운동의 내용이 있어야 한다는 것인데, 이 내용은 시민들이 보고 활동이 무엇을 하기 위한 것인지 아는 거라고 말한다. 시민들에게 내놓을 수 있는 내용이 있어야 그들도 같이 운동에 동참할 수 있고, 이는 더 나아가 은재식 사무처장이 항상 주창하는 연대전략을 견고히 할 수 있다. 그는 이러한 외부전략과 내부전략이 맞춰질 때 사회복지운동이 한 단계 더 발전할 수 있다고 강조한다.

> 사회복지운동이 발전되려면 외부적으로 연대가 잘 되어야 하고, 내부적으로도 많은 지역연대전략이라든지, 지역사회를 어떻게 바꾸어 나가야 할 것인가에 대해 구성원 간에 토론을 많이 해야 해요. 또 그런 부분이 확정되면 강하게 나가 주어야 하고요. 내용이 있어야 한다는 것인데 시민들에게 내놓을 수 있는 결과물이죠. 우리가 만날 집회하고 기자회견하는 것은 우리의 활동을 알리기 위해서거든요.

사회복지운동이 한 단계 더 발전하기 위해서 갖추어야 하는 중요한 역량은 전문성이 높아져야 한다는 것이다. 상대방의 저항력이 높아지고 있는 데 반해, 이를 따라잡을 전문성은 뒤쳐져 있다는 것이 은재식 사무처장의 평가다. 활동가들이 먼저 전략을 연구하고 실천해 봄으로써 전문성을 높이고, 이때 상대방보다 앞서 나가야 활동가들이 원하는 운동을 펼칠 수 있고, 더 나아가 사회복지운동이 발전할 수 있다.

상대방의 뒤만 쫓아가다 보면 우리가 따라잡을 전문성이 없어요. 남이 실수하고 이런 것들을 수집하는 것이 아니라 우리가 앞서 나가서 차단하고 메시지를 던질 수 있는 운동으로 가는 부분이 필요하지 않나 생각합니다.

내가 바로 서야 운동이 선다

사회복지운동이 한 단계 발전할 때마다 전망 또한 한 단계 밝아진다. 은재식 사무처장은 사회복지운동의 전망에 대해 밝다고 자신한다. 복지에 대한 관심이 전보다 높아졌고, 앞으로는 복지를 중심으로 국가를 설계하는 복지국가에 대한 논의도 지속될 것이기 때문이다. 그렇지만 그는 사회복지운동의 전망이 더 밝아지기 위해서 간과해서는 안 될 한 가지 사항에 대해 강조한다.

바로 사회복지운동의 주체다. 사회복지운동의 주체가 사회복지사라고 주장할 수 있지만, 사실 그 주체는 사회복지운동을 실질적으로 주도하는 활동가다. 더 나아가 앞으로 복지에 대한 관심을 가지고 스스로 일어서려는 시민이 주체가 될 수도 있다. 이들이 사회복지운동을 할 때 가장 중요하게 여겨야 할 것은 다름이 아닌 운동을 통해 사람들의 마음을 움직여서 스스로 자신의 문제로 여길 수 있게 만드는 것이다. 그리고 이 운동에서 주장하는 문제가 곧 자신의 문제이며, 이 운동을 통해 자신이 살아가는 사회를 변화시키려는 힘을 지닌 주체가 되어야 한다는 의식이다. 그럴 때 사회복지운동은 더 밝은 곳으로 나아갈 수 있다.

> 복지에 대한 사회적 관심이랄까, 지역사회에서 사회복지운동을 하든 종교단체에서 사회복지운동을 하든 이런 모든 부분의 전망은 밝다고 봅니다. 그런데 이제 어떻게 사람들의 마음을 움직여서 자기의 문제로 만들고, 자기가 주체가 될 수 있도록 하느냐는 것이죠. 복지현장에 있는 많은 분이 이런 대안의 주체세력이냐 하면 그것도 아니고, 그래서 제가 보기에는 프로그램과 주체를 어떻게 만들어 가느냐 하는 부분이 관건이에요.

근본적인 것을 바로잡아야

왜 우리나라의 사회복지는 정책과 임상으로 나누는가? 복지가 정책과 임상으로 나누어 연구할 수 있는 학문인가? 사회복지운동이 한 단계 발전하고, 전망이 밝아지게 하기 위해 사회복지학계와 앞으로 사회복지 현장으로 나올 후배들에게 은재식 사무처장은 근본적인 질문을 던진다. 그의 답변은 복지를 정책과 임상으로 나누어 공부하는 학생들이 정말 올바르게 자신만의 이념과 사상을 가질 수 있는지 학계가 한 번 더 생각해 보길 바라는 마음이 들게 했다.

> 사회복지학계도 너무 보수적입니다. 정책, 임상 이렇게 나눌 문제가 아니고, 임상분야는 진보적인 것도 없고 임상만 해야 되는 것인지, 실천만 하면 되는 것인지, 정책하는 사람들은 실천은 안 해도 되는 것인지, 왜 이렇게 만들어졌는지도 잘 모르겠는데요, 학생들이 현장에 나왔을 때 자기가 선택할 수 있는 것을 선택하고 그 이념의 가치를 현장에서 보일 수 있는가를 본다면 너무 기술적인 부분이 강하고, 그런 가치와 이념을 못 보고 있어요.

은재식 사무처장은 앞으로 현장에 나올 후배들에게 작은 것만 보는 것이 아니라 더 큰 안목을 가지고 어느 분야에든지 도전하는 정신을 가지길 바란다고 말한다. 더불어 그는 기술적인 측면에만 치중하는 것이 아니라 본인이 원하는 것에 더 열정을 가지고 자신의 토대가 되고, 근본이 되는 올바른 이념과 가치를 찾기를 원하고 있다. 보다 근본적인 것에 초점을 맞추고 기초를 다질 때 사회복지 현장에서 뜻을 가지고 함께 운동하는 활동가들이 넘쳐 나게 될 것이라는 얘기다.

운동을 통해 모든 것을 한 번에 바꿀 수는 없어요. 좀 더 큰 안목을 갖고 두루두루 섭렵하면서 조금 과감할 것은 과감하게 하고, 아닌 것은 아니고, 이렇게 하면서 갔으면 좋겠어요. 아무튼 폭넓은 시야를 가지고 깊이 있게 다뤄 봤으면 좋겠다는 생각을 합니다.

사회복지운동의 근본적인 변화를 시도하며

은재식 사무처장은 경북대학교에서 '한마음' 동아리로 자원 활동을 한 계기로 사회문제에 대해 깊이 생각해 보고 거침없이 사회복지운동현장에 뛰어들게 되었다. 처음 시작이 동아리 활동이었지만 20년 동안 대구시에서 벌어지는 문제에 빠짐없이 달려가 함께 해결하려고 하는 열정적인 운동가로 성장했다. 대구에서 복지황제경영복지마피아라고 함을 하는 사람들을 대상으로 투쟁도 하고, 아시아복지재단, 애활복지재단 등 여러 복지재단의 비리를 규탄하며 시위활동도 했으며, 앞으로 발생할 문제에 대해 민감하게 반응하며 위탁, 입양 등을 위한 대안가정운동본부를 설립하기도 하였다.

대구에서 발생하는 지역문제들을 해결하기 위해 대항하고 투쟁하면서 그는 문제제기뿐만 아니라 대안을 제시해야 하고, 이를 한 단체에서만 할 수 없고 모든 분야가 함께 연대하여 맞서는 것이 필요함을 깨닫게 되면서 대안사회복지운동을 시작하게 되었다. 대안사회복지운동은 연대전략을 세우기 위해 우선 필요한 각종 단체들의 의식화 작업에 초점을 맞추고, 대안사회복지학교와 사회복지영화제를 통해 복지 이슈에 대해 널리 알리기 시작하였다. 또한 이를 토대로 각종 단체들과 함께 의무급식운동과 대구의 3호선 경전철 부실 특혜문제에 대한 기자회견 등을 통해 함께 투쟁하기 시작하였다.

그는 아직도 많은 사업을 추진 중이지만, 어느 활동 하나 소홀히 하지 않는다. 그만큼 그는 모든 활동에 열정을 가지고 자신의 문제처럼 대응한다. 그가 하는 여러 활동이 있지만, 단연 그에게 가장 본받아야 할 점은 활동가들의 의식의 중요성을 알고, 문제의식을 기르는데 초점을 맞추는 프로그램을 진행한다는 것이다. 복지분야뿐만 아니라 모든 분야가 함께 하는 운동을 만들어 가고 있는데, 지역의 문제, 더 나아가 사회의 문제는 이제 복지분야의 문제가 아니라 모든 시민의 문제임을 자각하고, 모두가 자신의 문제처럼 여기는 운동을 하자는 사회복지운동의 근본적인 변화를 시도하고 있는 것이다.

이러한 사회복지운동의 근본적인 변화가 현실로 이어질 때 어느 한 활동가가 주도하는 운동이 아닌 모든 시민이 참여하는 운동이 될 것이다. 지금 은재식 사무처장이 활동하는 이유처럼, 그리고 그가 가진 목표처럼 말이다.

02

선의의 탈을 쓴 갑의 횡포에 촛불을 밝히다

– **참여연대 사무처장 안진걸** | 김지선 |

'갑'의 활동이 선의의 탈을 쓴 억압임을 고발하는 이가 있다. 그는 하루에도 2~5곳 이상의 현장을 누비는 참여연대협동사무처장, 성공회대학교 NGO 담당강사 안진걸이다. 삶의 터전에서 내몰리는 중소상공인의 경제활동권, 20대에게 가장 큰 고민인 등록금, 편히 쉴

곳조차 구하기 어렵게 하는 전월세 대란을 해결하자고 그는 촉구한다. 그렇기 때문에 방방곡곡 뛰어다니며 진실을 알리고 시민들과 손을 잡는다.

각기 다른 현장에서 그의 사진이 실린 기사를 하루에 세 개 이상씩 보며 홍길동이 부활한 것은 아닌가 하는 생각이 들었다. 동서남북을 막론하고 서민의 삶을 억누르는 곳이 있다면 어디든 나타나는 그에게 관심이 절로 생겨났다. 안진걸, 그를 알아 갈수록 그가 상대하는 대상은 하나같이 '바위'이고, 그가 실천하는 행동은 '달걀' 같아 보였다. 그러나 그것은 섣부른 판단이었다. 그는 서민의 삶을 억압하고 통제하는 '바위'를 상대하기 위해서 사회적 지지와 공감을 이끌어 내고 숨어 있는 우리의 힘을 찾아 연결하는 적극적인 사람이었다.

서민들의 삶에서 경제, 교육, 주거문제는 가장 간과할 수 없는 부분이면서 동시에 가계家計에 제일 큰 부담이 되는 영역이다. 안진걸 사무처장은 이런 민생문제에서도 특히 중소상공인의 경제활동권, 대학 등록금, 전월세 대란에 주목한다. 이러한 이슈는 한 명의 개인이 해결하기에는 어려운 문제다. 그가 시민을 조직하고 촛불을 드는 이유이기도 하다. 지금부터 그가 '바위'에 어떻게 맞서고 있는지 더 자세히 이야기하고자 한다.

안진걸, 그는 홍길동인가

2013년 남양유업의 '밀어내기 사태'를 시작으로 수면 위로 떠오른 '갑의 횡포'는 우리 사회를 뜨겁게 달구었다. 대기업은 대리점, 입점 매장을 향해 불공정한 요구를 할 뿐 아니라 사회 곳곳에 침투하여 골목의 소상공인을 몰아내고 있었다. 갑의 몰아내기는 경제활동 영역에서만의 일이 아니었다. 이윤보다 생명을 중시하는 공공의료 영역에서도 예외는 아니었다. 음흉한 정치적 야합과 경제적 이익 앞에 '을'로 불리는 우리의 건강권과 생명권은 뒤로 물러서야 했다.

너무 답답한 시국에서 잠깐이라도 도망가고자 열정 넘치는 20대를 떠올려 보았다. 그러나 멀리 벗어나지 못하고 가장 먼저 떠오르는 것은 등록금이었다. 교육부가 발표한 4년제 일반대학 연간 등록금 현황을 보면 800만 원이 넘는 학교는 14개나 되며, 전체 평균 연간 등록금은 667만 8,000원이다. 통계청에서 발표한 2012년 기준 대학 진학률이 71.3%인 우리 사회에서 등록금 부담에서 자유로운 부모와 학생이 얼마나 있을까? 이런 상황에서 국정원이 반값 등록금 운동에 대해 '심리전'을 지시하고 개입했음을 보여 주는 문건이 공개되었고, '사립학교교직원연금사학연금'을 학생들이 낸 등록금으로 대납해 온 대학의 명단이 공개되었다. 눈감은 정부의 방관 아래 '갑' 의 이익만을 향해 진격하는 의료, 경제, 교육이라는 기차가 '을'로 분류되는 서민을 태우지 않고 무심히 지나가는 역이 바로 오늘의 대한민국이다.

자본과 권력을 등에 업은 '갑'은 소수임에도 불구하고 너무나 거대한 이들이다. 바로 정부와 대기업이 '갑'에 해당한다. '을'은 다수임에도 자본과 권력을 이겨 낼 힘을 찾지 못하고 있는 이들이다. 서민, 바로 우리다. 우리는 다수인데 왜 자본과 권력을 이겨 내지 못하는 것일까? 우리에게 힘이 없는 것이 아니라 우리가 힘을 찾지 못하고 있는 것이다. 그 힘을 이끌어 내고 뭉치게 하는 사람, 그가 바로 참여연대의 안진걸이다.

꺼지지 않는 성냥개비 안진걸

안진걸 사무처장은 1991년 중앙대학교 법학과에 입학하여 학내 문제에 관심을 갖고 학생회 활동을 하였다. 학교수업보다 현장에서 활동하는 것이 진실에 접근할 수 있는 방법이라 믿었던 그는 대학생활 동안 강의실에서보다 현장에서 직접 몸으로 부딪히며 지식을 배웠다. 그는 1998년 대학을 졸업하기 몇 달 전부터 시작한 참여연대 활동에서부터 지금에 이르기까지 변함없는 행보를 통해 그러한 그의 믿음을 보여 주고 있다.

1997년에 발족한 작은권리찾기운동본부현 민생희망본부에서 활동을 하면서 서민의 삶에 관심을 갖게 되었고 본격적으로 '잃어버린 권리' 찾기활동을 시작한다. 2005년에는 인터넷 미디어인 '코리아 포커스' 사회팀장으로 자리를 옮겨 1년 2개월간 활동한 후, '희망제작소'에서 1년 반 동안 활동하면서 그의 관심분야는 사회복지와 NGO로 확장되어 갔다. 2008년 대선을 앞둔 2007년 겨울, 그는 다시 참여연대 민생희망본부로 돌아와서 지금까지 활동 중이다.

안진걸 사무처장은 2008년 6월 미국산 소고기 수입과 관련하여 촛불시위를 하던 중 시위참가자 중 처음으로 경찰에 연행이 된다. 당시 야간집회가 금지되어 있던 때, 촛불시위가 길어지자 위협을 느낀 정권이 그를 구속한 것이다. 그러나 야간집회금지 조항이 위헌법률심판에 제청되면서 두 달 만에 보석으로 나왔다. 그 후 사회전반에 걸친 민생문제를 해결하기 위해 더욱 박차를 가하고 있다. 특히 '갑을시대'로 회자되는 요즘에는 '을'의 입장에 처한 중소상공인을 위한 활동에 집중하고 있다. 안진걸 사무처장의 행적을 좇다 보니 그를 찾는 곳도, 그가 찾는 곳도 매우 많았다. 그가 가는 곳마다 산적한 문제는 평범한 우리의 삶과 너무도 가까운 이슈들이었다. 그래서 오히려 더 관심 갖기 어려운 문제들, 특히 결여되지 않은 사람은 그냥 지나치기 쉬운 문제들에 대해 안진걸 사무처장은 발 벗고 나서 왔으며, 그런 그의 거침없는 움직임은 오늘도 쉬지 않고 진행 중이다.

그는 참여연대 민생희망본부 팀장과 경제민주화국민운동본부 공동 사무처장을 겸하고 있다. 중소상인살리기전국네트워크 기획팀장, 반값등록금국민본부 정책팀장, 토지주택공공성네트워크 사무국장, 친환경무상급식풀뿌리서울연대 기획팀장도 맡았다. 경제민주화와 재벌개혁을 위한 현장의 대부분이 그의 자리였다.

참여연대에서 약 12년간 그가 가져온 관심을 하나의 키워드로 말하자면 바로 '민생문제'다. 그의 발자취를 모두 정리하는 것은 지면의 양이 허락되지 않을 것 같다. 대표적인 활동만을 연도별로 살펴보면 〈표 2-3〉과 같다.

〈표 2-3〉 안진걸 사무처장의 활동사항

시기	사안	활동 유형
2000년	•「상가임대차보호법」 제정 촉구 • 이동통신 기본료, 정보 공개 촉구 • 시내전화 기본료 인상안 철회 촉구	• 집회
2001년	• 이자제한법안 공동입법 청원 및 제정 촉구 • 이동전화 요금 인하 촉구 •「상가임대차보호법」 제정 촉구 • 서민 전월세 대란 해결 촉구 • 비정규직 노동자 문제 제기 • 대부업 등록 및 금융이자보호법 제정 규탄	• 집회 • 성명서 • 1인 시위 • 퍼포먼스 • 백서 발간
2002년	• 삼성카드사의 수수료 담합에 대한 공정위조사 방해 행위 규탄 • 고리횡포 근절, 서민금융 생활안정, 폭리제한법 제정 촉구 • 신용카드 수수료 인하 및 연회비 폐지 요구 • 선거연령 18세 하향조정 촉구	• 성명 • 청원 • 캠페인

연도	요구	활동
2003년	• 정치개혁 촉구 • 집중투표제 의무화를 위한 상법개정과 「증권집단소송법」 제정 촉구	• 집회 • 모금운동 • 캠페인 • 입법 청원 • 시위
2004년	• 정치개혁 촉구 • 부패정치인 퇴출 요구 • 「국가보안법」 폐지 요구	• 단식농성 • 퍼포먼스 • 집회 • 서명운동
2008년	• 선거법 개정 촉구 • 대학등록금 지원 증액 요구 • 미국산 소고기수입 반대 • 미국산 소고기수입 반대 촛불집회 중 구속 • 국제중학교 설립 반대 • 종합부동산세 합헌 촉구	• 캠페인 • 기자회견 • 청원 • 설문조사 • 블로그 개설 • 서명운동 • 촛불집회 • 1인 시위
2009년	• 대학등록금 문제 • 학자금 이자지원 촉구 • 취업 후 학자금 상환제 • 이동통신요금 인하 촉구 • 중소상인살리기 3대 요구안 – 대형마트와 기업형 슈퍼마켓(SSM) 합리적 규제 촉구 – 신용카드 가맹점 수수료 인하 – 폐업 중소상인 실업안전망 구축	• 기자회견 • 1인 시위 • 서명운동 • 연대 조직
2010년	• 청년실업 문제해결 요구 • 청년인턴 실업급여 지급 촉구 • 무상급식 확대 촉구 • 서울시 재개발, 뉴타운정책 수정 촉구 • 최저임금 동결(안) 철회 촉구 • 최저생계비와 사회안전망 부재 • 중소상인 생존권 문제해결 촉구	• 1인 시위 • 연대 조직 • 기자회견

2011년	• 전세대란 대책마련 및 임대차보호법 개정 촉구 • 반값 등록금 요구 • 통신비 인하 요구 • 최저임금 인상 촉구 • 백화점 대형마트 노동자보호 및 에너지 과소비 억제 • 청년실업, 워킹푸어 문제 제기 • 중소상인 적합업종 법제화 촉구	• 기자회견 • 1인 시위 • 캠페인 • 서명운동
2012년	• 서울 대형마트 · SSM 일요일 의무휴업 조례안 발의 • 지하철 9호선 요금인상과 KTX 민영화 문제 제기 • 대학 반값 등록금 요구 • 농심 재벌의 대리점 노예계약 횡포와 불법행위 고발 • 경제민주화 촉구 • 비정규직 노동자 문제	• 기자회견 • 공동 선언 • 서명운동 • 1인 시위
2013년	• 택시 노동자 처우개선 • 등록금 문제 • 진주의료원 사태해결을 위한 사회보장위원회 소집 청원 • 남양유업 등 재벌 대기업 불공정 횡포 • 조세도피자 탈세제보 및 강력 세무조사와 처벌 촉구 • 대기업의 불공정거래행위 고발	• 공동 선언 • 기자회견 • 공문 서한 전달

사실 연도별로 분류하는 활동 사안과 활동유형이 크게 의미는 없다. 왜냐하면 해결이 될 때까지 동일한 이슈를 요구하기 때문이다. 그렇지만 연도별로 구분을 해 놓았기에 매년 반복됨을 더욱 눈여겨 볼 수 있을 것 같다. 안진걸 사무처장은 이 중에서도 특히 중소상공

인의 경제활동권, 등록금, 전월세 문제를 해결하기 위해 집중적으로 활동하고 있다. 이런 문제로 인해 서민들이 고통받고 있음을 정부와 대기업, 시민사회에 알리기 위해 기자회견, 서명운동, 시위, 캠페인 등을 하고 이를 통해 사회적 지지와 공감을 이끌어 낸다. 더불어 문제해결을 촉구하기 위해 시민조직을 연대하고 모금운동, 입법청원 운동, 서명운동, 1인 시위, 집회 등을 기획하고 실천한다. 특히 촛불 집회는 잘 알려져 있고 이제는 시민문화제의 하나로 자리잡아 가고 있다. 전국의 수많은 촛불이 모였다가 흩어지고, 다시 모여 하나의 횃불이 되기를 수차례 반복할 수 있는 이유는 꺼지지 않는 성냥개비가 있기 때문이다. 지루하리만치 매년 반복되는 안진걸 사무처장의 활동이 바로 그것이다.

안진걸 사무처장은 중소상공인이 경제활동을 할 수 있는 환경조차 허락되지 않는 사회, 대학 등록금을 벌기 위해 고군분투하는 부모와 아르바이트를 하는 자녀에 집중한다. 더하여 피곤한 몸을 편히 누일 집 또한 서민에게는 허락되지 않음에 문제를 제기한다. 따라서 그의 상대는 정부와 대기업, 사회구조가 되는 것이다.

우리 사회 중소상공인의 경제 상황, 등록금, 전월세 대란의 현주소

내몰리는 중소상공인

대형마트의 급속한 성장과 대기업의 프랜차이즈형 매장의 증가는 골목의 상권을 잡아먹고 있다. 개인이 운영하는 슈퍼, 문구점, 꽃집, 제과점, 옷가게, 식당 등 다양한 업종의 가게들이 우리가 자각하지 못하는 사이 점점 사라지고 있다. 이 모든 것을 대형마트 한 군데에서 해결할 수 있기 때문이다.

소비자가 점점 편리함을 추구하는 사이, 재벌 대기업은 이 틈을 놓치지 않고 대형마트 수를 늘리고 프랜차이즈형 매장 수를 증가시켰다. 그 결과 2012년 서울시에서 10월 기준으로 발표한 서울시 내 대형마트는 57곳, 기업형슈퍼마켓(SSM)은 295곳으로 총 352곳이다. 이에 비해 전통시장은 330곳으로 대기업의 프랜차이즈 매장보다 적은 것으로 나타났다.

통계청 자료에 따르면 전국의 문구점 수는 2011년 1만 5750개로 12년새 42%가 감소했다. 2013년 6월 통계청의 '사업체 연령별 현황 및 특성'에 따르면 동네슈퍼나 옷가게 등 도·소매업체 10곳 중 4곳 이상이 4년 안에 문을 닫는 것으로 나타났다. 골목을 지키던 중소상공인들은 재벌 대기업의 무자비한 번식 앞에 설 곳을 잃어버리고 있는 것이다.

고공행진 등록금

통계청에서 발표한 2012년 기준 대학진학률은 71.3%이다. 교육부가 발표한 2013년 상반기 4년제 일반대학 연간 등록금 현황을 보면 전체 평균 연간 등록금은 667만 8000원이다(대학알리미, 2013). 2013년 8월 금융위원회의 '대학생 대출현황 실태조사'를 살펴보면 대학생 다섯 명 중 한 명은 빚을 지고 있었다. 빚의 이유는 등록금 때문이다. 대학생이 사회에 발을

들여놓기도 전에 빚을 지는 경우가 많아지고 있다. 대학입학을 조장하는 사회에서 높은 등록금은 가정 경제를 파탄 내는 주범이며 동시에 청년의 사회진출에 덫이 되고 있다.

'즐거운 나의 집'은 어디에

전월세 대란이다. 매매는 없고, '미친 전세'와 '미친 월세'만이 있다. 국토교통부가 전월세거래정보시스템을 통해 집계한 2013년 7월 전월세 거래량 및 실거래가 자료를 공개했다. 자료에 따르면 전월세 거래는 2012년 10월 이후 증가추세다. 반면 매매는 전국 평균 20~30%씩 감소했다. 따라서 전월세가 상승함에 따라 돈 없고 집 없는 서민에게는 추운 여름이다.

안진걸, 그와의 대화

과격한 시위와 투쟁을 하는 시민운동가의 모습을 상상했는데, 예상과는 다르게 그는 부드럽고 순수한 매력이 있는 사람이었다. 또 민초들의 삶에 공감하고, 소통의 중요성과 연대의 필요성을 이야기하는 시민단체 상근자다. 그는 2010년 8월 26일 CBS 라디오 '시사자키 정관용입니다'에서 자신을 시민운동가라기보다는 시민단체의 상근자 정도로 생각하고, 또 진보라기보다는 상식적인 사람이라고 생각하고 있다고 말했다.

그를 이끄는 동력은 무엇인지, 그의 이야기를 들어보았다.

대학시절부터 학생운동을 해 오셨어요. 당시 법대생이었는데, 학생운동으로 이끈 동력은 무엇이었나요?

제가 91학번인데, 그때가 노태우 정권 시절이었어요. 1980~1990년대 전두환, 노태우 정권 때 사람들이 많이 죽고, 날마다 나쁜 짓을 하는 정권이었기 때문에 날마다 싸울 수밖에 없었어요. 시대상황이 강의실에만 앉아 있을 수 없던 시절이었죠.

시국에 무관심할 수도 있었지 않나요?

1990년대 초반만 해도 시대정신이 반독재 타도, 민주화나 개인의 자유, 인권을 늘려야 한다는 공감대가 있던 시대였어요. 그래서 아주 적극적으로 운동하는 사람들이 소수였다고 해도 대부분이 지원해 주고 참여하던 시대예요. 그 와중에도 무관심하거나 반대하는 극소수의 사람들이 있었지만 대부분 대학에서 운동권이 중심이 된 총학생회가 뽑히는 것만 봐도 사회적 합의가 어느 정도 이루어졌던 것이 아닐까 생각합니다.

지금은 시대가 많이 달라져서 총학생회가 대부분이 비(운동)권이 되고 정치적으로 무관심해졌어요. 운동을 하는 게 지난 시대의 조건과는 많이 달라져 있지요. 일례로 반값등록금 운동을 하는데 시민들은 동참하지만 대학생들이 조용한 것에 대해 어떻게 생각하나요?

학생회가 비권이 되는 것은 괜찮으나 반권이 돼서 뉴라이트가 되는 것은 문제라고 생각해요. 학생들이 쉽게 관심을 가지고 참여할 수 있는 조건을 만들어야겠죠. 학생들이 지금 가장 필요로 하는 것을 잘 찾아서 제시도 해야 해요. 자연스럽게 우리 시대에서 사회복지나 경제민주화 같은 것을 증진해야 한다는 사회적 캠페인을 하는 것을 반대하는 사람은 없겠죠. 설득력 있는 캠페인이라면 말이죠. 그러나 기존의 학생회가 학생들이 공감하지 못하는 부분을 주장하거나 아니면 공감은 하지만 덜 시급하다고 생각하는 부분은 행동할 때 괴리가 발생할 수 있다고 생각해요.

예전에도 그런 괴리는 있었어요. 그러나 그때는 전두환, 노태우가 너무 나쁜 짓을 하니까 사람들이 민주화된 사회, 더 많은 자유를 원했고, 그러니까 그때는 당연히 그런 불의에 맞서 싸우는 것이 당연한 일이었죠. 개인의 기본적 자유가 보장되지 않았고, 대통령 선거를 할 수 없었으니까. 그러나 지금은 어느 정도 사회가 발전하면서 사람마다 문제의식을 판단하거나 인식하는 취향이 달라졌어요. 그 부분에 우리가 접근하려면 다양한 이슈를 다양한 방법으로, 다양한 층위로 접근할 수밖에 없다고 생각해요.

지금은 동물권 NGO, 여성 NGO…… 이런 식으로 NGO가 만들어져요. 소수자 NGO도 생기고요. 사람마다 관심사가 다르니까 우리가 거기에 조응하는 다양한 활동과 NGO를 만들어야 하는데 학생 사회가 그만큼 발전하지 않은 것이 문제가 되겠죠. 학생들도 무관심한 부분이 있고, 학생회가 제대로 소통하지 않아서 발생하는 문제가 아닐까 싶어요.

> 1998년도에 대학을 졸업하기 전부터 참여연대에서 활동을 시작한 것으로 알고 있는데요, 어떤 활동을 하고 있나요?

사회복지위원회에 지원했는데 법학을 전공했다고 상담을 많이 하는 시민권리찾기 운동본부로 가라고 해서 그곳에서 일을 시작했어요. 억울한 사람 정말 많아요. 그때나 지금이나 너무 많아요. 지금은 문구점, 편의점, 가맹점, 고물상을 비롯한 전국의 '을' 살리기 활동을 중심적으로 하고 있어요. 동네슈퍼를 운영하시는 분들, 진짜 억울한 민초들 아니에요? 편의점 사장이 다섯 명이나 자살했잖아요. 재벌 대기업에게 상권을 침탈당하고 있거나 아니면 재벌 대기업 체제에 들어갔더니 착취당하는 사람들. 노동자는 노동자들의 권리라도 있지만 아무런 권리가 없는 그분들과 함께 가맹사업법을 제정하고 대리점보호법 제정운동도 하고 남양유업 사태해결 촉구하는 활동도 하고요. 공정거래위원회 신고도 했죠.

> 활동하고 있는 사안들에 대해 관심을 갖게 된 특별한 계기가 있을까요?

아니요. 그냥. 그냥 눈이 있잖아요. 눈, 눈으로 보이니까. 보고 들었으니까 외면할 수 없잖아요. 길을 가다가 누가 피 흘리고 쓰러져 있으면 업고 병원으로 뛰어가는 적극적인 행동을 하는 사람도 있지만 119에 신고하는 소극적인 행동을 하는 사람도 있잖아요. 저는 적극적이건 소극적이건 개인이 알아서 하면 된다고 생각해요. 다 그 정도의 마음이 있잖아요. 특별한 건 없다, 그 정도의 마음을 가지고 사는 건데 다 바쁘고 직장 생활하다 보니까 적극적으로 못 하겠지요. 그렇다면 우리 같은 NGO 스태프라도 적극적으로 하자, 이런 거죠. NGO들이 그런 일을 하겠다고 하니까 사람들이 도와주는 거잖아요. "나는 직장 때문에 바쁜데 회비 낼 테니까 열심히 좀 해 달라. 틈틈이 참여할 테니까." 그래서 1만 2000명의 시민이 후원금도 보내 주고 이렇게 하는 거죠.

사실 주변을 돌아보는 마음을 외면하고 사는 것이 더 쉬운 세상 아닌가요?

외면하면 마음이 찜찜하잖아요. 길을 가다가 사람이 피 흘리고 쓰러져 있어요, 바로 내 앞에. 내가 업고 뛰지는 못해요, 바빠서. 아니면 힘이 없어서. 직접 병원까지 모셔 가지는 못해도 전화는 다 하잖아요. 전화도 안 하고 그냥 외면했다면 그 사람 마음이 얼마나 불편하겠어요. 그러지 않기 위해서 하는 거죠. 또 안전하기 위해서도 하는 거죠.

이웃집에서 아이가 매일 굶고 있어요. 결식아동이에요. 그런데 우리 집에 친척들이 모여서 통닭을 먹고 있어요. 냄새를 풍기면서. 그러면 편하지 않잖아요. 차라리 나눠 먹으면 편하잖아요. 같이 맛있게 먹고. 그러니까 내가 편하기 위해서라도 복지국가가 필요한 거예요. 나와 우리 가족이 겪을지도 모를 범죄의 위험이 줄어들잖아요. 내가 살기 위해서라도 복지를 하고, 사회를 안전하게 만들고 따뜻하게 만드는 것, 맞죠. 전철역에 스크린도어가 없을 때는 밀려서 떨어지기도 하고 밀어서 떨어져서 다치기도 했는데, 이제 방어벽이 있으니까 밀려서 떨어지지도 않고 밀어도 떨어지지 않잖아요. 하나의 정책으로 아주 안전한 사회를 만든다는 거죠. 자살도 확 줄어들고. 자살 없는 아주 따뜻한 사회, 소통 넘치는 사회를 만들어야 하지만, 또 자살할 수 없는 환경도 만들어야 해요.

옥상도 뛰어 내릴 수 없도록 옥상 벽을 높게 설치한다든지, 정원을 만들어 놓으면 삶의 의욕을 느낄 수 있잖아요. 그런 것도 필요하고. 안전하게 살아야 하고 그런 환경이 만들어져야 하죠. 마포대교에 자살 방지 문구 같은 것이 우스워 보여도 실제 영향을 받는다는 거죠. 가난한 사람이 한 명도 없는 사회를 못 만들 수도 있어요. 죽어라 자살하는 사람을 못 막을 수 있지만 우리는 최대한 이웃으로, 사회로서 도리를 다하는 거죠.

최선을 다해서 복지제도를 만들고 그 제도가 못 미치는 데에는 지역마다 복지관 같은 지원시스템을 최대한 촘촘하게 만들고, 구제가 안 되는 사람이 줄어들도록 끝까지 노력하기, 최대한 살맛 나게 만들어 주기, 순간 비관했을 때 자살하기 어렵게 하기, 마지막 순간까지 다시 한 번 생각하게 하기 이런 거 있잖아요.

안진걸 사무처장은 현재 총 여섯 개의 직책을 맡고 있다. 그가 맡고 있는 직책을 살펴보면 하나같이 일반국민의 생활 및 생계와 관련된 민생문제를 다루는 자리다. 특히 등록금, 이동통신 요금제, 전월세 대책마련 등 가계家計에 필수적이면서 부담이 되는 사안에 집중하고 있다. 이러한 문제들의 해결을 촉구하기 위한 집회, 1인 시위, 촛불문화제, 기자회견, 청원, 소송, 서명운동, 캠페인, 연대조직 등은 12년간 반복되었다.

해결되지 않는 문제들에 대해서는 몇 해가 지나도 관심을 갖고 홍보하며, 시민들을 조직하고 행동하였다. 그는 문제의 근본적인 해결과 예방을 위해 국회의 입법활동을 하거나 개정안을 촉구하였고, 문제의 원인이 정부에 있든 대기업에 있든 개인에게 불공정한 결과를 주거나 사회에 불평등을 초래하였다면 거침없이 문제를 제기하고 해결을 요구하였다. 팸플릿을 만들어 배포하고 서명운동을 하는 것, 노동자들을 위협하는 불법상황을 사회에 고발하기도 한다. 현존하는 단체에 연합하거나 새로운 시민단체를 만들어 참여자를 모으는 방법도 있고, 시민들의 의견을 반영하는 자리에 참여하여 정부에 의견을 전달하는 활동도 하고 있다. 시민들의 '알 권리'를 보장하기 위한 활동도 포함된다. 불만사항이나 정책을 바꾸도록 압력을 행사하는 데 효과적인 피켓시위를 하거나 대중의 자각을 높이고 대중의 지지를

확인하는 시위를 진행하기도 한다. 정책 입안자들을 설득하는 원외 활동인 시민로비를 하기도 하고, 법안을 제안하거나 청문회에 참여하기도 한다. 또 청원서를 제출하거나 다른 단체들과 연대하여 국회의원들을 설득하기도 하고, 피해자들의 손해배상과 문제 제기를 위한 소송도 활발히 하고 있다. 언론을 통해 홍보, 설득, 제안을 하기도 한다.

안진걸 사무처장이 수년간 시민을 조직하고 관련 단체들과 연계하여 투쟁한 결과는 분명 성과도 있었다. 물론 이 성과는 안진걸 사무처장 혼자만의 것은 아니고, 그가 참여하여 연대한 조직들의 사회운동social action 결과이고 시민의 승리일 것이다. 안진걸 사무처장이 참여한 활동의 결과, 「상가건물임대차보호법」과 「증권집단소송법」이 제정되었고, 「고등교육법 개정안」이 통과되었다. 2012년에는 대기업을 상대로 '이동통신요금 원가 관련 정보 공개' 소송에서 승소하여 국민의 알 권리를 확보하기도 했다.

따뜻하고 소통 넘치는 사회를 만들기 위해 할 수 있는 모든 것을 한다

사회운동의 정의는 무엇이고 목표는 무엇인가요?

복지나 인권이라는 것이 사실은 남을 위한 것이라기보다 자신을 위한 거예요. 심리적으로도 더불어 사는 것이 편안하고 물리적으로나 육체적으로도 범죄의 위험이라든지 예기치 못한 사고라든지, 산업재해 예방이 꼼꼼한 사회에서 일하면 우리가 어디서 일하든 산업재해가 덜 일어날 거 아닙니까. 아들이 알바하러 갔다가 산업재해를 당할 수 있고 아빠가 일하러 갔다가 산업재해를 당할 수 있잖아요. 30분 배달제 기억하시죠? 등록금 벌기 위해 배달하다가 여러 명 죽었잖아요. 알바하겠다고 하면 말리는 부모는 별로 없잖아요. 기특하다고 생각하지. 그런데 그렇게 아르바이트를 하다가 죽으면 안 되잖아요. 사회운동이라는 것이 자신과 가족의 행복을 위한 길이에요. 복지국가를 만든다거나 사회를 따뜻하고 소통 넘치는 곳으로 만드는 것, 그 과정에서 할 수 있는 모든 일을 하죠. 국민의 요구가 있으면 다 하는 거죠. 반값등록금이면 고등교육복지가 되는 것이고, 무상급식은 학생 복지가 되는 것이고, 다만 복지로 수렴이 안 되는 것이 있을 수 있죠. 경제민주화나 재벌기업 같은 것은 복지국가와 선순환 구조에 있는 것이죠. 직장에서 돈을 잘 벌면, 다들 잘 살면, 기초생활급여를 다 줄 필요가 없잖아요. 이탈하는 일부에게만 주면 되잖아요. 그러면 복지국가의 재정문제도 해결되고, 직장에서 돈을 다 잘 벌고 자영업자들이 돈을 잘 벌면 시민들이 보험료를 많이 내죠. 4대보험 재정도 풍부해질 거고요. 이렇게 경제민주화와 복지국가는 상호조응 관계에 있는 것이죠. 직장과 자영업의 전체 안정을 도모하는 게 1차적으로 경제민주화, 2차적으로 복지국가죠. 이렇게 단계를 안 따져도 같이 동시에 가는 것일 수도 있고요. 경제민주화와 교육복지는 해야 하는 거잖아요.

그런데 한국사회는 돈도 별로 못 벌고 비정규직과 '을'로 살아가요. 교육비, 주거비, 의료비, 통신비는 엄청나게 비싸니까 이중으로 쪼들리는 거거든요. 일부 대기업 노동자와 공기업 노동자를 제외하면 대부분의 사람은 직장을 다니거나 장사를 하는 데 말이죠. 둘 다 추진하되 둘 중 하나라도 제대로 추진하면 사람들이 지금보다 살 만해질 거예요. 그래서 최근 사회운동의 중요한 목표는 경제민주화와 복지국가라 생각하고 있습니다.

> 그동안 활동하며 써 온 기고문을 읽어 보면 어느 누가 읽어도 이해 가능한 이야기입니다. 특히 '기본'과 '상식'이라는 단어가 떠올랐는데, 그러한 이야기를 할 수 있는 바탕에는 어떤 가치관과 신념이 있나요?

다 같이 좀 편안하게 살자. 나만 잘 사는 것이 불편하다라는 거예요. 나와 내 가족이 편안해지기 위해서라도 사회가 보다 안전해지고 따뜻해지도록 특히 공적으로 책임져야 할 것은 책임져야 해요. 예를 들면, 저희가 길거리 튀김을 반값으로 해 달라는 캠페인을 하지는 않잖아요. 교육, 주거, 의료 같은 것은 생활 필수재이고, 공공재이고, 살아가는 데 반드시 있어야 하는 거잖아요. 그러니까 비용을 줄여 달라고 하는 거죠. 사이다값 원가를 공개하라고 요구하지는 않지만 이동통신비는 원가를 공개하라는 거죠. 생활 필수재이고 공공서비스이니까요. 원가를 공개하라고 요구해서 승소했거든요. 계속 개개인의 삶을 또는 집단으로서 시민의 삶을 조금 더 따뜻하고 좋은 방향으로 평안하고 인간적으로 살 수 있는 방향에서 제기되는 모든 것에 가치를 둘 수 있죠. 예를 들면, 인생의 단계에서 고등학교 무상급식과 반값 등록금, 청년실업 해소, 정리해고를 근절하게 한다든가 이렇게 쭉 갈 수도 있고요. 굳이 단계를 구별하지 않아도 가계에서 지출이 가장 큰 것부터 할 수 있잖아요. 우리나라는 교육비가 가장 많이 나가잖아요. 주거, 의료, 통신비 등이 반값이 되고, 무상이 된다면 사람들이 엄청 행복해지지 않겠어요?

집집마다 1년에 교육비, 주거비, 의료비, 통신비로만 몇천만 원씩 쓰잖아요. 그걸 하나도 안 쓴다고 생각해 보세요. 그것을 가지고 저축을 하고 빚을 갚고 그럼 얼마나 뿌듯하겠어요. 지금 사람들은 그게 안 되니까. 벌이는 적고 쓸 데는 많으니까, 가계 부채가 1000조가 되어 있는 거죠. 이자가 얼마나 많이 나가겠어요. 대한민국이 전 세계에서 가장 이자가 비싼 나라거든요. 폭리를 취하는 구조죠. 이중, 삼중, 사중으로 국민을 골탕 먹이는 거예요. 대학에 안 갈 수 없는 분위기를 만들어요. 대학을 안 가면 취직도 안 되니까 대학을 가죠. 엄청난 등록금을 내야 하는데 그럼 빚을 지겠죠. 그럼 빚진 사람한테 이자 장사를 해요. 이, 삼, 사중으로. 사회의 법과 제도가 미비해 약탈적인 관행으로 막판을 치면서 서민의 삶을 어렵게 하는 것이죠.

▌내가 해결했어야 하는데 그러지 못해서 마음에 남아 있는 사안이 있나요?

아주 많죠. 제가 지금 말한 것들이 모두 100% 해결되지는 않았잖아요. 친환경무상급식도 초등학교만 되었고, 중학교는 아직 안 되었거든요. 반값등록금도 안 됐잖아요. 국가장학금만 조금 늘어났고 심지어 대학원생들은 '든든학자금'도 이용 못 하게 해 놨잖아요. 얼마 전에 고려대학교 대학원 총학생회와 중앙대학교 대학원 총학생회 학생들과 기자회견을 했어요. "대학원생도 든든학자금을 이용하게 해 달라. 국가 장학금은 저소득층 위주로 하게 해 달라."가 저희의 주장이거든요. 그런 식으로 계속 확대해 나가는 것이지요. 지금 국민의 절반이 집이 없는데 공공주택해서 세대 명수에 맞는 평수를 제공해 주든가. 의료도, 건강보장도 60% 정도밖에 안 되잖아요. 그런데 '의료민영화'하겠다고 하고 공공의료원은 폐쇄하고. 초등학교 친환경무상급식같이 진전한 문제도 있는가 하면 오히려 이명박, 박근혜 정부에서 후퇴한 것들이 있죠. 우리 활동이라는 것이 개선하는 게 아니라 악화되는 걸 저지하는 것도 있어요. 의료민영화는 개선이 아니라 악화잖아요. 의료공공성을 강화해도 모자랄 판에…… 그러나 정권이 엉망이라고 좌절할 필요는 없어요. 친환경무상급식이나 반값 등록금 같은 경우 국민적 열망을 담아서 밀어붙여서 됐잖아요. 경제민주화 관련한 법안들도 느리지만 통과되잖아요. 그 과정이 굉장히 지난하고 어렵지만 이명박이나 박근혜, 새누리당도 거부할 수 없게 여론을 형성해서 누군가는 해야 하는 것이죠. 아무도 관심이 없던 주제를 관심을 갖게 이슈로 만들고 남양유업 같은 대기업이 지역대리점에 물건을 강매하는 '갑의 횡포'에 맞서서 편의점이나 프랜차이즈를 운영하는 소상인들을 위한 가맹사업법을 추진하여 법사위를 통과시킨 것과 같이. 그러니까 이 시대를 살아가는 사람들이 소수든 다수든 '갑'의 횡포에 의해서 억울한 일이 있다면 다 그것이 우리의 관심사죠.

함께해서 문제를 제기하고, 함께 이야기하고 시민의 삶이 위험에 빠지지 않도록 연대를 구현하고, 서로서로 도와주고 같이 관심을 갖는 것, 그것들을 지역 복지관이나 NGO, NPO가 같이 하는 거죠. 그런 게 굉장히 중요하고 더 늘어나야 해요. 망도 더 촘촘해져야 해요. 그럼 돈도 자원도 없는 시민도 복지관이나 NGO, NPO라는 자원이 생기잖아요. 사실 복지관이 단순한 복지전달체계로만 기능하면 안 돼요. 복지관이 복지운동의 주체가 되어야 합니다. 복지관을 운영하다 보면 부지기수로 재정문제에 부딪힐 때가 많습니다. 예를 들어, 직원들 급여를 못 주는 상황에 부딪히거나 재정적인 자원이 너무 열악하여 복지관이 꼭 수용해야 하는 사람들을 수용할 수 없는 안타까운 상황이 많이 벌어지죠. 이럴 때 "큰일났습니다. 도와주십시오." 하고 손을 내밀어야 하는데, 국민에게 기부하라고 하면 다들 어려우시니까. 가장 좋은 건 복지를 제일 잘 아는 분들이 나서서 복지를 늘려야 하는데 정작 그럴 수가 없지요. 그래서 일단 대기업 재벌부터, 아주 상위 슈퍼리치부터 나서게 하는 거죠. 전국 복지관이 연대해서 재벌 대기업들을 증세시키는 거죠. 그래서 더 많은 복지관, NGO, NPO, 사회적 기업, 협동조합 같은 더 많은 소모임이 생겨야 해요. 사회학과나 사회복지학과는 그런 분야의 공부를 하는 학과니까 좀 더 앞장서서 자기상황과 처지에 맞게 적절한 수준에서 참여해 주면 좋겠어요."

공구상, 고물상도 대기업이 진출하는 시대

> 활동하면서 어려웠던 점이나 우리 사회의 한계라고 느꼈던 부분이 있다면?

정말 많아요. 사람들이 무관심하거나 국회의원이 안 도와주고 그러면 화도 나요. 예를 들면, 친환경무상급식을 이야기하니까 "이건희 손자한테 밥을 공짜로 주냐." 이런 식으로 공격한다든지, 심지어는 공짜를 좋아하는 사람으로 공격해요. 공짜가 아니잖아요. 우리가 세금 내서 아이들 도와주는 건데 공짜가 아니라 사실은 의무급식이나 조세급식이죠. 자꾸 공짜 좋아하는 놈으로 몰아가는 일각의 시선이 힘들죠. 자신의 잘못된 철학과 정치적 야합으로 '무상급식하면 나라가 망한다.' 같이 사실을 왜곡해서 정책이 구현되는 것을 지연시키면 결국 상처받는 것은 아이들이지요. 우리 아이들이 편안하고 따뜻하게 밥을 먹는 무상급식을 하자는데 서울시장오세훈 전 서울시장이라는 사람이 '그걸 하면 나라가 망한다.'고 하면 애들에게 얼마나 상처가 되겠어요. 그런 편견과 인간에 대한 무례로 똘똘 뭉친 사람들이 방해하고 근거 없는 논리를 만들어 낼 때가 제일 열 받고 힘들죠. "대학생을 왜 도와줘야 하냐. 자기들이 좋아서 대학을 갔는데." 이렇게 말하면서 그런 생각을 조·중·동이 퍼뜨리면서 반대하는데, 그렇다면 대학을 나오지 않으면 사람 취급하지 않는 사회는 누가 해결해 줄 것인가요? 대학생만 도와달라는 것도 아니잖아요. 대학을 못 가는 비대졸 청년에게 취업 수당을 준다든지 이렇게 하는 것이 문제를 푸는 자세인데 그냥 '대졸, 비대졸 청년을 차별하는 정책'이라고 왜곡해 버려요. 하기 싫으니까 그렇게 포장해서 방해를 하죠. 항상 돈이 없어서 못한대요. 서울시만 해도 급식 예산은 690억 정도 되는데 오세훈은 500억으로 홍보 사업을 했잖아요. 그런 예산을 어린아이들을 위해 쓰면 되잖아요.

너무 지나치게 무관심하거나 냉소를 보내는 시민이 있는 것도 사실이니까 그런 게 힘들 때도 있죠. 다만 우리는 항상 '우리가 무관심한 일반인들의 관심을 유발할 때, 일반인들의 무관심을 탓하기보다는 오히려 그들에게 도움이 된다는 걸 설득력 있게 행동하지 못한 것은 아닌지 먼저 되돌아보는 게 좋다.'고 생각해요. 어떻게 '시민들이, 국민들이 이렇게 무관심한지' 욕해 봐야 답이 안 나오잖아요. 오히려 반감을 품잖아요. 그러니까 우리 모두에게 필요한 부분이라고 권유하고 설득하고 함께하자고 안내하고, 조금 피곤하더라도 그렇게 가야 하지 않을까 하는 그런 방법 말고는 없어요.

정책도 꾸준히 하는 것밖에 없어요. 혁명이 일어날 수는 없으니까요. 실제로 현실에는 굉장히 다양한 이해관계와 찬반과 특히 조·중·동과 수구기득권 세력이, 재벌 대기업이 똬리를 틀고 기득권을 지키려고 하고 있지요. 정말 무자비한 이윤을 위한 탐욕과 생존권 침탈이 노동자를 죽이고, 가맹점과 대리점을 착취하고, 비정규직으로 전환하고, 정리해고 남발하고, 그것도 모자라서 재벌 대기업이 동네 슈퍼까지 진출하는 나라는 우리나라밖에 없을 거예요. 슈퍼도 모자라서 떡집, 꽃집, 세차장, 주차장까지 대기업이 진출 안 하는 데가 없어요. 공구상, 고물상도 대기업이 진출해요. 아수라장이에요. 가만히 있으면 서민만 당해요. 일자리만 없어지고 우리만 착취당하는 거니까 '제발 탐욕 좀 그만 부려라.' '이미 큰돈 벌고 있지 않느냐.' 하면서 맞서서 우리의 삶을 지키고, '우리는 열심히 사는데도 가난해지고 있으니까 재벌이 조금 더 돈을 내서 많은 사람들이 교육비 걱정 없는 삶을 만들자' 이렇게 계속 소송하는 거죠. 여론이 거세지면 아무리 수구세력, 기득권이라고 해도 받아들일 수밖에 없으니까. 사회가 빨리 바뀌면 물론 좋겠지요. 그래서 빨리 바뀌었으면 좋겠다는 열망과 바람을 가지고 있는 것은 좋겠지만 '시간이 조금 오래 걸릴 수 있다는 것'을 생각하면서 차분하게 호흡도 가다듬자고 말하고 싶어요. 그런 방향으로 서서히 가긴 가니까요. 진전되고 있긴 하니까 계속 아우성쳐서 그렇게 만드는 거죠. '약속을 지키고 미국의 무기를 너무 많이 사주지 말고 꼭 필요한 곳에만 쓰고 국민에게 돈을 써라.' 라고 계속 싸우는 거죠.

공공적인 책임을 강화하는 모든 것이 사회복지

민생문제, 특히 가계家計에 큰 부담이 되는 이슈에 관심을 갖고 있는 것으로 알고 있습니다. 결국 넓은 의미의 복지에 포함되는 이슈인데, 사회복지는 무엇이라고 생각하시나요?

사실 사회복지운동을 하는 분들이 중심이 아니라 교육비가 부담돼서 못살겠다고 하는 분들, 즉 교육운동하는 분들이 무상급식이나 반값등록금으로 가는 증폭제가 되었잖아요. 이는 복지가 범사회운동의 이슈가 되어 있다는 반증이기도 해요. 결국 기존의 사회복지학과 교수들 중심으로만 사고할 필요가 없어지는 것이죠. 개인의 삶에서 국가와 사회의 공공적인 책임을 강화하는 모든 것이 사회복지라는 이름으로 재정립되고 발전되고 있는 것이 아닌가 그렇게 생각합니다.

복지를 공부하는 후배들에게 조언 한 말씀 해 주신다면요?

복지를 좀 더 입체적이고 적극적으로 해석하면 사회복지학도들이 할 수 있는 일이 굉장히 많아요. 예를 들면, 장애인복지가 있듯 소수자, 미혼모복지도 있을 수 있죠. 많은 영역이 있으니까 자기가 좀 더 울림이 있고 관심 있는 곳을 찾으면 좋겠어요. 활동을 하다 보면 다

만나게 돼 있어요. 평화운동하는 사람들이 복지에는 관심이 없을 것 같죠? 하지만 전쟁반대를 하다 보니 그 돈을 복지에 쓰자고 주장해서 평화와 복지가 만나거든요. 그러니까 진실은 다 통하게 되어 있어요.

> 현장의 살아 있는 이야기보다 책상에서 책에 있는 이야기로만 사회복지를 공부하는 현실에 대해서는 어떻게 생각하시나요?

복지라는 것이 확 피부에 와 닿지 않을 수도 있지만 다른 이면에서 와 닿을 수 있어요. 기초생활보장제도를 바꿔서 '부양의무기준을 바꾸면 당장 좋아지겠지.'하는 것이 아니라, 당장 그 기준 때문에 고통받는 분이 있다면 그들과 어떻게 연대하고 소통할 것인가 하는 고민이 필요해요. 나중에 복지제도가 바뀌고 사각지대가 없도록 바꾸는 것도 중요하지만 그것은 결과에 불과하죠. 그 과정에서 다양한 고민을 함께 소통하고 외면하지 않는 것이 중요하다고 생각해요. 전 과정에서 말이죠. 주변에 억울하거나 딱한 처지에 있는 사람이 있을 때 같이 연대하고 고민하는 과정이 캠페인이고, 대부분의 넓은 복지에 포함되는 것이에요. 한편으로 결국은 사람을 둘러싼 '사회'라는 실존적 환경을 좋은 것으로 바꾸는 것이기 때문에 다 통하게 되어 있으니까 지금 있는 제도라도 제대로 관심을 갖고 사각지대를 없애는 것도 의미 있다고 생각해요. 복지를 보다 적극적으로 해석할 필요가 있다고 생각합니다.

반드시 좋은 사회는 온다

▌공유하고 싶은 가치나 앞으로의 계획을 말씀해 주세요.

이웃집 아이가 굶고 있거나 부모에게 학대받고 있어서 아이의 울음소리가 끊이지 않고 있다고 생각한다면 누구도 편하지는 않을 거예요. 꼭 무슨 깨달음이 있거나 대단한 계기가 있어서가 아니라, 그런 경우만 생각해 봐도 사람이란 마음속에 누구나 최소한의 연민이나 유대감이 있고, '이건 아닌데.' 싶은 측은지심 같은 게 있잖아요. 그런 마음, 최소한의 관심과 유대감으로 서로 도와주자는 거예요. 상식적인 선에서 논쟁은 환영하죠. 예를 들어, '무상급식에 돈이 많이 드니까 속도를 조절하자.' 그런 것은 좋죠. 약간의 이견에도 큰 틀에서 우리 사회가 좀 더 따뜻하고 상식적이고 합리적이고 소통 가능하고 인정 넘치는 사회를 만드는 것은 나 자신에게도 굉장히 유리하고 우리가족에게도 아주 유용해요. 그런 사회제도와 분위기, 사회정책, 캠페인을 통해 보다 안전한 사회를 만드는 것이 중요합니다. 그렇다면 결국은 관심 갖고 기꺼이 참여하는 건 불가피한 거예요. 사회에 구속된 사람은 계약되어 있는 사회에 내던져져 있어서 참여할 수밖에 없는 '앙가주망' 같은 거예요. engagement를 불어로 '앙가주망'이라고 하죠. 그것을 우리가 느껴야 합니다. 기꺼이 하면 좋지만, 그렇지 않더라도 이것은 불가피하게라도 해야 하는 거예요. 우리는 혼자 살 수 있는 존재가 아니니까요. 우리의 무기는 관심과 연대밖에 없다고 생각해요. 참여도 어려운 것이 아니에요. 지금은 네이버의 해피빈 같은 간단한 모금이나 댓글, SNS에서 리트윗하는 것처럼 방법이 다양하잖아요. 좀 더 적극적인 방법이라면 집회나 시위가 있겠지요. 참여나 연대를 어렵거나 부담스럽게 생각할 필요 없어요. 자신의 처지와 관심에 맞게 참여하면 되는 거죠. 그러면 그것이 씨줄과 날줄이 되어 사회는 조금씩 바뀌어 나갈 거예요. 좋은 사회는 반드시 올 수밖에 없습니다. 무상급식과 반값등록금도 안 된다고 했지만 야금야금 좋아지고 있잖아요? 그런 것 같아요.

이제는 사회변화나 환경변화를 추구하는 적극적 의미의 사회복지실천이 필요한 때라는 생각을 했다. 따라서 이를 실현할 수 있는 방법으로 급진사회복지실천을 제안하고자 안진걸 사무처장의 활동을 중심으로 급진사회복지실천의 필요성과 적용가능성을 살펴보았다. 개인과 가족에 대한 미시적인 개입만으로는 근본적인 해결에 분명한 한계가 존재한다. 개인에게 문제의 원인이나 해결의 초점을 두는 미시적인 접근에서 벗어나 사회 구조적인 영역, 즉 개인과 환경의 상호작용 영역에 관심을 가져야 한다. 그러한 실천을 직접 보여 주며 행동하고 있는 안진걸 사무처장의 활동과 결과를 보며 우리 사회에서 급진사회복지실천의 적용 가능성에 희망을 가져 본다.

그를 만나고 돌아나서는 나는 마치 새로운 종교에 전도된 것 같았다. 사회를 향한 그의 믿음에 나는 동화되었고, "특별한 건 없다."라는 그의 말에 반성하게 되었다. 사회복지를 진정으로 실천하고자 하는 사회복지사라고 스스로 생각했던 나는 앞과 뒤가 다른 동전은 아니었는지, 자기 위안을 할 수 있는 '갑'이 되고자 했던 것은 아니었는지 자문해 보았다.

사실 안진걸 사무처장의 참여연대 활동 12년을 돌아보면 여전히 해결되지 않은 문제가 많이 산적해 있다. 10년에 걸쳐 겨우 실마리를 풀기 시작한 이동통신 요금제 관련 문제가 있는가 하면, 10년이 넘게 해결되지 않고 있는 고질적인 문제인 비정규직 관련 문제도 있다. 그렇다고 '답도 없는 사회'라고 한탄하며 돌멩이만 던지고 돌아서지 말아야겠다. 그의 표현처럼 우리 사회는, '야금야금' 좋아지고 있을 테니 말이다.

안진걸 사무처장은 마지막으로 "모든 아이는 우리 모두의 아이, 평등이 최고의 효율! 경제민주화와 복지국가는 우리 시민사회의 영원한 소명이고 우리의 영원한 철학은 민본주의!"라는 미션을 전달했다. 그의 구호를 한 번쯤 새기며 진정으로 우리에게 필요한 사회는 무엇인지 생각해 볼 필요가 있다. 이제는 우리의 관심이 필요하다.

03

그들의 목소리로 삶의 이야기를 다시 쓰게 하다

- 홈리스행동 상임활동가 이동현 | 송영매 |

홈리스행동 이동현 상임활동가는 대학시절 도시빈민 선교동아리에서 활동하다가 저소득 밀집지역에서 빈민운동을 시작했다. 그때 쪽방 철거지역 주민들과 함께 동거동락하며 공부방 활동으로 시작한 빈민에 대한 관심은 IMF 이후 급증한 노숙문제로 이어져 자연스럽게 노숙인에 대한 관심을 가지게 되었다. 노숙인복지와 인권을 실천하는 사람들이하 노실사을 만들어 상근하게 되면서 노숙인 인권운동을 시작하였다. 2004년 서울역 노숙인 사망사건에 항의하는 농성과 노숙인 추모제 등 반짝하는 운동이 아닌 지속적으로 꾸준히 일상적인 활동을 펼쳤다. 노숙인에 대한 좀 더 포괄적인 지원운동을 하기 위하여 2009년 총회를 거쳐 노실사를 해산하고 명칭을 '홈리스행동'으로 바꾸어 홈리스 대중조직운동을 지향하는 '홈리스행동' 운동으로 확대하며 본격적으로 노숙인 인권운동을 펼쳐 나가기 시작했다.

이 상임활동가는 '노숙인'이라는 용어보다 '홈리스'라는 용어를 사용할 것을 주장한다. 그가 노숙인을 홈리스로 바꿔 부르는 이유는 노숙인이라는 개념이 법률적인 용어로 대상을 거리에 있는 노숙인에 한정되는 매우 협소한 개념이어서, 홈리스 상태에 있는 사람들을 전체적으로 포괄하지 못하는 한계가 있기 때문이다. 노숙인이라는 용어를 홈리스라는 용어로 바꾸어 사용하면 노숙인은 물론, 쪽방, 고시촌, 무허가 기도원, 무허가 건물, 비닐하우스에 거주하는 대상까지 확대할 수 있기 때문이다.

'홈리스행동'은 홈리스 문제가 개인적 문제가 아닌 사회구조적인 모순에 의하여 발생한다는 비판적인 인식을 고양하고 있다. 또한 빈곤사회연대, 기초법개정공동행동 등 상설 반빈곤 연대체와 연대 활동에 함께 참여함으로써 홈리스운동과 여러 반빈곤 운동 진영의 과제를 함께 사고하고, 해결하고자 노력하고 있다.

이동현 상임활동가는 작년 2011년까지 홈리스행동의 집행위원장을 맡았으나, 총회를 거쳐 집행위원장의 직책을 없애고, 홈리스행동에서 상근하는 모든 직원을 '상임활동가' 라는 이름으로 명칭을 변경해 현재는 홈리스행동 상임활동가로 활동하고 있다. 홈리스행동에서 그가 그동안 전개해 온 실천운동에 대해 살펴본다.

노숙인 복지: 노숙인 시설 자원 사업과 시설에서의 자립과 사회복지 지원

우리나라 노숙인 복지사업은 노숙인 등에 대한 복지 서비스 제공체계를 구축하여 자립 및 사회복귀를 증진할 수 있도록 지원하고, 노숙인 시설의 설치 및 운영에 필요한 사항과 국고보조사업 수행에 따른 보조금의 교부신청 및 실적 보고 등에 관한 세부사항을 정함으로써 노숙인 등의 보호에 적정을 기하고, 효율적인 시설운영을 도모하고 있다(보건복지부, 2013). 노숙인 등 복지사업의 대상은 「노숙인 등의 복지 및 자립지원에 관한 법률」에서 정의한 다음 각 항목의 어느 하나에 해당하는 사람으로, 보건복지부령으로 정하는 사람을 말한다「노숙인 등의 복지 및 자립 지원에 관한 법률」 제2조 제1항. 즉, 상당한 기간 동안 일정한 주거 없이 생활하는 사람, 노숙인시설을 이용하거나 상당한 기간 동안 노숙인시설에서 생활하는 사람, 상당한 기간동안 주거로서의 적절성이 현저히 낮은 곳에서 생활하는 사람 중 하나에 해당하는 사람을 대상으로 한다. 노숙인시설은 노숙인 등을 위한 노숙인 복지시설, 노숙인 종합지원센터를 말한다「노숙인 등의 복지 및 자립 지원에 관한 법률」 제2조 제2항. 노숙인 등을 위한 복지 사업의 기본 방향은 노숙인 등이 적절한 시설에 입소하여 그곳에서 자립 및 재활을 위한 프로그램을 받을 수 있도록 지원하는 것이다. 「노숙인 등의 복지 및 자립지원에 관한 법률」에 따르면 노숙인 등을 위한 복지사업은 주거지원임대주택 지원, 임시 주거비 지원, 급식지원, 의료지원, 고용지원, 응급조치 의무로 이루어져 있다. 노숙인시설에서 이루어지는 복지사업 내용은 〈표 2-4〉와 같다.

앞서 살펴보았듯이 우리나라의 노숙인 등의 복지사업은 대부분 시설에서 이루어지고 있으며, 노숙인이 적절한 시설에 배치되는 것,

그곳에서 자립 및 자활 프로그램의 서비스를 받도록 하는 것 등이 주요 내용이다.

〈표 2-4〉 노숙인 복지시설의 종류별 사업내용(제9조 제2항 관련)

종류	사업 내용 및 기준
노숙인 일시보호시설	노숙인 등에 대한 일시적인 잠자리와 급식제공, 응급처치 등 일시보호기능을 주로 수행하면서 종합지원센터에 상담의뢰, 병원진료 연계, 생활물자 지원 · 보관 등 부가서비스 제공
노숙인 자활시설	건강상에 특별한 문제가 없고 일할 의지 및 직업능력이 있는 노숙인 등을 입소시켜 생활지도 · 상담 · 안전관리 또는 전문적인 직업상담 · 훈련 등의 복지서비스를 직접 제공하거나 직업훈련기관 또는 고용지원기관 등과 연계하여 노숙인 등의 자활 · 자립지원
노숙인 재활시설	신체장애, 정신장애, 그 밖의 질환 등으로 인하여 자립이 어렵고 치료와 보호가 필요한 노숙인 등을 입소시켜 치료 및 각종 재활프로그램을 제공하고 사회적응 훈련을 실시함으로써 노숙인 등의 신체적 · 정신적 재활을 통한 자립기반 조성을 지원
노숙인 요양시설	건강상의 문제 등으로 인하여 단기간 내 가정 및 사회복귀가 어려운 노숙인 등을 입소시켜 상담 · 치료 또는 요양서비스를 제공
노숙인 급식시설	노숙인 등에게 필요한 급식서비스 제공
노숙인 진료시설	노숙인 등에 대한 진단 · 치료 · 재활 등 의료서비스 제공
쪽방 상담소	쪽방 밀집지역에서 쪽방거주자에 대한 상담, 취업지원, 생계지원, 그 밖의 행정지원서비스 제공

출처: 보건복지부(2014).

홈리스의 역량 강화와 인권 옹호를 위한 단체, 홈리스행동

홈리스행동 홈페이지에는 홈리스행동의 관점과 활동 방향이 소개되어 있다. 홈리스행동은 홈리스 상태가 자본주의의 내적 모순에 기인하며, 금융세계화가 확대될수록 홈리스문제는 점차 심화될 것이라는 관점을 가지고 홈리스 해방을 위해 세상을 향한 운동을 하고자 한다. 따라서 홈리스행동은 홈리스문제를 게으름과 무능 등 개인의 책임으로 떠넘기는 인식에 반대하며, 홈리스 대중의 조직된 힘을 통해 홈리스 상태를 철폐하고 새로운 사회를 만들기 위한 운동에 기여하고자 노력하고 있다.

홈리스행동은 2001년 '노숙인 복지와 인권을 실천하는 사람들이하 노실사'을 시작으로 2010년 '홈리스행동' 으로 명칭을 변경하였다. 홈리스행동에서 2004년 노숙 당사자 모임인 한울타리회를 조직하였으며, 노숙인 사망 진상조사 및 근본대책 마련을 위한 연대모임을 구성하고, 홈리스들의 문화교육권 보장을 위한 '주말 배움터'를 운영하였다. 또한 2010년 야학을 개교하여 홈리스 당사자들이 학생으로 활동하고 있으며, 2011년에는 「홈리스지원법」 제정운동을 하였다. 홈리스행동은 정부지원이나 기업후원 등 외부지원을 받지 않고 단체가 추구하는 방향과 활동에 동의하는 회원들의 회비로 운영되고 있다. 또한 홈리스 인권지킴이를 통해 홈리스대중 스스로 삶의 문제를 비판적으로 인식하도록 돕고, 복지자원 연계 등의 지원활동을 하고 있다.

홈리스행동은 노숙인을 위한 공공서비스를 제공하는 단체는 아니며, 그들 나름대로 홈리스의 역량강화를 위해 홈리스들을 조직하고 그들의 인권 및 옹호를 위해 활동하는 단체다.

빈민운동에서 노숙인 인권운동으로

홈리스행동 이동현 상임활동가는 목사가 되기 위해 신학대학교에 입학하였다. 하지만 교내 도시빈민 선교동아리에 들어가면서 신학의 길에서 멀어졌고, 빈민 및 철거민에 대한 운동으로 삶을 새롭게 시작하게 되었다. 도시빈민선교회 동아리에서 활동하면서 시흥2동, 개봉동, 구로동 등 철거마을을 다니며 아이들 공부방 활동에 참여하고, 학부모 모임을 조직하고자 하였다. 학부모 모임 조직은 빈민촌에서 일어나는 철거반대운동을 위한 것으로, 이 운동은 철거대상이 되는 당사자들이 자신의 목소리를 낼 수 있는 환경을 만들고자 하는 운동이었다. 그는 제대 후까지 철거촌에서 함께 거주하며 세미나를 통해 계속 공부하면서 부모님들의 조직을 만들고 함께 운동하였다.

철거가 시작되면서 철거민들은 지하셋방으로 삶을 옮겨 가게 되었다. 지하셋방으로 옮겨 간 철거민들이 '철거'에 대한 관심에서 점점 멀어지게 되면서 학부모 조직을 위한 공부방을 꾸릴 공간마저 없어져 버렸다. 또한 아이들을 매개로 철거민들을 조직하겠다는 공부방운동은 제도화 수순을 밟게 되었고, 운동성은 점차 퇴색되어 갔다. 이에 이동현 상임활동가는 '공부방'이라는 모델이 빈민운동으로서의 유용성을 더 이상 지속하기 어렵겠다고 판단하게 되었다. 그는 도시빈민선교회 회원들과 함께 빈민운동의 전망을 찾기 위한 세미나를 진행하게 되었고, 그 결과 도시빈민선교회는 가장 극한의 빈곤상태에 처한 '노숙인' 운동에 참여하기로 결정하게 되었다. 그렇게 이동현 활동가와 도시빈민선교회는 '노실사'와 연을 맺게 되었다. 더불어 노실사는 '노숙인'들을 지원의 대상이 아닌 운동의 주체로 서게 하기 위한 홈리스 대중운동을 지향하며 2010년 '홈리스행동'으로 조직 형태와 명칭을 변경하게 되었다.

이들이 주로 하는 활동은 홈리스야학, 홈리스인권지킴이, 미디어매체제작 및 뉴스발간, 반빈곤연대활동이다. 야학은 홈리스들의 교육과 문화적 권리를 만들어 가고자 하는 운동으로, 홈리스 당사자들이 학생으로 활동하고 있다. 홈리스인권 지킴이는 매주 거리 홈리스와의 지속적인 만남을 통해 그들의 문제에 대해 공유하고 조력하는 현장활동이다. 그들의 인권침해 감지와 복지지원 연계를 통해 홈리스대중이 다른 이들과 홈리스문제에 대해 함께 소통하고, 스스로 비판적 인식을 고양하기 위한 사업이다. 또한 빈곤사회연대, 금융채무의 사회적 책임을 위한 연석회의, 기초법개정공동행동 등 상설 빈곤연대체와 연대활동에 함께 참여함으로써 홈리스운동과 여러 반빈곤운동 진영의 과제를 함께 사고하고 해결하고자 노력하고 있다.

서울시의 '노숙인 명의도용 예방사업'을 진정 작업을 통해 철회시키다

2008년 서울시가 노숙인 명의도용 금융문제에 따른 대안을 제시하였을 때, '홈리스행동' 상임활동가들은 서울시가 제시한 이 정책을 연구, 분석하였다. 분석 후 그 정책이 홈리스에게 알맞지 않은 정책이라고 판단, 이에 서울시가 제시한 정책철회를 위한 활동을 전개하였다. 이러한 문제를 예방하기 위한 연구활동을 지속적으로 시행함으로써 문제를 해결하기 위한 또 다른 대안을 제시할 수 있는 활동을 지속하고 있다. 관료주의 대처전략 중 이러한 활동은 서류작성과 연구, 기관의 정책과 절차에 대한 분석에 해당한다. 기자회견과 국가인권위원회 진정을 통한 정책권고에 따라 서울시와 정치적인 전략을 통해 이러한 정책을 전면폐지하였다는 점에서는 정치적인 변화를 꾀하고 있다고 볼 수 있다.

현재 노숙인 명의도용에 따른 금융문제가 심각합니다. 이를 위해 2008년 서울시는 노숙인 명의도용 예방사업을 실시하여 노숙인의 금융대출 코드를 만들어 대출을 방지하고자 하였습니다. 하지만 금융권에서 노숙인대출 코드명을 변경하여 노숙인에 대한 정보를 언제든지 열람하고 보유할 수 있기 때문에 기자회견 및 국가인권위원회의 진정작업을 통해 이 사업이 전면철회되도록 하였습니다. 명의도용에 따른 금융문제를 해결하기 위해서 현재 홈리스행동에서는 그러한 문제에 따른 법률상담을 통해 사례를 모으고 있으며, 7월 초 홈리스들을 대상으로 대대적인 실태조사를 시행할 예정입니다. 조사결과에 따라 법적인 해결을 위한 연구를 진행하여 11월에 결과를 발표할 예정입니다.

–이동현 활동가 인터뷰–

국회의원들과 함께 집회를 하는 등 「노숙인법」 제정에 참여

「노숙인법」 제정과 관련하여 홈리스행동에서는 「노숙인법」이라는 이름 자체에 불만을 가지고, 홈리스 당사자가 원하던 「홈리스법」의 제정을 위해 국회의원들과 함께 집회를 하고, 서명운동을 했다. 정치적 변화를 위한 노력을 한 것이다. 또한 「노숙인법」 제정과정에도 참여하여 정책에 대한 절차와 내용을 모니터링하여 당사자들이 원하는 내용을 정책에 담고자 노력하였다.

> 2011년 「노숙인법」이 제정되었는데요, 저희는 「홈리스법」이라는 이름으로 법이 제정되길 바랐어요. 물론 성공하지는 못했지만, 그것을 위해 홈리스 1,535명의 서명을 받고 민주노동당 곽정숙 의원의 소개로 입법청원을 하게 되었죠. 쪽방촌 사람들이 집회하는 곳으로 국회의원을 불러 함께 참여(물론 국회의원이 직접 오지 않고 비서관이나 보좌관이 오긴 하였지만)하도록 하였습니다. 그렇지만 「노숙인법」으로 법이 제정되어도 우리의 목소리를 내야 한다는 생각에 법 제정 과정에 견제 차원에서 홈리스행동이 함께 참여하였죠.
>
> -이동현 활동가 인터뷰-

반빈곤 연대활동 및 집회, 농성을 통한 의식화

홈리스행동 홈페이지에는 '자료실'이라는 카테고리가 있다. 이 자료실에는 홈리스행동에서 발표한 성명서, 현재 노숙인을 위한 복지 지원 대책, 「국민기초생활보장법」, 연구결과 보고서, 현재 주요이슈에 대한 내용이 게재되어 있다. 홈리스들이 홈페이지 자료실을 통해 자신의 현 상황이나 문제해결을 위한 방법을 찾아볼 수 있도록 하고 있는 것이다.

주거, 노동, 사회복지, 의료, 금융피해 등 여러 반빈곤 연대활동과 함께 홈리스들이 집회에 참여함으로써 자신의 문제를 함께 들여다보기 시작하는 경우가 많아요. 서울역 노숙인 강제퇴거에 반대하는 집회를 하면서 거리홈리스들이 집회를 보고 찾아와서 자신의 문제를 상담하는 경우도 생기고, 홈리스행동에서 같이 활동하면서 반빈곤 연대활동에 지속적으로 참여하게 되는 경우도 많이 나타나요. 아마 글로 읽고 배우는 것보다는 자신이 직접 참여하고 봄으로써 자신에 대해 좀 더 생각하게 되는 것 같아요.

집회가 정기적으로 이루어지는 건 아니다. 사실 홈리스행동이 주최하는 집회는 필요에 따라 이루어진다. 정책들도 문제가 있으면 대

응하고, 이슈가 커지면 집회에 참석하기도 하지만 그렇지 않은 경우에는 연대하는 경우가 많다. 2011년 같은 경우 간접적으로 보면 그때는 한 달에 몇 번씩 집회를 했었다. 야학에서는 한 달에 한 번, 외부 사람들과 연대하는 수업이 있다. 그는 집회라는 것이 정공법이라고 생각한다. 뭐가 문제라는 것을 대중과 공감을 하고 같이 행동해서 대중이 직접 무엇을 할 수 있는 '판'이기 때문에 집회가 정공법이라는 것이다. 이와 함께 공중전이라고 할 수 있는 언론작업이나 정치작업 같은 것들이 같이 가야 하는데, 대부분의 시민단체가 후자를 선호한다고 했다.

> 기자회견을 하고, 언론을 만나 포섭하고 압박하고, 이런 작업들이 중심이 되면 곤란해요. 대중과 만나서 어떻게 바꿀 것인지 토론하는 것이 중요해요. 2010년 「노숙인법」을 만들 때 그런 움직임이 있었는데, 2011년도에 공포가 됐죠. 그때는 사실 시설들이 중심이 돼서 모임을 만들고 의원실 하나 잡아서 진행을 했었거든요. 그때에 제가 빠지면 안 될 것 같아서 들어갔어요.
>
> -이동현 활동가 인터뷰-

그는 그곳에 들어가서 작업을 했었고, 한 축으로는 추진위원회를 만들었다. 1531명에게 서명을 받아 입법청원서를 발의하였고, 쪽방촌에 있는 공원에서 네 명의 의원을 불러 법안설명회를 진행하였다.

공청회나 토론회는 홈리스 당사자들의 참여가 제약되니, 의원이 현장에 나와야 한다며 압박하여 천막을 치고 설명회를 하였다. 그러자 쪽방주민 등 홈리스들이 참여하여 현장의 이야기를 하게 되었다.

홈리스의 생활과 의식을 고양하는 『홈리스 뉴스』 발간

『홈리스 뉴스』는 홈리스행동에서 월간으로 발간하는 종이신문 형태의 매체로 홈리스의 삶이 담긴 신문이다. 홈리스 뉴스의 지면 1부에는 홈리스들이 경험했던 또는 빈민연대활동을 통해 본 현재 사회문제에 대한 내용으로 기사가 구성되어 있다. 다양한 지면에서 현재 홈리스들의 생활을 고스란히 보여 주며 이에 대한 복지정책도 소개하고 있다. 이를 통해 홈리스들이 현재 자신의 사회적 상황에 대해 생각할 수 있도록 유도하고 있으며, 비판적인 시각을 가질 수 있는 능력을 고양하고 있다. 이러한 점에서 『홈리스 뉴스』 발간은 홈리스들의 비판적 자각을 개발하기 위한 의식화 및 의식고양 활동이라고 할 수 있다.

다음은 이동현 활동가가 『한겨레 21』2014. 02. 24. 제999호에 투고했던 글을 독자들과 공유하기 위해 『홈리스 뉴스』에 게재한 내용 중 일부다.

홈리스 중 염전 노동피해자를 찾는 것은 어려운 일이 아니다. 공원에서 노숙 중 발로 짓밟힌 채 승합차에 실려 섬으로 팔려 갔다 부표를 몸에 동여매고 탈출한 K씨, 서울역에 있다가 숙식이 제공되는 일자리가 있다는 말에 속아 염전에서 6개월간 일하고 100만 원을 손에 쥐고 나온 T씨, 염전에서 일하고 소금철이 끝나면 겨우 23만 원을 받고 서울역 지하도에서 겨울을 나는 생활을 11년째 하고 있는 L씨…… 누가 봐도 어이없는 이런 상황이 홈리스들 사이에서는 화제조차 되지 못한다. 왜 이들은 이런 썩은 동아줄을 잡는 것일까? 그 이유는 공적지원 체계가 홈리스에게 필수적인 주거 · 노동의 권리를 충족시켜 주지 못하기 때문이다.

먼저 주거정책을 보자. 노숙을 벗어나도록 돕는 주거정책으로는 '임시주거지원'이 유일하다. 이는 쪽방, 고시원 등을 3개월가량 지원하고 이후 자력으로 주거를 유지하도록 사례관리하는 프로그램인데, 쪽방, 고시원이 주거로서 적절하겠느냐만 이 사업은 거리 홈리스들에게 절대적 선호를 받는다. 그러나 현실은 홈리스들의 기대를 꺾어 놓기 일쑤다. 여러 문제가 있지만 결정적인 것은 물량부족이다. 서울시를 기준으로 볼 때 연간 임시주거지원 대상은 350명에 불과하다. 거리, 임시 잠자리 등의 생활을 하고 있는 홈리스가 약 1500명에 달함을 볼 때 터무니없는 물량이다. 법률과 조례, 권리장전을 통해 홈리스의 주거권 보장을 명시하고 있음에도 고작 5분의 1의 잔여 물량만을 배정하는 서울시는 탈노숙보다 정책꾸러미 갖추기에 더 큰 목적이 있는지 모른다.

범죄무대가 이미 특정돼 있건만 홈리스를 상대로 한 인신매매식 노예노동, 명의도용 사기, 위장결혼 같은 범죄는 왜 이토록 장기간 끊이지 않는 걸까? 앞서 설명한 것과 함께 홈리스들은 인간관계가 단절돼 피해를 당하고도 사건화하기 어렵기 때문이다. 또 하나, 홈리스 생활현장에 밀착해 그들의 안전 보장을 목표로 한 치안서비스가 없기 때문이다. 서울역 · 영등포역 같은 주요 노숙지와 무료급식소 등 홈리스 밀집지역이 인신매매 범죄의 시작점이라는 것은 익히 알려진 사실이다. 범죄무대가 이미 특정돼 있는 상황, 그것도 구체적인 지역으로 존재하는 상황에서 이에 맞춰 기획된 치안프로그램이 없다는 것은 상식적으로 이해하기 힘들다.

오히려 경찰은 홈리스를 대상으로 한 불심검문에만 열 올리지 않았나? 보호대상을 경계대상으로 낙인찍고 감시하는 역할을 자기 과제로 자인하지 않았느냔 말이다. 이는 제도의 탓도 크다. 「노숙인 등 복지법」은 경찰의 홈리스에 대한 업무로 '응급조치' 실시만을 규정하고 있다. 그럼 경찰이 할 수 있는 응급조치란 무엇인가? 고작 병원 갈 때 피구호자 인계서를 끊어 주는 것뿐 아닌가? 경찰의 당연한 제일 직무는 범죄 앞에 분노하고, 범죄로부터 취약한 이들에게 울타리를 쳐 주는 것이다. 경찰의 노예노동 일제점검이 화톳불로 끝나지 않기를 바란다. 홈리스에게도 인정받고 정의로울 수 있는 경찰 행정을 만나고 싶다.

억압구조를 알리고 차별의 사슬을 끊어야 한다

남대문에서 화재가 발생한 것에 대한 복구대책으로 '재난' 상황으로 인정하여 조속한 현장복구 및 주민지원활동을 할 것, 「긴급복지지원법」에 다른 생계, 의료, 주거 등의 지원을 실시할 것, 쪽방 화재에 대한 근본대책을 마련할 것에 대해 노숙인인권공동실천단, 동자동사랑방, 홈리스행동이 함께 성명서를 발표하였다.

> 남대문 쪽방 화재 시 현실적인 화재복구 대책과 재발방지 대책 마련하라!
>
> – 『장애인신문』, 2011. 01. 26.

박원순 시장과 코레일은 노숙인 지원사업으로 노숙인의 자활을 위해 노숙인 스무 명을 선정하여 그들에게 자활을 위한 주거비용과 일자리를 지원한다는 것을 발표하였다. 이러한 지원사업에 대해 홈리스행동, 주거권운동 네트워크, 진보신당은 "서울역 노숙인 강제퇴거 조치에 다른 민심 수습책일 뿐이며, 이를 위해 피해자인 서울역 홈리스들을 활용하는 계략에 불과하다."라고 평가하며 서울시와 코레일 노숙인 일자리 지원사업을 비판하는 성명서를 발표하였다.

박원순 홈리스 대책, 치장만 요란해.

– 웰페어 뉴스, 2012. 03. 28.

노숙인과 시민 100여 명, 해외의 도시빈민, 주거권 이슈 단체의 연대와 함께 홈리스행동은 서울역에서 노숙인 강제퇴거 조치 1년을 맞이하여 노숙인의 현실적인 대책 마련을 서울시에 촉구하는 문화제 '차별의 사슬을 끊고, 서울역을 열어라'를 개최했다. 매년 5월에는 거리에서 죽어 간 노숙인 추모제 공동기획단에 함께 하며 거리에서 죽어 간 노숙인들의 추모제를 연다. 추모제를 통해 노숙인의 삶을 다시 한 번 돌아보며 서울시 또는 정부에 대해 현실적인 노숙인 지원사업 정책을 요구한다. 이동현 상임활동가는 "성명서 발표와 문화제 및 추모 문화제를 통하여 노숙인들이 억압을 받고 있는 구조에 대한 내용을 전달하고자 했다."면서 "이로써 노숙인들이 함께 자신의 삶에 대해 비판적 의식을 고양할 수 있다고 본다."라고 했다.

홈리스행동의 상임활동가는 현재 세 명이며, 이 중 한 명은 홈리스 당사자로 무급 상근 집행위원으로 일하고 있어요. 현재는 홈리스행동이 대중운동으로 자리 잡지 못하여 활동가들의 영역이 당사자의 영역보다 넓은 것이 사실입니다. 그렇기 때문에 현재는 활동가들의 입장 표명을 통한 홈리스 대책을 마련하고 있으나, 앞으로 당사자도 많아지고, 연구자들 그리고 자원활동가들이 함께하며 자신의 자리에서 맡은 바 역할을 해 내면서 홈리스행동의 운동이 펼쳐졌으면 합니다.

옹호란 어느 한 사람이 다른 사람을 대신하여 행동하고 중재, 조정하는 역할을 뜻한다(Stuart, 1976: 김성천 외, 2007에서 재인용). 성명서 제출, 문화제 및 추모 문화제, 활동가를 통한 옹호활동은 홈리스들이 직접적으로 하지 못하는 행동을 행동가의 발표를 통해 대신 행동하고 함께 행동하는 것이다. 아직은 상임활동가가 홈리스들이 내야 할 목소리를 대신하여 내고 있으나, 이러한 활동들로 인해 홈리스들이 힘을 얻고 자신을 다시 한 번 돌아볼 수 있는 계기를 마련하고 있다.

홈리스 개인의 역량 강화가 중요하다

홈리스행동 운동에서 역량강화는 매우 중요하다. 권력의 확보, 자율성 회복을 위한 원조로서 역량강화가 고스란히 홈리스행동을 통해 나타나고 있다. 이동현 상임활동가는 현재는 노숙인 스스로 권력을 확보하고 자신의 자율성을 확보할 수 있는 만큼 역량이 강화되지 않았지만, 그들이 앞으로 대중과 함께 노숙인을 위한 운동을 해 나갈 수 있도록 하는 것이 홈리스행동의 목표라며 역량강화 또한 매우 중요하다고 말한다.

노숙인은 평균학력이 중졸이고, 자신이 노숙인이 되었다는 것에 대해 게으름, 나약함 등 개인의 책임으로 돌리는 경향이 있어요. 개인들이 그렇게 생각할 뿐만 아니라 함께 노숙을 하고 있는 다른 사람들에 대해서도 그렇게 생각하죠. 이러한 인식 때문에 노숙인들이 함께 모이지 못하게 됩니다. 이러한 인식을 사회적 책임, 사회구조적 원인으로 바꾸어 생각할 수 있도록 하는 것 그리고 자신의 삶에 대해 분석하고 비판할 수 있도록 하는 데 있어서 역량강화는 매우 중요한 역할을 합니다. 현재는 홈리스행동 운동에서 활동가들이 중요한 역할을 하고 있지만, 앞으로는 당사자, 전문성을 가지고 있는 사람들, 경험자들이 함께 균형을 이루며 자신의 역할을 제대로 하면서 홈리스 대중운동조직으로 발전할 수 있도록 하고자 합니다.

홈리스행동은 공공의 예산을 전혀 받지 않고 운영되고 있는 단체이기 때문에 복지사업이나 임시주거사업 등을 할 수 없다. 또한 홈리스 운동을 위한 단체이기 때문에 그 운동을 위한 수단으로 복지를 이용하고 있지는 않고 있다. 이에 노숙인들의 복지사업에 대한 문의가 있을 경우 다른 기관을 적극적으로 이용할 수 있도록 안내하고, 추후 다른 문제에 대해서도 함께하며 노숙인들과 생활하고 있다. 직접 지원사업은 홈리스와의 관계설정에 있어 공급자와 수혜자의 수직적 관계를 드러내므로 홈리스운동에 득보다 실이 크다. 그럼에도 홈리스들의 복지요구를 모른 척할 수는 없는 노릇이다. 뿐만 아니라 이는 홈리스운동의 시작점이기도 하다. 이에 홈리스행동은 직접 지원을 실시하는 대신 공적 노숙인 지원체계를 통해 홈리스들이 지원받을 수 있도록 동행하는 방식으로 홈리스들의 복지수요에 응답하고 있다.

> 임시주거를 위해서는 노숙인들이 이용해야 하는 기관들이 있습니다. 임시주거나 복지사업에 대해 저희 단체를 통해 문의가 들어올 경우 임시주거를 위한 기관을 소개해 주고 그들과 함께 다음의 문제를 어떻게 해결할 것인지에 대해 논의합니다. 노숙인의 정신건강 지원사업은 서울시에서 2008년도 이후 예산이 나오지 않아 사업이 진행되고 있지 않으며, 현재는 보건복지부에서 시행하는 노숙인 정신건강팀이 일주일에 3회 상담을 진행하고 있어요. 노숙인 중 정신장애를 가지고 있는 분이 많은데 이러한 상담을 받을 수 있도록 적극 권하기는 하지만, 아

직 그들이 정신질환에 대한 문제를 의식하지 못하고 있어 어려운 점이 있어요.

사회복지,
아웃소싱해야 한다

노숙인에 대한 사회의 시각은 매우 차별적이며, 안 좋게 보는 시선이 많다. 지하철역에서 만나는 노숙인이 혐오감을 준다는 부정적인 인식이 너무 강한데, 대중의 인식을 개선하는 운동을 하고 있을까? 이동현 상임활동가는 "인식개선이 좌우하는 것은 맞는데, 인식을 끌어올리는 방식이 맞는 방식인지에 대한 고민이 있다."라고 말한다. 또한 그는 "역으로 생각하는 것이 필요하지 않을까 생각하는데, 사실 이런 활동은 시설에서 많이 하고 있다. 그쪽에서 과제로 가져가리라고 생각하고 있고, 홈리스행동은 홈리스의 권익증진을 위해 일하고 있다."라고 말한다.

이동현 상임활동가는 가장 중요한 부분이 연대라고 강조한다. 당사자들이 싸우고 있는 운동의 원인을 보면 해고인데, 그에 대한 회사 경영의 문제를 노동자들에게 전가시키는 것을 바로잡을 수 있어야 한다는 것이다. 우리나라 노동시장 같은 경우는 그런 것들이 드러나지 않는 사회구조다. 홈리스행동은 그 질서에 함께 돌을 던지는 운동인 것이고, 연대하며 같이 가야 한다고 했다.

새로운 공동체를 일구는 것이 더 중요해

> 사람이 살아가는 것도 그런 것 같아요. 운동할 때만 품앗이하는 운동이 아니듯 사람이 산다는 것은 친구가 있어야 한다는 것이고, 그러면서 사람들 사이에서 자신의 가치도 공유하고 재미도 느끼고, 그런 거죠. 그런데 아까 말씀드렸다시피 문제들의 인과관계는 하나가 되어 있어요.

그는 "가족복지, 가족들의 재결합, 이런 얘기를 많이 하는데 이미 나이가 들어 가족과 헤어질 때는 그만한 상처와 이유가 다 있는 것이다. 일자리를 부여하면 어느 정도 재결합이 될 것이다. 노숙인복지의 성과 목표는 가족재결합에 중심을 두고 있기 때문이다. 물론 그러면 좋지만 그게 안 되는 경우도 많다."라고 말한다. 새로운 가족이 아니어도 새로운 공동체가 필요하다면 그런 것들이 매우 중요하다는 것이다. 왜냐하면 공통의 지향을 가진 새로운 공동체를 일구는 것이 오히려 더 중요하기 때문이다.

자활, 홀로 스스로 살아가는 것, 이런 것들은 경제가치입니다. 예를 들어, 일나가라고 사람들을 등 떠미는데, 노동이라는 것은 사람의 욕구라는 거죠. 권리이기도 하지만 욕구이기 때문에 자연히 그것을 하고 싶은 거고, 그랬을 때는 자활을 강요하는 것이 아니라 다양한 사람이 일할 수 있는 공간을 만들어 주는 것이 매우 중요해요. 사실 비정규직 없는 세상, 해고자 없는 세상은 없을 겁니다.

홈리스행동은 운영비가 없어서 추진을 못하는데, 노숙인복지센터 운영하는 기관에 홈리스를 모시고 가서 직접 신청하고, 같이 방문해서 고시텔도 들어가고, 임대주택도 들어가는 모습을 볼 때 그는 가장 보람있고 힘이 된다고 한다. 이런 분들이 또 계속 남아 회원이나 야학에 참여한다. 이들이 방을 얻어서 나가면 발을 끊을까? 그런 경우는 없다. 적극적으로 조직화하지 않아서 그렇지 상황이 나아졌다고 해서 발을 끊거나 그런 경우는 없다.

현재 홈리스행동은 재정이 워낙 적고, 활동가들이 많이 부족한 실정이다. 사람이 많아지면 또 그만큼의 일을 하게 되기에 많은 이가 홈리스행동에 참여하길 원한다. 내년에는 생산사업도 하려고 한다. 홈리스들은 역전에 있는 사람들인데, 역전에 거점을 만들고 그 거점을 중심으로 당사자들을 조직하는 그런 사업을 하겠다는 것이다. 노숙인들이 살고 있는 지역, 노숙지역에는 특히 종교기관이 손을 잡고 있고, 이들을 중심으로 당사자들이 살고 있기 때문이다. 그는 종교기관에서 하는 이야기, 즉 그들의 이데올로기가 매우 보수적이고, 그들의 활동이 당사자들의 직접적인 삶과 많이 동떨어져 있다고 생각한다. 그래서 당사자들이 문제의식을 갖고 조직할 수 있게 하면서, 홈리스행동에서도 거점을 확보해야 한다고 강조한다. 그러기 위해서는 홈리스행동에 상근하는 상임활동가들이 많이 필요하고, 활동비를 못 주면서 활동을 하자고 할 수는 없으니 홈리스가 아니더라도 노숙인복지사업활동에 대해 주도적으로 참여해 나갔으면 좋겠다는 바람을 말했다.

04

마을공동체와 주민운동은 현장이다

– 해외주민운동 한국위원회 대표 강인남 | 이보라 |

지역을 중심으로 한 시민사회의 움직임은 오랜 시간 동안 묵묵히 이어져 왔고 지역운동과 빈민운동, 주민운동, 주민조직화 등 다양한 이름으로 전개되었다. 해외주민운동 한국위원회 강인남 대표는 1990년대부터 지역 안에서 주민들과 이러한 움직임을 함께한 조직가다.

1992년에 관악구를 중심으로 활동을 처음 시작한 강인남 대표는 1995년에 결성된 관악주민연대 초대 사무국장을 맡아 2005년까지 활동하였다. 관악구에서도 당시 판자촌으로 유명했던 관악구 봉천동에서 그가 활동하게 된 계기는 1997년 주민조직가 교육훈련을 받으면서 솔 알린스키Saul Alinsky와 파울로 프레이미Paulo Freire의 이론을 실천적 개념으로 받아들이면서이다. 즉, 보다 나은 세상을 만들기 위해서는 개선이 아닌 본질적인 면회가 지역으로부터, 주민으로부터 필요하다는 생각을 실천하기 위해서였다. 그 업적을 인정받아 아름다운재단의 심산활동가상을 수상하기도 했으며 이후 급진 민주주의 데모스의 세미나에 참여하고 아시아주민운동연대Leaders and Organizers of Community Organization in Asia: LOCOA 한국위원회 코디네이터로서 활동하였다. 또 한국주민운동, 국제개발협력 등 다양한 영역에서 주민운동 실천을 위한 교육을 보급하기 위해 활동을 꾸준히 해 오고 있다. 2012년

7월에는 해외주민운동 한국위원회를 설립하였다.

20여 년이 지난 지금 강인남 대표는 한국의 주민운동 현장에서 해외주민운동 현장을 선택했다. 오랜 시간 동안 강인남 대표가 지역에서 주민과 무엇을 했고, 어떤 과정을 경험했는지, 주민운동에 있어 본질적인 변화란 무엇을 의미하는지 그 이야기를 들어 보았다.

전혀 새롭지 않은 오래된 화두, 서울시의 '마을공동체' 지원 사업

2013년 박원순 서울시장은 핵심공약이었던 '마을공동체' 지원 사업으로 222억 원을 지원하겠다고 발표하였다. 마을공동체 지원사업은 주민이 육아와 안전, 일자리, 아파트 관리비 등 생활현장에서 불거지는 여러 문제를 풀기 위해 자발적으로 만든 단체나 모임의 사업 신청을 받아 심사를 거쳐 비용을 지원하는 식으로 이루어진다. 서울시는 2012년 마을공동체 육성 조례제정과 마을공동체 종합지원센터 설치에 이어 2013년에는 16개의 주민제안 사업에 197억 원, 6개의 기반 조성 사업에 25억 원을 지원하겠다고 밝혔다.

이에 따라 시민사회단체와 지역주민조직에게 '마을공동체'는 마치 새삼스럽게 떠오르는 화두처럼 보이지만, 주민운동 현장에서는 그리 새로운 개념이나 방식이 아니다. 1970년대를 시작으로 현재까지 오랜 시간 명맥을 이어 왔던 주민운동 단체와 활동가들 사이에서는 이러한 관 중심의 주민조직 지원에 대한 우려의 목소리도 크다. 주민조직이 반드시 가져야 할 주민의 자발성과 단체의 독립성을 보장할 수 없다는 것이 이유다.

그러나 이 시점에서 우리가 가져야 할 것은 비판에 근거한 배제가 아닌, 대안에 근거한 활용의 자세다. 현 정책의 문제점을 파악하고, 현실에 맞는 대안을 제시하여 주어진 자원을 주도적으로 활용하기 위해서는 그동안 한국사회에서 이루어져 왔던, 새로운 화두가 아닌 오래된 흐름인 마을공동체와 주민운동에 대한 관심과 점검이 필요하다.

처음 활동을 시작하던 1990년대 주민운동과 '관악주민연대'

『주민운동의 힘, 조직화』(한국주민운동정보교육원, 2010)에 따르면 주민운동은 다음 세 가지 정의를 포함한다. 첫째, 주민운동은 주민 스스로 행동하는 운동이다. '주민을 위한' 운동은 주민운동이 아니며, 주민운동은 '주민에 의한 주민의' 운동이다. 진정한 주민은 자신이 지역의 주민住民임을 자각하고, 스스로 주인이 되어 움직이는 주민主民이다. 둘째, 주민운동은 주민의 조직화된 힘으로 행동하는 운동이다. 주민의 힘은 '주민조직'을 통해 체계화되고, 구체화된다. 셋째, 주민운동은 주민이 지역을 변화시켜 나가는 조직적인 운동이다. 주민조직이 친목과 이해관계 중심의 활동에 머물러 있다면 그것은 주민운동이 아니다. 주민운동은 다양한 지역 문제를 해결하며 지역 변화를 향해서 움직이는 조직적인 운동이다.

이를 정리하면 주민운동은 주민 스스로 자신의 조직화된 힘으로 지역을 근본적으로 변화시켜 나가는 운동이다. 즉, 주민운동은 주민 스스로 하는 운동이며, 주민의 조직화된 힘으로 지역을 변화시켜 나가는 운동을 말한다.

1990년대에는 1980년대 민주화운동에 뿌리를 두고 있으나 문제를 바라보는 관점이나 해결을 모색하는 방식이 1980년대와는 사뭇 다른 새로운 유형의 사회운동이 등장했다. 밑에서부터 풀뿌리 대중을 조직해 들어가는 방식으로 세상을 바꿀 수 있다고 믿어 온 사람들에게는 1990년대는 어떻게든 변화를 모색하지 않으면 안 되는 시기였다. 그리하여 1980년대식 조직운동의 전통을 이어 온 운동 계열과 지식인과 중산층이 중심이 되는 시민운동의 노선 사이에는 마침내 일정한 상호 침투 현상이 일어나 '시민활동의 영역에 민중적 입장을 갖는 진보적 시민기구' (조희연, 1998)가 탄생하는가 하면, 한편에서는 다양한 생활상의 이해와 욕구를 기반으로 하는, 보다 온건하고 유연한 풀뿌리 운동이 모색되었다(신명호 외, 1999). 가난한 사람들이 밀집해 살던 달동네에는 1980년대 중, 후반부터 도시빈민 지역사회 선교를 목적으로 하는 민중교회와 나눔의 집 등이 생겨났다. 도시빈민 밀집지역을 중심으로 가난한 사람들을 사회변화의 주체로 세우기 위해 그들의 생활상의 욕구에서 출발해서 주민들과 함께할 수 있는 탁아소와 공부방, 도서실, 야학 등 다양한 영역에서 활동이 이루어졌다. 이는 당시 노점상운동, 철거민운동과 함께 도시빈민지역운동으로 도시빈민운동의 양축을 이루고 있었다. 1990년에 들어 관악구에서는 봉천3·6동, 봉천5·9동, 신림7동난곡, 신림10동 등 대규모의 달동네를 중심으로 지역에서 활동하는 활동가 모임 또는 센터협의체적인 모임이나 주민회동 단위 주민대중조직 건설을 위한 노력이 시작되었으며 이는 지역주민운동 성장의 배경이 되었다(이명애, 2005).

1994년부터 관악구에서 활동하고 있는 활동가들을 중심으로 구 단위 운동의 필요성에 대한 공감대가 넓어졌다. 이것은 재개발과정에서 생존권의 위기에 놓인 지역 주민들의 투쟁과 재개발로 인한 지역의 해체, 지방자치가 본격적으로 실시되면서 지역 정치참여의 필요성으로부터 제기되었다. 이를 기반으로 1995년에 관악주민연대가 결성되었다(이명애, 2005). 관악주민연대의 활동목적은 민주적 지역공동체 건설이며, 구체적으로는 구區 단위 사업을 통한 대중조직의 건설과 주민의 생활권 획득, 비영리 민간사회 복지시설센터 간의 지역복지 네트워크 구성과 활성화 지원, 주민참여, 주민자치실현을 통한 정치세력화, 조례개정을 통한 제도개선 사업 등이다. 1990년대 중반부터 2000년대 중반까지 전개한 관악주민연대의 구체적인 사업은 〈표 2-5〉와 같다.

〈표 2-5〉 관악주민연대 사업

구분	내용	
일상 사업	봉천3 · 6동	• 재개발 소식지 발행, 세입자 공청회, 조직 · 교육사업
	봉천5 · 9동	• 철거 투쟁, 교육사업, 공동체 기획단 구성
	신림7동	• 활동가들 모임
	신림10동	• 임대 · 보증금 인상 반대 투쟁, 지역주민 욕구조사 • 신림 10동 임대 아파트 문화제, 주민학교, 주부교실
	공부방분과	• 중 · 고생 열린학교(방학 중), 교사연극 워크숍
	탁아분과	• 인형극 개최, 재개발지역 애기방 전망찾기
	교육사업	• 활동가 재교육, 주민지도자 교육, 공동체 기획단 교육
정치 사업	• 재개발 문제 개선을 위한 주민청원(1만 명 서명, 구의회 주민청원) • 구청장 후보 · 구의원 후보 · 국회의원 후보 초청토론회 • 「부정부패방지법」 서명운동 • 3개 동 구의원 '관악주민연대' 추천 후보로 출마(1998. 6. 2명 당선)	
주거복지 환경	• 구청농성, 천막농성(미해당 세입자 구제) • 민간복지시설 편람 발행 • 환경시민대토론회 • 급식 조례안 상정(조례 무산) • 구립 공부방 위탁 조례안 상정(조례 무산)	
연대 사업	• 일본 아사카 및 야타지구 부락해방동맹과 교류회 • 필리핀 주민운동 연수회 참여 • '지역운동 네트워크' 참가, 아파트공동체연구소 실행위 참가(참여연대) • 북한 수재민 돕기 운동(구 단위 연대) • 「5 · 18 특별법」 제정(구 단위 연대) • 「노동법」, 「안기부법」 반대 서명운동 • 한국주민운동정보교육원 출연(出捐)	
실업 관련 사업	• 실직자가정 돕기 생계비 지원 사업 • 공공근로 민간위탁사업(집수리 · 도색 · 시래기 가공 · 복지도우미 사업) • 생활안정지원 사업(무료급식 및 영유아 보육료 지원사업 등)	

출처: 하성규(1999). 지역주민운동 리포트.

주민운동 철학으로 만들어진 '해외주민운동 한국위원회'

해외주민운동한국위원회는 해외현장의 주민조직화와 협동민주주의에 기여하고자 2012년 7월에 창립되었다. 창립배경은 해외배경과 국내배경으로 나누어 볼 수 있는데, 먼저 해외배경으로는 해외 현장의 가난한 주민들이 한국사회의 프로젝트와 원조의 범위 안에서 개발과 선진화 전략으로 공동체를 파괴당하고 있다는 것이다. 해외현장을 연구하고 실천하는 국제개발 영역에서는 현장의 주민들에게 일방적인 원조만을 제공함으로써 주민들을 수동적으로 만들고 있다는 비판이 꾸준히 제기되고 있다.

국내배경으로는 한국주민운동 분야에서 아시아주민운동과 해외주민운동에 대한 한국주민운동의 사명과 비전에 의한 집중적인 활동의 필요성이 제기되었다. 아시아에서는 유래 없었던 빠른 성장으로 한국은 주민운동을 압축적으로 경험했다고 해도 과언이 아니다. 한국의 주민운동 경험을 개발과 경제성장이 시작되고 있는 다양한 해외현장과 나누고자 한 것이다.

해외주민운동 한국위원회의 목적은 해외현장에서 주민운동을 만들어 확산하고, 한국주민운동의 역사와 경험을 해외주민운동 현장에 창조적으로 기여할 수 있도록 하며, 한국 내 국제개발 협력 분야

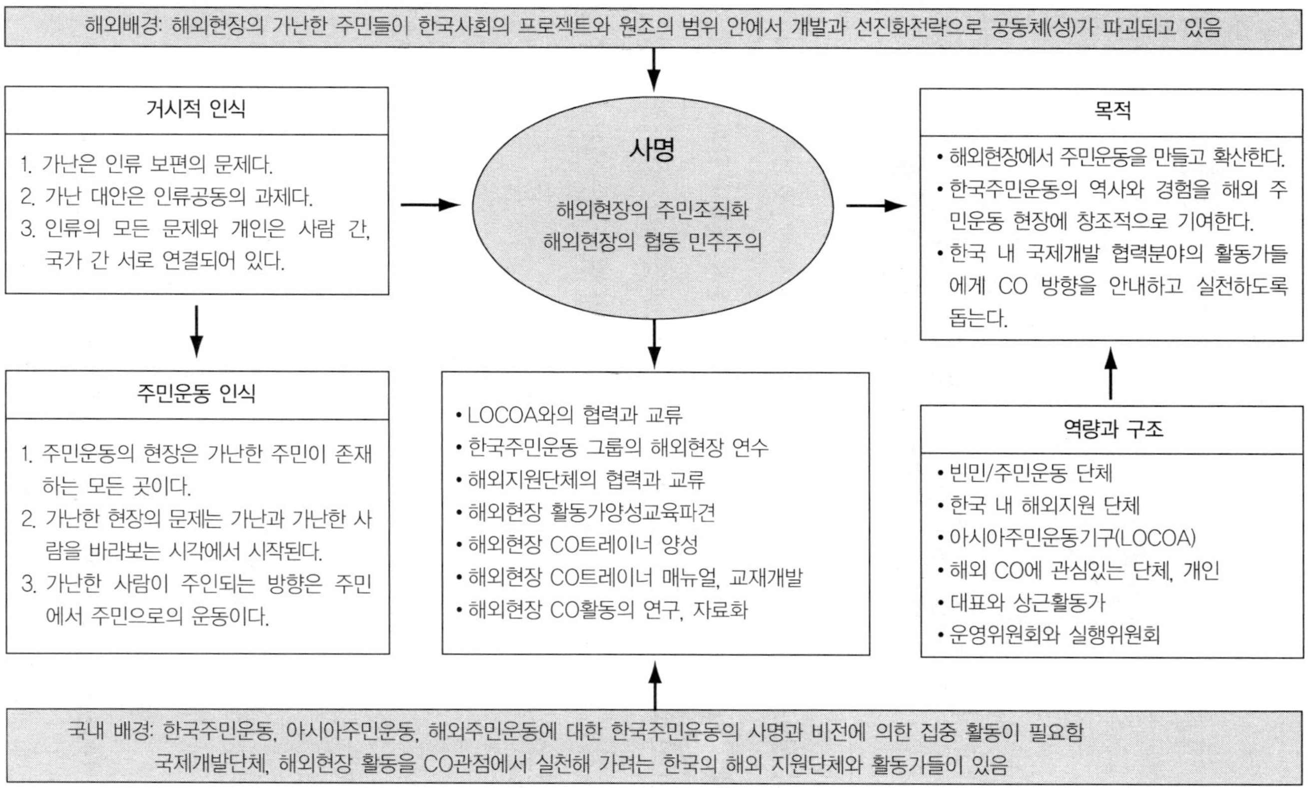

[그림 2-1] 해외주민운동 한국위원회 소개

출처: 해외주민운동 공식블로그 http://koco2co.tistory.com

의 활동가들에게 지역사회조직Community Organization: CO 방향을 안내하고 실천하도록 돕는 것에 있다. 해외주민운동 한국위원회는 창립된 지 얼마 되지 않아 활동의 효과성과 영향력을 논하기에는 아직 이르지만, 한국의 주민운동과 해외의 국제개발 협력 영역에서 해외주민운동 한국위원회를 주목하고 있다.

당시 획기적이라는 평가

어떻게 활동을 시작하게 되었나요?

1992년 겨울에 관악구에 들어가게 됐어요. 그때가 스물두 살이었는데 서른다섯 살까지 관악에 있었어요. 관악구에서 1992년부터

2005년까지 14년 동안 활동했어요. 1992년에 봉천6동에서 활동했었는데 그 당시에 공부방과 민중교회, 탁아소, 장애인어린이집, 일용건설협동조합이 있었어요. 봉천3동에는 천주교 신부들이 현장체험을 하러 들어오는 센터가 있었고, 공부방과 탁아소, 장애인어린이집, 의료협동조합을 만들려는 준비모임이 있었어요.

봉천3동과 봉촌6동은 시장길 하나를 두고 있었는데, 3동과 6동의 활동가들이 공동으로 어머니학교를 운영했어요. 어머니학교의 자원봉사가 활동의 출발점이 된 셈이죠. 그러다가 1993년에 어머니학교만 하지 말고 봉천3·6동 주민모임을 만들어서 지역의 동 활동을 통해 지역활동에 집중해 보자며 봉천3·6동 주민회가 꾸려졌어요. 그 전까지는 활동가들이 모여서 하나의 사업으로 어머니학교를 했다면 주민모임이 발족된 거죠. 그러면서 각 센터에서 활동하고 있었던 주민대표들이 합류하게 됐어요.

이전에 1992년 지방자치제 대응모임으로 공동대책위원회가 있었고, 이것을 기반으로 봉천3·6동 주민 모임이 꾸려진 거예요. 근데 먹고 사는 문제에 바빠 주민들이 모임에 참여하는 게 어려웠어요. 어떻게 좀 해결해 볼까 하다가 그 당시 엄마들이 모여 김밥을 팔아서 공동으로 수익을 만들고, 분배했어요. 아이들이 있으니 멀리 갈 수도 없고 돈은 필요하고, 그러니까 우리가 잘할 수 있는 것이 무엇일까 하다가 김밥을 판 것이 첫 공동사업이었어요. 각 센터에서 일하는 엄마들이 마을신문을 만들기도 했는데, 엄마들이 글쓰기와 기사 쓰는 것을 배워서 신문을 만들면 젊은 친구들이 일일이 가가호호 마을에 배포했어요.

대부분 모든 센터는 자원활동가들이 있었는데, 서울대학교 학생들이었어요. 어떤 공부방은 신문학과 학생들이, 어떤 곳은 공대생들이 자원활동을 했어요. 그때 학생들은 대부분 센터의 아이들을 가르치는 일을 했어요. 모든 센터는 자모회가 있었고, 자모회의 리더급들이 신문을 만들고 자원활동가들이 집집마다 뿌리고 다녔어요. 한 달에 한 번씩 발행했는데 지금은 관악주민신문이라고 주식회사로 성장했지요. 이 신문이나 지역 사업에 필요한 돈은 일 년에 두 번씩 장사를 해서 충당했어요. 600~700만 원씩 벌어서 신문도 만들고, 인건비로도 썼어요. 하반기에는 중앙대학교 학생들이 씩씩이어린이집 자원봉사를 했었고, 중앙대학교 유아교육과를 졸업한 학생들이 스스로 만든 공부방도 있었어요. 그때 제가 간사를 했는데 중앙대학교에서 장사해서 활동비를 마련하고, 센터가 1~2만 원씩 내서 관악주민연대 상근활동가 인건비를 줬어요.

▌ 이렇게 활동을 하다가 관악주민연대가 생겨난 것이죠?

그렇지요. 봉천3 · 6동이 먼저 철거되자 센터의 엄마들이 동네에서 쫓겨날 위기에 처하게 된 거예요. 그래서 이 사람들이 쫓겨나지 않고, 철거나 재개발에서 자기권리를 찾기 위해 통별로 조직이 됐어요. 그때 조직할 때 센터에 나오는 엄마들이 자신의 통을 조직하고,

리더가 된 거죠. 조직을 하면 활동가들이 가서 교육하고, 각각의 센터에 있던 사람들이 우리가 향후 지속적이고 본질적인 변화를 만들어 나가기 위한 조직이 필요하지 않을까라는 문제의식에서 관악구 단위 운동조직을 만든 것이 관악주민연대예요.

두 가지 활동이 이루어졌는데, 하나는 구에서 일어나는 철거에 대응해 어떻게 하면 사람들이 자신의 주거권을 확보할 것인가였고, 또 하나는 지방자치제가 실시되는데 그것을 어떻게 최대한 활용해서 구 단위 운동을 활성화시키고, 구 단위 문제들을 풀어 가느냐는 거였어요.

그 당시 관악구 운동이 굉장히 획기적이었어요. 왜냐하면 다른 운동은 중앙기구를 중심으로 운동을 해 나갔는데 관악주민연대는 구 단위 주민운동을 만들고, 구 지방자치제도를 활용해서 관악구 주민들의 문제를 풀어 가자고 했으니까요. 그때 당시 재개발이 일어나면서 강제철거와 폭력철거, 살인철거 등이 만연한 사회문제로 이슈화되기 시작했는데 관악구 내에서만은 이런 식의 철거가 일어나서는 안 된다는 관악구 1만 명 서명을 받아서 의회에 제출했어요. 끝까지 지켜지지는 않았지만 의회에서 만장일치로 통과됐어요. 조례가 만들어지기도 했는데, 반드시 조례가 있다고 지켜지는 것은 아니었죠. 어차피 재개발은 이권이 걸려 있고, 관악구만의 재개발이 아니라 한국사회 전체의 개발이었기 때문에 그것을 지켜낼 힘이 없었어요. 그러나 관악주민운동은 그 당시 획기적이었고, 굉장히 많은 주목을 받았어요.

1995년대 관악주민연대가 만들어지면서 초대 사무국장으로 1999년까지 일했어요. 1998년에 IMF 상황이 되자 실업극복운동이 한창 이루어졌어요. 관악주민연대가 만들어졌을 때 주거분과와 언론분과, 사회복지분과 세 개 분과가 있었어요. 주거분과는 주민들이 조직되어 계속 싸움을 했고, 언론분과는 주식회사로 관악주민신문을 만들어 냈어요. 사회복지분과는 관악사회복지를 만들어 냈고, 주민연대는 주거권, 삶의 터전을 중심으로 활동을 해 나갔어요. 그야말로 인큐베이팅의 시초라고 할 수 있지요. 동 단위 신문이 주식회사로 발전해 구 단위 신문까지 온 것도 처음이었고요. 그런데 IMF 실업극복운동을 하면서 주민운동이 다른 양상으로 만들어져 나가는 과정을 경험하기도 했어요.

원래 이런 활동에 관심이 있었나요?

1992년 이전에는 지역보다는 운동에 관심이 많았어요. 사회 분위기가 그랬어요. 1989~1990년대는 한국사회가 격변적이고 과도기적인 시대였고 누구나 그런 운동의 경험이 있고 관심이 있었어요. 그런데 그런 지역의 일을 운동이라고 생각하지는 않았던 것 같아요. 도로에 나가서 크게 해야, 무리로 해야 운동이라고 생각했어요.

어쩌면 이런 활동들은 급진적이 아니었다고 생각했을 수 있겠네요.

네. 그때의 급진은 사회주의, 사노민사회주의노동당민주주의의 약자처럼 어쨌든 공산주의나 사회주의, 사민주의가 들어가 있어야 급진이라고 말할 수 있었는데 지역에서 주민들의 문제를 가지고 지역주민들의 힘을 모아서 무언가를 한다는 것은 급진이 아니었고, 주목도 못 받았어요.

해외주민운동 한국위원회이하 코코보다 관악주민연대가 더 급진적으로 진행되었다고 보는 게 맞나요?

둘 다 급진이죠. 왜냐하면 당사자 주민들의 직접행동을 강조하기 때문이죠. 근데 좀 더 어려운 현장이 해외현장이죠. 이 바닥에서 가지고 있는 문화나 습성, 관습을 고려한 주민운동을 해야 하기 때문이죠. 관악주민연대는 이미 더 보편화된 방식이에요. 지금의 시점에서는 그렇죠. 하지만 그때는 관악주민연대와 같은 풀뿌리 주민운동이 주목을 받기는 했지만, 운동의 한 영역으로서 정통성을 갖기는 어려웠어요. 왜냐하면 1990년대는 시민사회나 시민운동이 활성화되었던 때이지, 지역운동이나 지역에서 일어나는 주민조직화는 사회운동의 한 부분으로 인식되기는 어려웠죠. 대중을 조직하고 움직이게 하는 것을 당사자들이 하기보다는 단체나 조직을 통해 하는 중앙 단위의 시민운동이 활성화됐던 때니까요. 지역을 중심으로 작게, 지역사회를 변화시키고, 지역주민들에 의해서 조직화된 힘으로 무언가를 한다는 것은 별로 주목받지 못했고, 그것이 중요하다는 것이 한국사회에서 인식되지 않았던 때라 새로운 시도였던 거죠.

관악주민연대와 코코가 비슷한 점이 활동가들의 모임이라는 건가요?

관악주민연대를 알려면 배경을 알아야 해요. 그때 당시 관악구에 27개 동, 신림동에 13개 동, 봉천동 12개 동, 낙성대 총 26개 동이 있었고 일반주택과 달동네가 있었는데 그중 절반이 달동네라고 해도 과언이 아니었어요. 그때 달동네마다 센터를 중심으로 하는 빈민운동 단위가 있었어요. 센터라는 것은 탁아소와 공부방, 어머니교실, 민중교회 등이었고, 센터들이 연합해 지역의 공동사업을 진행했어요. 마을만들기, 의료생협, 경제신용협동조합 등 센터들이 연합해서 일을 했지요. 각 동에 6~7개 센터가 있었고, 그 센터가 모여서 한 동을 위해서 공동사업을 진행했어요. 공동사업은 센터를 벗어나 동에서 필요로 하는 일을 하자는 것이었죠. 모든 동에는 센터가 있고, 센터 연합체 중심의 점조직이 있었어요. 그러다가 관악구가 1990년대 중반으로 들어서면서 지방자치제가 실시되고, 재개발이 동시다발적으로 일어나면서 그 점조직들이 연합되어 만든 것이 관악주민연대였어요.

그런데 그 동 단위를 기반으로 주민들을 만나고, 조직하면서 활동했던 기반이 센터였고, 그 센터에서 일했던 사람이 활동가였기 때문에 관악주민연대가 꾸려졌을 때 활동가들이 우선적으로 모여 논의한 것이지, 관악주민연대가 활동가들만의 모임이라고 보기는 어려워요. 다만, 주민들은 각 센터 안에 주민조직으로 존재했지요. 지방자치제가 1992년도에 실시되고, 재개발이 1995년에 본격적으로 일어났을 때도 동 조직을 중심으로 재개발 교육도 하고, 지방자치제 선거운동도 했어요.

처음에는 활동가 중심으로 간 거지요. 하지만 관악주민연대는 이슈와 사안을 중심으로 모인 각 동별 주민모임들이 있었고, 주민대표들도 있었어요. 반면 해외주민운동은 주민들이 움직이는 현장이 해외라는 지역에 있는 것이지요.

▌활동에 필요한 이론은 어디서 공부하셨는지요?

현장에서 주민운동을 하면서 주민조직에서 배우는 게 가장 크죠. 먼저는 주민조직가 교육훈련을 하면서 이론과 관련한 서적을 보고 체계적인 생각을 갖게 된 거 같아요. 요즘은 많은 활동가가 운동을 통해 사회를 변화시켜야겠다는 의식이 많이 약해졌다는 생각이 들어요. 반면 봉사하는 일이라는 생각, 개선하겠다는 생각이 강한데 우리는 세상을 놓고 한국사회가 어떻게 되어야 하는가를, 전체구조를 보면서 한국사회시스템을 이해했어요. 요즘은 세상도 빠지고, 사회도 빠지고, 하나의 프로그램과 사업, 즉 전체가 아닌 부분만을 보고 일을 해 나가니까 운동이 안 돼요. 운동은 정말 바꿔내는 것인데, 지금은 '바꿔내자.'가 아니라 조금 더 낫게 만들자는 데 초점이 맞춰져 있어요. 우리는 '세상을 틀지 않으면 개인의 삶도 변화되지 않을 것이다. 한 개인의 삶이 전체 세상을 보고 움직이지 않는 한 그 사회는 변할 수 없다.' 하고 생각했던 사람들이죠.

제가 어머니학교를 했던 것도 '이 사람이 움직여야 사회가 변하고, 사회가 변해야 세상이 변하고, 세상이 변해서 이 사람의 삶도 변한다.'고 생각했기 때문에 개인의 삶과 사회의 구조를 같이 봤던 거죠. 세상에서 크게 변하는 것만 보면 주민 한 사람 한 사람을 만나고 조직하는 것이 아무것도 아니라고 생각할 수도 있지만, 제가 소중하게 봤던 것은 세상을 변화시킬 그 주체, 가난하고 소외되고 억압받는, 그런 개념으로 한 주민의 삶을 보았던 거죠.

정말 세상을 바꿀 수 있겠다는 확신이 든 적이 있나요?

그것 때문에 주민운동을 못 벗어나고 있다고 생각해요. 주민은 멀리서 보면 하나도 안 변하는 것 같아요. 변화시킬 수 있는 반경이나 행동이 크지 않지요. 그러나 가까이서 보면 변한 것이 보여요. 주민들의 모임이 보이고, 변화의 흐름이 보이죠. 개인이 변한 것은 사회의 변화를 먼저 보려고 하는 사람들에게는 잘 보이지 않아요. 커다란 사회 시스템이 변하고 큰 흐름이 보이고. 이렇게 밖에 안 보여요. 그런데 지역에서 살고 주민들 옆에 있으면, 주민들이 말하고 생각하는 것이 보여요. 예를 들어, 어머니학교에 참가하는 분들은 '글을 모르니까 배우러 나오는구나.' 이렇게 생각하는데, 이분들은 "우리만 배울 게 아니라 이 자리에 창피해서 못 나오는 사람들이 있는데, 이 사람들에게 어머니학교에 나오는 것이 창피한 것이 아니라고 어떻게 알릴 거예요?"라고 접근하는 거예요. 그러고는 "어떻게 하면 창피하지 않을까요? 우리 어머니, 아버지가 없어서 나를 가르치지 못한 것인데 내가 무슨 죄가 있겠어요?"라고 이야기해요. 또 "이곳에서 내가 무지한 건 내 죄가 아니라는 것을 알게 되었어요. 어머니, 아버지를 원망한들 무엇해요. 보릿고개 넘으면서 다 그랬어요. 세상이 그때는 그랬어요."라고 하는 거예요. 그게 아무것도 아닐 수도 있겠지만 그분들은 그것을 통해서 다른 사람을 이해하고, 사회를 보는 눈이 생긴 거죠. 더 이상 못 배운 사람이 무식하거나 천대받아야 한다고 생각하지 않게 돼요. 못 배우고 무식하다고 생각했던 자신에게도 자신감이 생겨요. 예전에는 창피해서 달동네에 사는 것도 숨기고 살았어요. '내가 이런 판잣집에서 산다.'고 어디 가서 말도 못했어요.

그런데 철거가 되고 나서 '왜 우리가 이래야 하는가?' 하는 생각으로 자신의 삶과 사회문제를 가지고 다른 사람들을 모이게 하고, 당당하게 이야기하는 거예요. 어디가서 말 한마디 못하던 사람이 내가 어떻게 살아야 한다는 자각과 당당함을 갖게 되고, 당당함이 있으니까 자기 삶의 대안을 만들어 내게 되는 거예요.

세상은 정말 변해야 한다고 믿었던 저는 '변화를 만들어 가야 하는 사람들이 움직이고 있구나.'라는 생각이 들면서 굉장히 큰 보람을 느꼈어요. 그게 밖에서 멀리 있으면 안 보여요. 동네 안에, 주민 속에 있어야 보여요. 대부분의 시민사회운동과 노동운동을 했던 사람들은 그 집단을 보고, 그 집단에 의해서 움직이는 사회를 보고 운동을 해요. 세상이 변하지 않는 것 같고, 집단의 요구가 후퇴하는 것 같으면 포기도 하고, 매너리즘에 빠지고 절망해요. 그런데 저는 지역 속에서 아주 조금이지만, 모이고 깨달아 가는 주민을 만나거든요. 물론 저도 좌절하고 힘이 빠지지만 원천적인 힘을 느끼는 거죠.

주민은 변해도 사회는 변하지 않을 때, 활동을 어떻게 이어가야 할지 고민이 되지 않았나요?

주민운동을 하는 사람들이 가지고 있는 철학이 있어요. 물론 실천으로 풀어가야할 과제가 있지만요. 바로 주민은 스스로 할 수 있는 힘이 있다고 믿는 거예요. 그들 자신이 다 생각하고 있고, 답도 가지고 있고, 어떻게 풀어가야 하는지 알고 있어요. 저는 이 사람들에게 사회에 나가서 우리가 무엇을 해야 한다고 그 당시에는 말하는 방식이 달랐던 거 같아요. 당신이 살고 있는 곳에서, 글 모르는 엄마를 데리고 오고, 멀리있는 것을 가지고 뭘 해야 한다고 이야기한 것이 아니라 내가 살고 있는 동네, 옆집 이것을 가지고 이야기했어요.

문제가 왜 안 풀어지냐면 단체 속에 매몰되고, 그 단체 프로그램에 매몰되기 때문이라고 생각해요. 지역은 하나만 가지고는 안 돼요. 지역에는 다양한 문제가 있고, 드러나지 않는 것조차 삶과 연결되어 있거든요. 그래서 지역사회에서 대응할 수 있는 작은 점조직들이 만들어져야 해요. 또 그 점조직들이 모여서 큰 이슈나 포괄적인 문제, 근본적인 문제를 파악하고 대응할 수 있도록 점조직들을 모아내는 상층 조직도 필요해요. 우리는 단체를 만들면 그 단체에서 다하려고 하고, 다해야 한다고 생각하면서 올인해요. 스스로 되었다고 하면서 얼른 나와서 다른 것을 또 만들어야 해요. 그렇게 해야 이 삶의 문제를 가진 사람들이 다양한 방식과 다양한 내용을 가지고 조직하게 되고, 이게 어느 날 동네문제, 지역사회 문제가 터졌을 때 다시 연합하고 네트워킹이 되어서 지역사회 문제를 대응하는 방식으로 문제가 풀어져야 해요. 그러면서 지역사회 차원에서 변화가 일어나게 되는 거죠. 지역에서 모델이 되면 다른 지역으로 파급되고, 영향을 끼치면 서로가 서로에 의해서 변화를 주고받는다고 생각해요. 사회가 변하지 않는다고 생각하시나요? 우리의 프로그램이 이루어지지 않고 있다고 생각하는가를 분리해서 보는 것이 필요해요. 사회가 변하지 않는다는 것은 결국 사람의 의식이 변하지 않고 있다는 것이라고 생각하는데, 그럼 다시 사람을 만나고 사람의 의식이 변화되는 데 집중하는 활동을 해야 하겠죠.

작게 시작해서 점점 커져 가는 주민운동의 매력

연대체들이 함께 이슈화해서 해결했던 일은 어떤 것이 있나요?

공부방 운영과 주민청원이 그런 사례예요. 공부방을 운영하는 데 비용이 필요하자 엄마들이 김밥을 만들어 팔았어요. 홍보가 필요하자 이 엄마들이 지역신문 기자가 됐어요. 공부방 활동을 했던 엄마들이 '경제문제는 자기문제' 라는 것을 알게 되면서 지역사회 주민들이 알 수 있도록 매개를 만들어 보자고 해서 신문기자로 참여하게 된 것인데 이게 벌써 확대된 거죠. 신문을 담당하는 사람이 있어야 하는데 어떻게 무보수로 하느냐면서 서울대학교 가서 김밥을 팔아서 사업비를 만들어 냈어요.

지역에 재개발이라는 큰 이슈가 터지자, 엄마들이 마을에 가서 서명을 받았는데, 집을 달라고 서명을 받은 게 아니라 관악구에서 적어도 사람이 죽어 가는 재개발이 되어서는 안 된다, 강제로 쫓겨나는 재개발이 되어서는 안 된다며 다른 주민들을 설득하는 서명을 받은 거죠. 청원뿐 아니라 조례에도 참여했어요. 1만 명 서명을 받았는데 조례가 안 되면, 제도와 법이 어떤 한계를 가지고 있는지, 정치가 왜 우리편이 아닌지 자신의 문제를 가지고 실질적으로 느끼게 되는 거죠. 공부방에서 조례까지 가면서 우리가 공부방만 열심히 할 것이 아니라 구의회가 열릴 때마다 방청도 하고, 의회도 나가서 어떻게 하는지 봐야겠다고 하면서 확산되었어요. 그러면서 조례가 만들어지게 된 거예요.

그리고 IMF가 터졌어요. 돈과 쌀이 정부에서 내려오면 펴 주는 식으로 진행했어요. 그런데 우리 같은 경우는 이 엄마들이 밥집도 운영하고, 드러나지 않지만 가장 빈곤한 사람이 누구인지를 스스로 발굴해서 명단을 제출하고, 그때그때 사회 문제가 터질 때마다 해결해 나가는 것을 원칙으로 했어요. 그러고 나서 없어지는 것이 아니라 사회 문제가 어느 정도 해결이 되고 나면, 지속 가능하게 우리가 이 일을 할 수 있는지를 고민해서 사랑방도 만들고, 임대아파트 공부방도 만들고, 스스로 그런 활동을 했어요. 이런 일련의 일들을 이제까지는 활동가들이 다 만들었고, 하자고 했는데, 주민들이 이런 사회문제를 경험하고 해결해 나가는 과정을 통해서 주민들이 해야 할 일이라고 체득했던 거지요. 다만 굉장히, 굉장히 더디고 기다림이 필요합니다.

개인들의 경험이 피상적이어서 피동적인 주체가 되지 않으려면 자기문제, 자기경험이어야 해요. 자기문제를 가지고 깨닫는 것, 깨달은 것을 가지고 다시 행동하는 것, 행동한 것을 가지고 다시 깨닫는 것, 그리고 깨달은 것을 가지고 이보다 좀 더 본질적인 것을 다시 만들어내는, 계속 순환적인 구조로 가는 거지요. 순환구조가 늘 같은 크기로 순환되는 것이 아니라, 작게 시작해서 점점 커져 가는 거죠. 나선형으로. 저는 그것이 주민운동의 힘이라고 생각하고, 그것을 경험했기 때문에 못 잊는 것 같아요. 저는 개인적으로 공공연하게 주민운동을 마약이라고 하는데, 활동가들이 어떤 방향성과 어떤 신념을 가지고 있느냐에 따라 지역사회가 달라질 수 있다는 것을 믿어요.

주민운동을 오래 할 수 있었던 원동력은 무언가요?

저는 제가 래디컬하다고 생각하는 게, 주민 개인이 가지고 있는 문

제를 개인의 문제라고 생각하지 않기 때문이에요. 그건 자본주의와 단단하게 맞물려 있어요. 우리는 자본주의의 상징인 돈, 경쟁, 성공이 별로 중요하다고 생각해 본 적이 없어요. 이 말은 우리의 운동이 늘 자본주의의 대안을 만들어 가는 방향이어야 한다고 생각했다는 거예요. 이것이 내 사업, 프로그램이라고 생각해 본 적도 없어요. 그러니까 거기서 진득하게 살면서 일하게 된 거죠. 내가 누구보다 성공하고 잘 산다는 것, 그리고 내가 의미를 누리고 보람을 느끼기 위해서는 그것이 돈으로 와야 한다는 것을 생각하지 못했기 때문에, 그걸 경험할 수 있을 때까지 일을 할 수 있었던 거죠. '견디면 볼 수 있겠지.'라고 생각했어요.

코코는 그런 의미에서 어떤 단체인가요?

우선 코코의 현장이 해외에 있는 주민, 주민조직이라고 생각하면 됩니다. 자본주의로 인해 점점 가난한 삶을 살아가는 사람이 지구상에 많은데, 코코는 해외에 있는 주민, 주민조직과 함께 일하는 것입니다. 국내에서는 그렇게 일할 수 있는 조직가들을 교육하고 훈련하는 것, 그 사람이 그렇게 살아 볼 수 있도록, 돈이 아닌 다른 것을 경험하게 하는 데에 중점을 두고 있어요. 우리가 한 지역사회에서 있었던 재개발에 맞서 주거권 싸움을 했고, 그때의 주거권 싸움이라는 것은 국가의 개발이익이나 국가의 개발에 저항했던 거예요. 동네 안에서 일어났던 운동이지만 개발로 인해 취해지는 경제논리와 이익에 대해 저항했고, 그것으로부터 사람들에게 싸움의 동력이 일어나도록, 왜 이런 개발이 이루어질 수밖에 없는지를 얘기했어요. 한국이 건설업으로 해외진출을 했다가 자재가 남아서 그 자재가 한국에 쓰여야 하기 때문에 개발이 시작되는 것까지 다 설명을 했어요.

88올림픽이나 86아시안게임이 어떻게 가난한 사람들을 지배하고 쓸어버리는 방식으로 개발이 이루어지게 했는지, 그 역사와 근원부터 다 보게 하는 방식으로 재개발교육을 했어요. "지금 집이 없어졌네요. 집을 어떻게 하면 쟁취할까요? 싸워야 해요."라고 한 게 아니라 '개발이라고 하는 논리와 경제적 이익, 국가의 이익, 국가와 자본주의는 어떻게 연결되어 있는가? 그것은 또 다시 우리 삶과 어떤 연관성이 있는가?'라는 점에서 개발을 이야기했어요.

지역주민들이 '개발은 내가 못사는 것뿐만 아니라 국가와 경제와 다 연결되어 있구나.' 하는 것을 알게 된 거죠. 그러면서 자기싸움이 일어나게 됐어요. 하나의 현상만 가지고, 현상을 치유하는 방식으로 교육하거나 훈련하지 않았어요. 자기문제로부터 세상문제를 봤고, 국가적인 일까지 연대해서 싸우게 된 거죠. 똑같다고 생각해요. 캄보디아에서 터진 문제가 미얀마에서 터질 수 있고, 미얀마에서 터진 문제가 라오스에서도 터질 수 있는데, 그것을 아시아 차원에서 공동으로 대응하면 아시아에서 일어나는 어떤 개발로 인해 가난한 사람들의 삶이 파괴되는 것을 작게나마 대응할 수 있다고 생각해요. 그럴 수 있는 진보적인 흐름은 있다고 봐요. 그것을 결국 해낼 수 있는 사람들은 그 일을 만들어 내는 활동가예요. 그래서 저는 어떤 사람들이 활동가가 되느냐, 이들이 세상을 어떻게 인식하고, 인식된 것들이 우리가 일하고 있는 나라에 영향을 미치고 있는지를 보도록 하는 것, 그 시각을 가지고 한 마을 안에 있는 사람들을 만나야 된다는 생각을 해요. 그런 신념이 있어요.

당장 현장에 들어갈 수 없는 사람들은 무엇을 공부하면 좋을까요?

당장 현장에 들어가서 죽치고 사는 것이 갈수록 어렵다고 해요. 마음먹기도 쉽지 않고, 운동을 삶으로 풀어야 한다고 생각하는 것에 다양한 방법이 있기도 하고, 꼭 살면서 운동으로 풀어 가야 할 절박한 현장이 어딘가라는 생각도 하는 거 같아요. 그렇다면 우리의 일상에서 일어나는 사회문제가 있는 현장으로 가야죠. 현장에 있다는 것이 꼭 직업적으로 선택하는 것만을 얘기하는 것은 아닌 거 같아요. 자기 조건과 삶을 무시한 운동이 있을 수 없잖아요. 그 현장에 머무르고 현장의 당사자들을 만나면서 배우고 깨달아 가야죠. 공부는 마음공부, 책공부, 인간공부 등 여러 가지가 있다고 하는데, 저는 현장공부가 내면의 힘, 관계의 힘, 생각의 힘을 갖는 데 가장 진짜 공부 같아요. 한 권의 책을 읽는 것과 하루를 현장에 머물러 보는 것은 분명 차이가 있습니다.

우리는 정통적으로 파울로 프레이리의 『민중교육론』을 읽었어요. 억압하는 자와 피억압자가 있는데, 피억압자가 어떻게 하면 억압하는 자들을 뛰어넘어서 자기세계를 스스로 이야기하게 할 것인가 하는 민중교육론이 있어요. 늘 이야기하지만, 사울 알렌스키Saul Alinsky의 『주민운동의 힘, 조직화-CO방법론』 등 지금은 그런 책이 많이 출판되어 있고, 보편화되어 있어요. 지금 세상은 운동과 운동 아닌 것의 경계가 무너지고 있어요. 자본주의가 강화되면 강화될수록 거기에 저항하는 힘도 강해지고 있는데, 그것이 극과 극으로 나타나는 운동이 아니라 보편화된 흐름으로 일상에서 나타나고 있어요. 한국사회는 모든 운동이 가능한 흐름으로 와 있다고 생각해요. 문제는 저항할 수 있는 국민의 힘이 약해지고 무뎌져 있다는 거예요. 우리는 선배들에 의해서, 그들의 삶을 보면서 교육되고 훈련되었어요.

활동가들, 프로젝트에 쓸 시간은 있어도 주민과 이야기할 시간은 없어

▌그렇다면 근본적인 해결책은 어떤 것이 있을까요?

근본적으로 해결하려면 한 사람의 삶을 통째로 놓고 바라봐야 해요. 사람의 삶을 근본적으로 바라보는 것이 필요해요. 그 속에 있는 사람을 보는 것이 아니라, 경제적인 논리로 사람을 끼워 맞추는 것이 잘못된 거예요. 예를 들어, '너희가 조금만 어떻게 하면 충분히 스스로 선택하고, 취할 수 있어.'라는 방식으로 논리를 펴는 거죠. 마을 만들기도 마찬가지예요. 사람들이 모여서 스스로 임대아파트에 나무를 심고 그 안에 도서관과 공부방, 주민회의실을 만들었는데 그것이 필요한 요소라고 생각했기 때문에 주장하고 요구했던 거죠. 그것을 주장했던 사람들은 그 안에 사는 주민들이었고, 주민들은 자신이 필요로 하는 것들을 스스로 요구했어요. '니네가 이걸 주기만 하면 우리가 지키겠다.'고 하는 게 있어요. 그런데 지금은 프로젝트로 내세워서 '대한민국에 임대아파트가 몇 개 있으니 몇 개를 지원하겠다.'라는 식이에요. 이게 정책과 제도, 목적, 예산, 기대에 맞춰서 해 내는 거예요. 어떻게 사람들의 삶이 그 프로젝트에 맞춰질 수 있겠어요?

"아무런 요구를 하지 않아도 이만큼 줄 테니 이 안에서 한번 해 봐라." 그러면 사람들은 그 안에서 기계가 돼요. 이만큼이 있다고 하니 그것에 맞춰서 얼마만큼 예산을 잡고……. 이렇게 되는 거예요. 이건 뭐냐면, 자기 삶을 요구하는 것이 아니라 그 제도와 정책이 가진 범위 안에서 요구하고 놀아나게 되는 거죠. 그것은 사람을 근본적으로 성장시키지 못해요.

활동가들이 제대로 서 있다면 그런 것들을 당당하게 비판하고 거절할 줄도 알게 되죠. 주민들이 이 제도는 이렇게 잘못되었으니까 이런 방향으로 가야 한다고 얘기해요. 제도와 정책이 가진 범위 안에서 요구하는 것에 흔들리지 않고 주민 10%만 조직하는 데 더 활동가들이 신경을 쓴다면 그렇게 가지 않아도 돼요. 활동가들이 프로젝트 쓸 시간은 있어도 주민과 이야기할 시간은 없는 거예요.

활동가들의 개인성향에 대해서는 어떻게 생각하시나요?

활동가에게 필요한 성향이 있어요. 아닌 사람은 오래 견디지 못하고 떠나요. 주민조직의 힘을 보려면 전통과 역사를 지키면서 만들어가는 선배집단들과 주민과 함께 일하는 활동가집단이 있어야 하고, 스스로 움직이는 주민조직이 있어야 해요. 요즘은 가치보다는 프로그램의 성공을 중요시하고, 무엇을 선택할 때 자신의 정체성을 고민하기보다는 지위나 업무를 우선 고려하고, 활동가들이 직업인처럼 고용되어서 오는 것을 보면 많이 안타깝죠.

그동안 활동을 해 오면서 가장 지쳤을 때는 언제인가요?

2006년에 임대아파트에 들어갔는데 주민들은 제가 생각하는 만큼 근본이 변화하기 힘들다는 걸 알았어요. 누구보다 자본주의를 빨리 타는 것이 주민이죠. 몸으로 느껴지는 거예요. 갈수록 지역 차원에서 풀어지는 방식이 대부분 사회가 가지고 있는 근본적인 문제와 연결이 잘되지 않았어요. 공동체, 행복한마을을 주장하는데, 그것이 세상을 변화시키는 원인과 연결이 되지 않았어요. 예를 들어, 세상은 광우병 때문에 시끄러운데 우리는 지역에서 재활용을 어떻게 해야 하냐는 식의 이야기를 하니까 세상 이슈가 더 이상 지역사회 이슈로 연결되지 않는 거예요. 주민들이 자신의 문제를 가지고, 세상에 한 주체로 참여하는 모습을 저는 봤거든요. 그런데 2000년대 중반에 들어서면서 그게 연결도 안 되고, 안 보이는 거예요. 자기 삶의 문제가 사회문제와 어떻게 연결되는지도 잘 안 보이고, 사회문제를 가지고, 자기문제를 풀어 가려고 해도 더 이상 주민들이 모이거나 조직되지 않는 거죠. 예를 들면, "왜 일반아파트는 입주자대표회의인데, 임대아파트는 임차인대표회의일까요?"라고 질문하고, 이것도 차별이라고 이야기하면 그것에 대해서 사람들이 무뎌요. 차별이고, 아니고 상관이 없어요. 그런데 우리 아파트에 관리비가 5만 원 나왔는데, 저 아파트가 관리비가 2만 원이면 굉장히 민감해요. 또, 저기는 다 복도에 창문을 해 주는데, 우리 임대아파트는 왜 창문을 안 해 주냐는 거죠. 굉장히 물질적이고, 눈에 드러나고, 돈과 연결되는 것에 유독 사람들이 민감해요. 그게 주민은 어떠어떠해야 하는 대상으로 보면 이해가 안 되지만 삶으로 보면 이해가 되요. 그래서 더 답답해했던 거 같아요. 어려운 것은 개인의 문제로부터 사회까지를 연결하면 예전에는 집단적으로 움직였는데, 아파트 구조는 집단으로 움직이기 어려운 구조라는 거예요. 주민들은 임대아파트까지 와서 구질구질하게 자신의 삶을 드러내고 싶지 않은 거죠. 임대아파트의 차별에 대해 맞서 싸워야 하는데 더 이상 나서지 않아요. 정보가 빨라지면서 정보가 돈으로 해석되고, 개인의 이익에는 민감해졌는데 참여나 행동으로 이어지지 않는 거죠.

개인의 삶이 사회문제를 해결하는 데까지 연결이 되지 않고, 개인의 이익과 연결되지 않으면 나서지 않는 것을 보면서 굉장한 딜레마에 빠졌어요. 분명히 사회를 바꾸는 운동을 하고 있다고 생각했는데, 제가 경험한 것은 이제까지 그것이었는데, 임대아파트가 들어서고, 지역사회가 재편되고 집 모양과 사람 사는 마을이 변하고 사람들의 심리와 문화, 의식이 변화되면서, 저는 적어도 운동을 하는 사람인데, 내가 언제까지 개인의 문제를 뒤치다꺼리해야 하고 개인의 문제를 가지고 어르고 달래야 하는 것인지. 어느 날 내가 뭘 하고 있는지를 잘 모르겠더라고요. '이 세상의 문제가 다시 사람들의 삶을 파괴하고 있는데, 이 사람들의 삶의 문제에 대해서 어떻게 접근해야 할까?' '고도로 자본화된 사회에서 어떻게 다시 사람들의 마음을 건드려야 될까?' '어떻게 부딪혀야 할까?' 이런 것이 너무 고민이 되었는데 출구가 안 보였어요.

세계의 모든 문제는 지역 사람들의 삶으로 표현되고, 욕구로 연결된다

아예 '안 해!'가 아니라 '어떻게?'였네요?

그래서 떠났어요. 필리핀으로 간 것은 마르크스 시절에 한국의 6 · 10 항쟁처럼 피플 파워가 있어서 그것을 겪고 나서 사람들의 삶이 안정화되면 그 이후에 사람들은 CO라는 개념을 어떻게 풀고 있을까? 궁금했기 때문이에요. 필리핀을 보면서 한국사회에서 다시 내가 어떻게 해야 할까를 배우고 싶었어요. 그런데 사회 시스템을 놓고 본다면 필리핀이 한국보다 훨씬 더디게 가고 있었기 때문에 배우지는 못했어요. 하지만 그곳에는 여전히 현장에 들어가 며칠 밤을 세워가며 바닥에 천착해 일하는 조직가들이 있었어요. 그들을 통해 나의 오만함과 교만을 깨달았어요. 모순된 저 자신을 봤어요. 여전히 머리로 일하는 저를 발견하니까 주민들에게 정말 죄송하더라고요.

한국은 운동으로 이야기하기보다는 복지, 공동체성을 정책적으로, 이론적으로 강조한다는 생각을 해요. 소비자운동도 '단순히 나의 먹거리를 어떻게 해결할 것인가, 도농직거래를 통해서 생산자도 살리고 나도 살 것인가?' 이것을 경제적으로 환산해서만 설명해서는 안 되는 거잖아요. 왜 소비주의가 만연하고, 왜 소비문제가 생산의 문제와 연결되어 있고, 결국 생산의 문제를 해결하기 위해서는 적어도 유통구조, 한국의 경제시스템이 어떻게 달라져야 하는지까지 가야 운동이라고 생각하고, 그렇게 가야 본질적인 자기문제를 보면서 사람들이 요구할 수 있는데, 자꾸 먹혀들어가고 이해하기 쉬운 방식으로만 설명해요. 그래서 마을만들기, 사회복지, 협동조합이라는 게 인기있다고 봐요. 요즘 저는 지금 시대에서는 운동이 그렇게 풀어질 수밖에 없는 건가를 고민하고 있어요.

1990년대 이전에는 어떤 이념적인 것에 더 주목해서 운동을 풀어갔다면 21세기에는 운동은 이렇게 풀어가야 한다고 노력하는 게 아니라 자꾸 사회적으로 일어나는 대안적인 현상을 가지고 운동을 만들어 내려고 하는 것 같아요. 예를 들어, 한창 사회적 기업, 사회 공헌이 유행했어요. 그러면 운동은 이렇게 풀어 가다가 사회적 기업, 사회공헌 쪽으로 가는 것이 맞는데, 언젠가부터 사회적 기업, 사회공헌이라는 개념이 먼저 들어온 거죠. 그걸 가지고 운동을 만들어 가니까 이론에서 실천으로 오면서 운동은 자꾸 약해져요. 그러니까 기업은 있고, 사회적인 부분은 없고, 기업은 있는데 공헌은 없고, 조합은 있는데 협동은 없고, 자꾸 이렇게 되는 것이 아닐까 하는 생각을 하게 돼요. 내용보다는 형식에 묶여 간다고나 할까…….

그것이 지금에 맞는 방식일까, 지금은 그렇게 갈 수밖에 없을까 하는 것이 요즘 고민이에요. 아시아는 5～6년 후면 지금의 한국사회 모습이 도래할 텐데, 그때 우리가 아시아에서 무엇을 이야기할 것인가를 생각하며 한국사회를 보는 수밖에 없어요. 아시아는 이미 그렇게 되고 있기도 해요. 사람들이 협동조합, 사회적 기업, 공정무역이 뭔지 모르는데 한국에서 가서 이미 그렇게 하고 있어요. 활동을 하나의 방식으로만 풀어 가려고 해요. 그렇게 되면 그 나라 사람들의 지혜, 경험, 전통, 문화, 공동체성을 무시한 채 사업의 성공을 위해 이러한 개념들을 주입하게 되는 잘못된 상황이 만들어지게 되는 거죠.

현장에 가서 살아야 해요. 현장에는 모든 답이 있어요. 어차피 세상을 움직이는 것은 사람이고, 사람이 겪는 모든 문제는 지역 안에 다 있어요. 지역이 모여서 세상이 되는 것이고 세계가 되는 거죠. 세계의 모든 문제는 지역에서 사람들의 삶으로 표현되고, 사람들의 욕구로 연결돼요. 그러니까 지역에서 경험하는 것이 우리가 어떻게 문제를 풀어야 하는지에 대한 답을 줘요.

어려웠던 일들은 어떻게 극복했나요?

나는 한국사회 안에서는 안 된다고 생각한 것 같아요. 제가 원하는 '사람의 삶으로부터 사회문제가 해결되는 운동'이라고 하는 게 정말 가능은 하겠지요. 그런데 지금과 같은 방식으로 운동을 풀어내는 것에는 더 이상 관심이 안 갔어요. 사람들의 공동체성을 회복하는 것이 운동이라고 생각하는데, 그 공동체성이 스스로 사람들이 생각하고, 생각한 것을 행동하고, 행동한 것을 깨달으면서 더 큰 행동을 만들어 내고, 그것이 조직화되고, 집단화되면서 큰 행동을 일으키고. 일하면서 즐거웠던 것은 그런 것이었어요. 한국사회가 2000년대 중반에 들어서면서 풀어지는 방식은 개인적으로 더 이상 관심도 안 가고, 크게 의미가 부여되지도 않았어요. '그렇게 가려면 그걸 해 내는 활동가들이 중요하겠구나. 활동가들이 지역사회에 개입하고, 주민들을 만나고, 그들에게 지역사회와 세상을 설명하는 것이 중요하겠구나.'라는 생각을 한 것이고, 그런 면에서 교육훈련에 더 집중하게 되었지요. 이러한 교육훈련을 통해서 자신의 신념과 지역사회에 대한 자기 철학을 가진 사람들이 제대로 지역사회에서 활동하도록 하는 게 제 역할이라고 생각하게 됐어요.

예전에는 직접 지역사회에 들어가서 주민을 조직하는 것이 제 역할이고, 제가 원하는 신념에 맞게 활동해 가는 것이라고 생각했는데, 2000년대 중반에 와서는 활동가를 키우는 것이 중요하다는 생각을 하게 됐어요. 지역사회에 대한 믿음은 있어요. 그런데 그 믿음을 더 많은 사람과 함께함으로 더 큰 힘으로 만들어 내기 위해서는 그 지역사회에서 주민을 만나고 지역사회를 개입하는 활동가를 잘 키워야겠다고 제 역할을 찾은 것 같아요. 그렇지만 여전히 저는 현장에서는 조직가라는 제 신원을 중요하게 생각해요.

같이 활동하던 분 중에 아직 현장에서 활동하는 분들이 많은지요? 그분들은 어떻게 극복하고 현장에 남았나요?

많은 분이 그대로 현장에 계세요. 같은 신념과 방향을 가지고 열심히 주민들과 함께 일하는 활동가들이 많아요. 폭이 많이 넓어졌어요. 정책으로 활동을 만들어 내기 위해 조직 간의 네트워크를 결성하기도 하고, 시스템에 좀 더 집중해서 제도를 만들어 내는 방향으로 주민을 조직하기도 하고…… 조직화의 방법은 다양해진 것 같아요. 옛날처럼 절박하게 활동할 만한 이슈가 없어요.

반면 서울시 마을만들기, 경제지원단 등 서울시 지원사업으로 활동가들이 많이 이동했어요. 프로젝트를 수행하기 위해 시간을 두고 해야 할 일도 억지로 하는 경우도 있고, 활동가들이 원하지는 않는데 어쩔 수 없이 진행해야 하는 일도 있고…… 가끔 술자리에서 만나면 자신이 무엇을 하고 있는 건지 푸념을 하기도 해요. 물론 다 부정적인 것만 있는 것이 아니라 시너지를 갖기도 하고, 촉진하는 측면도 있지만…… 정책 프로젝트를 수행하면서 활동가들의 뜻과는 무관하게 일을 만들어 가야 하는 모습이 있어서 안타까운 거죠.

정일우 신부님처럼 지역사회에서 활동가가 있는 듯 없는 듯 하면서 어떻게 영향을 미칠 수 있죠?

정일우 신부님을 볼 때는 제정구 선생님이 함께 보여요. 조화로운 파트너였다고 생각합니다. 신부님의 그냥 산다는 것은 아무것도 하지 말고 그냥 있으라는 것은 아니라고 생각해요. 정일우 신부님은 주민들의 이야기를 끝없이 들어주고, 함께 술 마시고 담배 피고, 초대해서 밥 먹고, 함께 노동하고, 세상문제를 일상 나누듯 하셨다고 생각해요. 우리 활동가들이 못하는 일이잖아요. 나서지 않고 묵묵히 삶으로 받아들이고 나눈다는 거…… 그러나 아마 삶의 지도자라는 것을 주민들은 다 아셨을 거예요. 그리고 받아들이셨다고 생각해요.

▌ 이런 일을 하는 것이 어렵지 않나요?

어렵죠. 근데 믿어요. 믿음이 꾸준히 하는 것을 가능하게 해요. 우리가 코빌국제개발활동가 CO교육 훈련 후속모임 1, 2기 교육을 했어요. 코빌교육이 개인 신념만 키워냈다고 생각하지만, 코빌교육을 받은 사람들이 미지모미얀마 마을을 지원하는 국제개발 활동가모임를 조직해서 미얀마를 지원하는 다양한 활동과 교육을 시작해요. 동자동협동조합을 지원

하는 마을 활동을 주민들과 함께하는 활동을 하잖아요. 저로서는 주민 조직에서 경험했던 것을 지금 다시 경험하는 거죠.

그다음은 무엇일까요?

현장에서 머물러 보도록 하는 것. 가서 삶으로 경험하게 하는 것. 그들이 선배가 되고, 그 선배들이 만들어 내는 현장이 있고, 그 현장에서 역동적으로 움직이는 주민을 보고, 그러면 이 바닥의 사람들도 믿지 않을까요? 사회복지기관으로 교육을 갔는데, 사회복지사들은 다 안다고 생각하고 주민들 교육만 해요. 그런데 "주민이 지역사회를 변화시키는 마을과 사회복지사가 변화시키는 마을이 어떻게 다를까요? 왜 주민이 지역사회를 변화시켜야 할까요?"라고 질문을 했더니 "주민의 마을이니까."라는 답이 나왔어요. '마을의 주인은 주민이니까' 라는 표현은 보통 많이 하세요. 그런데 "주민의 마을이니까."라는 말은 자기 안에서 우러나오지 않으면 잘 안 하는 말이에요. 그래서 감동을 받았어요. 사회복지사에 대한 질문도 했는데, 주민들이 "사회복지사는 주민이 아니니까."라고 대답했어요. 사회복지사는 의무로 한다는 것을 알아요. 주민들은 우리가 생각하는 것보다 훨씬 현명하고 바로 보세요.

활동가로서 사회복지학계에 바라는 점이 있으시다면요?

우물에서 빨대로 하늘을 보는 방식으로 가르치지 않았으면 좋겠어요. 사회를 바르게 인식하는 눈이 있어야 올바른 복지를 실행할 수 있다고 생각해요. 사회인식, 현장에 대한 문제의식과 비전 없이 복지가 이루어지는 것은 시혜적으로 무언가를 준다는 것처럼 사람을 편협하게 만들고 기계화해요. 요 근래에는 몇십 년 동안 사회복지에서 퍼주기식, 근시안적이고 시혜적인 것들을 경험하면서 다른 방향과 방식을 고민하는 것 같아요. 그것이 주민들 스스로 움직일 수 있도록 주민의 힘을 모아 내는 것이 방향을 갖는 거 같아서 다행이다 싶어요.

다른 방식으로 과정을 만드는 결심과 용기, 결단은 좀 더 하면 좋겠어요. 아직까지는 복지관 안에서 사회복지사로서 복지활동을 하는 것을 1차적으로 생각해요. 복지관을 벗어나서 지역사회로 갈 수도 있고, 진짜 사회복지사가 되려면 주민들의 삶에서 주민들의 문제로부터 복지문제를 해결하는 복지활동가가 되지 않으면 안 돼요. 주민들의 문제를 가지고, 사회복지를 해석할 수 있어야 사회복지활동가의 활동 범위가 넓어지고 주민의 삶을 총체적으로 다룰 수 있어요. 사회복지는 세상에 많고 많은 영역 중에 사람의 삶에 밀접하게 연결된 영역일뿐이에요. 운동을 하는데 무엇을 매개로, 무엇을 화두로 어떻게 복지를 실천할 것인가가 중요하다고 생각해요.

국민이 잘 먹고 잘 사는 삶이 복지라고 생각하죠? 복지는 모든 것을 통합하고 포괄하고 있다고 이야기하려면 현장의 주민들에게 물어야 해요. 현장에서 사회복지를 실천하고 있는 사회복지사들에게 먼저 물어봐야 해요. 주민에게는 이렇게 질문할 수 있을 거 같아요.

'무엇을 하고 싶으십니까?' '어떻게 살면 행복할까요?' 그리고 사회복지사들에게는 이렇게 질문할 수 있을 거 같아요. '무엇을 하기 위해 여기에 있습니까?' '무엇을 하고 있으십니까?'

그다음 사회복지전문가와 사회복지사, 사회복지교수, 사회복지활동가들이 무엇을 하고 있는가를 보면서 복지가 무엇인지를 원론적으로 다시 이야기할 수 있겠죠. 개념은 아주 거시적이고, 통합적이고 총체적인 것으로 잡아 놓고 실제로 움직이는 것은 그중에 일부에서 움직이면 이론만 거창하게 세워놨지, 실제로 그렇게 못하고 있다면 지역사회 안에서 주민들의 삶에서는 아무런 변화도, 발전도, 성장도 일어나지 않겠죠? 주민들이 삶으로 체감하지 못하는 복지가 무슨 실효성이 있을까요? 사회복지는 사회를 읽는 눈과 보는 눈, 사회 속에서 복지가 어떻게 가야 되는지에 대한 방향을 잡고 주민들의 삶을 놓고 구체적인 실천경로를 계획해야 힘있는 복지가 되죠. 주민들이 살맛 난다고, 그것 때문에 행복하게 살 수 있다고 말하게 하려면 복지를 어떻게 해야 할까를 생각하는 게 복지의 가장 핵심이 되어야 한다고 생각해요.

05

친환경무상급식은 교육이자 복지, 경제다

– 친환경무상급식풀뿌리연대 상임위원장 배옥병 | 김솔아 |

수익을 올리기 위해 아이들에게 상한 음식, 저급한 먹을거리를 먹이는 것, 이는 횡포다. 이렇게 무너져 가는 공공의 가치, 공적질서를 되살리는 실험이자 훈련으로서 친환경무상급식의 잠재적 가치는 지대하다. 이것을 포기하고 무너뜨려서는 곤란하다. 이러한 크나큰 가치를 읽어내고 친환경무상급식을 위해서 10여 년간 힘써 온 사람이 있다.

그는 바로 친환경무상급식풀뿌리국민연대 배옥병 상임위원장이다. 배옥병 상임위원장은 2002년부터 친환경 학교급식운동을 전국적으로 전개해 주민조례발의로 학교급식지원조례를 제정하여 110여 개의 광역시와 기초 시 · 군에서 안전한 우리 농 · 수 · 축산물을 안정적으로 공급, 이를 실천하는 데 주도적인 역할을 했다. 그는 친환경무상급식에서 더 나아가 '희망을 위한 수확'을 위한 국민먹거리 인권을 위해 일하고 있다. 함께 손을 맞잡고 가슴을 열면 나은세상을 만들 수 있다는, 사람과의 소통을 중요시하는 그를 8월의 어느 무더운 여름날 만났다.

친환경무상급식은 우리 학생들의 건강권과 인권, 그리고 교육권을 보장하는 것

▌우리 아이들에게 왜 친환경무상급식이 중요하다고 생각하시나요?

무상급식은 아이들의 기본적인 권리이며, 국가의 의무입니다. 또한 먹을거리의 안정성은 국가가 당연히 보장해야 하는 일이자 우리 아이들에게 먹을거리의 소중함을 깨우쳐 주는 살아 있는 교육이라고 말할 수 있지요. 저소득학생만을 대상으로 하는 급식지원은 무료급식대상 학생에게 심리적 '낙인효과'를 초래하여 학생들 사이에서 위화감을 일으키며 공동체의 건강한 성장을 방해합니다. 따라서 무상급식은 아이들의 건강한 신체적 · 정신적 발달을 위한 보편적 복지로 나아가야 해요.

무상급식 중에서도 친환경무상급식은 직영급식 원칙으로, 안전한 우리 농 · 수 · 축산물을 사용하며, 무상급식 실현을 통하여 아이들에게 건강을, 농민들에겐 희망을 줄 수 있으며, 학교와 교육청, 지방자치단체, 가정과 시민사회, 생산자 농민과 유통기업이 하나로 연결되어 사회의 공공성, 지역공동체를 다시 일구는 모델이 될 수 있어요. 그래서 친환경무상급식은 아이들의 먹을거리만이 아니라 우리 사회의 새로운 사회경제질서를 일으키는 원동력이라는 겁니다. 다시 말해 친환경무상급식은 교육이자 복지이며 지역경제 활성화의 중요한 수단으로서 복합적으로 중요한 의미를 담고 있어요.

친환경무상급식운동을 하게 된 계기가 있었나요?

1995년인데요, 저희 아이들이 초등학교에 다닐 때였는데 학부모회에 참여하여 활동을 했어요. 그때 가장 많이 받은 건의가 바로 '학교급식 개선'이었어요. 그 당시 학교급식의 식재료의 질과 중량, 가격 등에 문제가 많았어요. 2003년과 2006년 대형위탁급식업체에서 식중독으로 인한 급식사고가 터진 후 학부모들과 학교급식 모니터링을 했는데 수입산 식재료가 대부분을 차지하고 있었고, 유통기한

이 지난 것은 물론 식재료 유통과정에서도 문제가 있다는 것을 알게 됐습니다. 이 일을 계기로 학교급식 환경개선을 위해 학교급식전국네트워크가 만들어졌고, 연대조직들을 구성하게 되었어요. 제가 노동운동을 한 경험을 갖고 있었기 때문에 사회에 당당하게 목소리를 내야겠다는 생각을 하게 되었어요.

앞서 말씀하신 것처럼 친환경무상급식운동을 하기 전에 노동운동을 하셨지요?

구로공단 서통에 취업해 기숙사 생활을 하면서 하루에 열다섯 시간씩 장시간 노동을 했어요. 수요일과 토요일에만 기숙사에서 외출이 가능했는데, 친구들의 소개로 새문안교회에서 노동야학을 다니게 되었죠. 그때 노동운동을 하던 선배들의 이야기도 듣고, 장시간 노동을 하는 노동자들의 권리를 찾기 위해 투쟁한 전태일 열사의 일기장을 보면서 많은 충격과 감동을 받았어요. 동일방직 여성노동자들에게 똥물을 뒤집어씌워 탄압하고, 이에 대항해 여성노동자들이 알몸시위를 하며 당당하게 투쟁하는 과정을 보면서 몇 날 몇 밤을 지새우고 고민했던 적이 있었죠. '전태일 열사의 일기'와 동일방직의 똥물 사건을 보며 노동자의 권리를 찾아야겠다는 생각으로 1970~1980년대부터 노동운동을 한 경험이 사회에 당당히 내 목소리를 내야겠다는 생각을 만들어 주었죠.

『어느 돌멩이의 외침』, 읽어봤나요? 1960~1970년대를 배경으로 도시노동자로 살아가면서 겪는 노동의 삶과 노동조합운동의 경험을 담아낸 이 책은 탄압받는 노동자들의 권리를 찾기 위한 노동운동을 할 수 있게 제 의식을 일깨워 주었죠. 서통에서 임금인상 투쟁과 노동조합 결성을 위해 농성했던 경험으로 무상급식을 추진하는 전략과 방법을 세워 나갔어요. 1978년부터 새롭게 시작된 제 삶은 이후 30여 년 동안 노동운동과 여성운동, 교육운동, 학교급식운동으로 이어졌어요.

적자생존 논리로 재편성되고 있는 시장

2013년 8월 15일, 경기도가 재정난을 이유로 2014년 무상급식 관련 예산을 전액 삭감하기로 발표했다. 내년 재정이 어려워 5,300억 원의 예산을 줄여야 하므로 학생급식 지원 460억 원과 친환경농산물학교급식 지원 400억 원을 모두 잘라 내기로 했다는 것이다. 이에 대해 "경기도 재정난이 무상급식 때문이냐" "나쁜 예산을 줄여야지, 왜 착한 예산을 줄이냐" "불요불급한 전시성 사업부터 잘라내야지 왜 보편적 복지 예산부터 잘라 내느냐" 하는 비판이 일고 있다.

자본주의든 사회주의든 기득권이 생겨나고 부패하면서 시장은 횡포를 넘어 난폭하다고 할 정도로 적자생존의 논리로 재편성되고 있다.

거대한 다국적기업이 힘을 행사하며 세계시장에서 막대한 이익을 쟁취할 기회를 호시탐탐 노리고 있다. 굶주린 사람들의 배를 채워 주기 위해, 또는 도시엘리트들의 요구를 만족시키기 위해 농사짓는 방법이 달라졌으며, 그 어느 때보다도 막강한 힘을 지닌 기업들의 목표는 가능한 한 많이,

가능한 한 값싸게 먹을거리를 생산해서 주주들에게 최대의 수익을 안겨 주고 있다. 대부분의 사람은 세계 곳곳의 농토와 우리가 먹을 식량으로 자라게 될 씨앗을 기업들이 지배하고 있다는 사실을 모른다. 그들은 씨앗을 자라게 하는 방법까지 통제하고 있다. 오염된 광대한 논밭에서 단일 경작으로 농사를 짓게 하는 것이다.

대부분의 사람은 이 기업들이 육류생산까지 거머쥐고 있다는 사실을 모른다. 또 전통적인 방식으로 농사를 짓는 소규모의 자작농은 마지막 한 사람까지 완전히 몰아내려 하고 있다는 것도 모른다. 한때는 그 지역에서 나는 농산물을 주로 팔던 지역 식료품점까지 이러한 다국적기업들이 매우 빠른 속도로 장악해 가고 있다는 사실을 대부분의 사람은 알지 못한다.

사회적 공감대를 불러일으키고, 대중과의 소통이 이끌어 낸 결과물

> 친환경무상급식운동에 담긴 철학과 가치, 혹은 이론이나 방법이 있으신가요?

친환경무상급식운동에 담긴 철학이라…… 철학과 이론이 있다기보다는 현장경험을 통해 많은 것을 알게 된 것 같아요. 뒤늦게 성공회대학교 사회학과에 진학해 사회학을 공부했지만 이론에서 나온 방법보다는 '사람들과의 소통'이 가장 중요하다고 생각해요. 학교급식

의 실질적인 개선을 위해서 「학교급식법」 조례를 제정해야 했고, 여러 시민단체 대표와 정책담당자들이 함께하는 광범위한 연대회의를 결성하여 힘을 모아야 한다고 생각했어요. 「학교급식법」의 개정 없이는 학교급식의 실질적인 변화를 이끌어 낼 수 없다는 문제의식을 전제로 하여 시민단체들이 전국적인 운동조직으로 나아가게 된 거죠.

이후 학교급식조례제정운동과 「학교급식법」 개정운동을 벌였고, 전국의 모든 광역단체와 110여 개가 넘는 기초단체의 급식지원조례가 제정되는 성과를 만들어 냈어요. 2004년에는 주민발의로 청구서명인 서울시민 22만여 명이 참여해 서울시 학교급식지원에 관한 조례를 제정했죠. 토론회, 집회, 시위, 기자회견 등을 통해 사람들의 관심을 이끌어 공감대를 형성했어요. 시민들이 사회적 공감대를 통해 친환경무상급식 실현에 관심을 갖게 된 거죠.

학교무상급식운동의 핵심은 학교급식조례제정운동이에요. 아이들 밥 먹이는 문제, 학교급식에 대해 많은 국민이 관심을 가지고 참여하게 된 것은 수백만 명의 지역주민의 참여를 이끌어 낸 후 사회적 공감대를 불러일으키고, 대중의 눈높이를 맞춘 대중과의 소통이 이끌어 낸 결과물이죠. 아이를 건강하게 키우고자 하는 부모의 마음과 학교에서 안전하고 건강한 먹거리를 제공해야 한다는 것에 공감한 교사와 학생들의 노력도 자연스럽게 이루어졌어요. 학생들이 수업 끝나고 서명을 받으러 다니고 그랬어요. 아이들까지 급식문제에 관심을 갖게 된 거죠.

현재 2011년의 무상급식 추진현황을 살펴보면, 전국 299개의 시군구 80%가 초등학교 무상급식을 실시하고 있고, 학교급식 대부분이 친환경 식재료로 직영급식을 실시하고 있어요. 이는 서울에서 22만 명, 경기도에서 16만 명을 비롯해 전국적으로 수백만 명이 참여한

주민발의를 통해 이뤄낸 성과로 전국적으로 학교급식지원조례를 마련하는 계기가 되었어요. 풀뿌리시민운동인 친환경무상급식운동은 친환경 먹거리 문화를 형성하고 해결하고자 하는데, 참가조직들의 이해관계가 상호일치한 점에 있어서 한국사회에서 있었던 시민운동조직과는 다른 방식이라는 이야기를 들어요.

무상급식 실현을 위해 다양한 활동을 시민들이 모니터링하며 함께 참여해

> 친환경무상급식운동을 하면서 목표달성에 성공할 수 있었던 요인은 무엇이라고 생각하시나요?

친환경무상급식은 우리 학생들의 건강권과 인권, 그리고 교육권을 보장하는 것입니다. 학부모의 90%, 교사의 84%가 찬성하는 무상급식은 주민조례발의를 통해 학교급식 문제가 학부모로 대표되는 전체 국민들의 이해와 깊은 관계가 있었고, 공통의 관심을 가진 활동가들이 자발적이고 전국적인 네트워크를 형성하여 110여 개의 광역시와 기초 시 · 군에서 지역의 특성에 맞는 운동진전 상황과 성과를 신속하게 공유하면서 워크숍과 캠페인, 홍보물로 대중의 눈높이에 맞추어 설명하며 나아갔어요. 친환경무상급식이 이루어지는 데 필요한 다양한 활동을 시민들이 모니터링을 하며 함께 참여했죠. 그러면서 전국적인 운동으로 확산시킬 수 있었고 그 결과 바로 학교급식조례운동이라는 목표를 달성할 수 있게 되었습니다.

사회를, 미래를 크게 바라보면 난관을 극복할 수 있는 힘이 생긴다

무상급식을 추진하면서 난관에 부딪혔을 때 어떻게 극복했나요?

힘든 적도 있었지만 특히 생활 속의 풀뿌리운동을 꾸준히 계속할 수 있게 한 원동력은 역시 '일반대중과의 소통을 통한 사회적 공감대'라고 할 수 있어요. 그리고 사회를 넓고 크게 바라보는 것이죠. 미래를 크게 바라본다면 그것을 이길 수 있는 힘이 생겨요. 안전한 먹거리를 위해 시민의 힘을 보여 준 것처럼 친환경무상급식이 왜 중요한지 알려야 한다고 생각해요.

이 운동을 하면서 느꼈던 한계점은 무엇입니까?

이윤을 최고의 가치로 여기는 많은 기업이 아이들 건강과 지속가능한 농업 농촌보다는 영리를 중심의 놓고 이익만을 챙기려고 할 때 많은 한계를 느끼지요. 뿐만 아니라 학교급식의 식재료를 전자조달시스템을 활용한 전자 계약 방식으로 구매하는 문제로 저가에 경쟁입찰을 하면서 안전성이 검증되지 않은 질 낮은 식재료가 학교급식

에 사용되고 있어 안타까워요. 우리는 먹거리 위기, 먹거리 불안 시대에 살고 있습니다. 광우병 위험이 있는 미국산소고기 문제, 유전자 조작된 많은 식재료가 표시도 되지 않은 채 우리의 밥상을 위협하고, 방사능 오염된 식재료 문제 역시 국민을 불안하게 하고 있습니다. 국가가 국민의 최소한의 먹거리 기본권을 보장하지 못하는 현실이 가장 마음 아픈 일이지요.

안전한 먹거리를 안정적으로 제공받기 위해 모든 시민이 촛불을 들고 전국에서 힘을 보여 준 것처럼 친환경무상급식이 왜 중요한지 알려야 한다고 생각해요. 아이들뿐만 아니라 국민의 신체적 · 정신적 건강을 위해서는 지속 가능한 농업 농촌과 지속 가능한 먹거리를 유지 발전시켜야 국민의 식량 주권이 이루어지겠지요.

보수 세력들로 인해 어려움을 겪으셨는데, 정책이 바뀌려면 정치에도 직접 나서는 게 더 낫지 않았을까요?

정치, 중요하지요. 지금까지 친환경무상급식이 이루어 낸 성과는 아주 다양합니다. 도시와 농촌의 상생의 가능성, 보편적 복지의 실현, 로컬푸드, 지역경제 활성화, 환경 등 이 모든 내용을 시민사회뿐 아니라 정직한 많은 사람이 함께하면서 이러한 성과를 만들어 낸 것이지요. 더디더라도 대중과 함께 여러 문제점과 정책내용을 공유하고 고민하며 해결책을 찾아 나가야 해요. 사회적 소통이 이루어지는 가운데 왜 친환경무상급식이 필요한지 많은 사람이 공감할 수 있죠. 이러한 방식도 또 하나의 정치 아닐까요?

앞으로 친환경무상급식운동이 한 단계 더 발전되기 위해서 개선되어야 할 점이 있다면요?

요약하면 투명성, 안전성, 안정성, 공공성, 공정성 등이 확보되어야 해요. 공교육의 장에서 급식비를 횡령하는 일이 비일비재하죠. 상업적 이해관계가 얽혀 있는 급식 공급업체와의 관계망은 생산지가 불분명하고 안전하지 않은 가공 식품들로 이어져 친환경급식을 매우 어렵게 만들고 있어요. 아이들은 식중독이나 식품안전사고에 늘 노출되어 있습니다. 친환경무상급식을 위해서 100% 직영급식으로 전환하여 안정적인 급식운영 구축과 「학교급식법」을 개정하여 친환경무상급식예산을 중앙정부가 50% 지원해야 하고, 농장에서 학교까지 안전한 식재료 수급을 위한 광역기초 급식지원센터를 설치해야 해요. 급식지원총괄센터로컬푸드지원센터를 통해 기초지자체들 간 네트워크를 형성해야 안정적인 공급이 이루어 질 수 있겠죠.

급식지원총괄센터는 전국의 친환경농업을 하는 농부들에게 희망을 줄 수 있어요. 친환경농산물은 유통업체를 거치면 값이 많이 떨어져요. 그럼에도 친환경농산물 재배를 선호하는 농부들은 농업에 대한 자부심을 가지고 우리의 우려를 대변하여 건강하고 자연친화적인 농법을 고수하시죠. 급식지원총괄센터에서는 각 고장에서 나는 토착농산물에 대한 지식과 지역을 기반으로 하는 식품공급의 관습에 대한 지식도 쌓아야 함을 의미해요. 그러기 위해서는 기초 시 · 군 · 구의 예산 지원뿐만 아니라 중앙정부의 친환경농업 육성을 위해 급식지원총괄센터에 적극적으로 지원해야 하죠. 이렇게 되면 많은 일자리가 창출될 것이고, 그와 더불어 친환경먹거리 형성을 위해 모두가 힘을 하나로 모을 수 있게 되겠죠?

국민 모두의 행복한 먹거리, 친환경 먹거리를 위해

친환경무상급식에 대한 전망은 어떻게 보시나요?

친환경무상급식을 유치원, 고등학교까지 확대하고 학생들을 위한 안정적인 먹거리를 공급하기 위한 정책을 만들어 내고자 합니다. 또한 100% 직영급식으로 안정적인 급식체계를 완성하고, 지역산 친환경식재료 사용을 의무화하여 친환경무상급식에서 더 나아가 국민 모두의 행복한 먹거리, 친환경 먹거리로 변화될 수 있도록 계획하고 있어요. 10년 동안 친환경무상급식의 실현을 위해 노력해 온 학교급식네트워크가 새로운 이름과 새로운 과제를 부여안고 '희망먹거리네트워크'로 새로운 출발을 했어요. 공급급식 영역뿐만 아니라 모든 먹거리를 GMO완전표시제를 포함하여 '내 고장 농산물 먹기' 등 친환경 먹거리 운동으로 나아가고자 합니다. 먹거리는 우리의 기본권이자 인권과도 깊은 연관이 되어 있으니까요.

친환경무상급식운동이 어디까지 확대될 수 있다고 생각하시나요?

안전한 먹거리를 안정적으로 제공받는 것은 국민의 먹거리 기본권입니다. 국가는 그것을 보장할 의무가 있어요. 농민에게는 친환경생산물로 안정적인 소득을 보장하고, 국민에게는 안전한 먹거리를 제공하기 위해서는, 이러한 변화를 이루어 내기 위해서는 국민 모두의 관심과 참여가 필요하다고 봐요. 친환경무상급식은 건강권과 인권, 그리고 교육권을 보장하는 것이죠. 그래서 친환경 먹거리에 대해 국민들이 관심을 가질 수 있도록 먹거리 인권에 관련된 책을 만들고 있어요.

우리가 친환경 먹거리를 위해 진정한 변화를 이룰 수 있는 방법 중

하나는 우리의 식습관에 대해 생각해 보는 것이고, 무엇을 생산하고 무엇을 먹을 것인지에 대한 우리가 내리는 결정 하나하나가 지구의 환경과 동물들의 편안한 삶, 그리고 그보다 더욱 중요한 우리의 건강에 영향을 미친다는 것을 기억해야 해요. 일례로 우리는 유기농 제품들을 이용하면서 수입산 유기농을 선호하기도 하는데, 수입산 유기농제품들은 장거리운송을 위해 발생되는 탄소배출과 지구온난화를 증가시키고, 안전하지 못해요. 먹을거리의 이동거리를 줄이는 것은 신선하고 안전한 먹을거리의 유통비용을 감소시켜 줄 뿐만 아니라 탄소 배출량을 감소시켜 지구온난화를 방지합니다. 친환경먹거리는 자연의 순리에 맞는 제철에 생산된 채소, 과일을 사용하기 때문에 소비지에서부터 가까운 곳에서 생산된 먹을거리를 우선적으로 사용해야 합니다.

> 우리의 먹을거리를 되찾기는 위해서 어떠한 조건이 선행되어야 할까요?

먼저 GMO 유전자 변형식품 표시제를 해야 한다고 생각해요. GMO는 유전자변형 농작물genetically modified organism: GMO을 말하는데 유전자를 변형한 주체가 농작물이면 유전자변형 작물이라 부르고, 좀 더 자세히 세분화해서 유전자변형 곡물, 유전자변형 식물, 유전자변형 작물로 만들어진 식품은 유전자변형 식품이라고 해요. 이러한 농작물은 건강을 위협하는데도 우리가 먹는 밥상에 오르고 있어요.

우리는 식품에 표기된 성분 표시를 보고 사지만, 유전자변형 식품에 대해서만은 자신이 먹는 음식에 유전자변형 작물이 포함되어 있는 것인지 아닌지도 알 수가 없어요. 내 가족이 먹는 신선한 야채도 어쩌면 모두 유전자가 변형된 것인지도 모르죠. 모든 국민의 안전하고 건강한 먹거리를 위해 GMO 유전자변형 식품은 별도 표시를 하도록 하는 강제규정이 생기기를 바랍니다. 미국과 캐나다 정부는 소비자들의 바람과는 상관없이 유전자변형 작물을 만들어 내는 기업들과 긴밀한 협조체제를 유지하며 많은 정치자금을 받아 왔기 때문에 유전자변형 식품임을 표시하는 규제를 강제적으로 시행하지 않고 있어요. 따라서 소비자들은 GMO 식품을 먹지 않으려면 유기농식품을 먹는 수밖에 없는 것이죠. 우리는 강제적인 유전자변형 식품표시제를 만들도록 기회가 있을 때마다 정치인들에게 압력을 가해야 합니다.

> 현장에서 이러한 운동을 전개하는 활동가로서 사회복지학계에 바라는 점이 있나요?

우리 사회에 그늘이 없는 보편적 복지의 실현과 지속가능한 사회, 함께 더불어 사는 사회를 위하여 학자들이 할 일이 참 많은데, 이론도 중요하지만 현장을 중심으로 실현 가능한 정책들을 생산해야 한다고 봅니다.

우리 사회의 청년이나 사회운동가 후배들에게 조언 한 말씀 부탁드립니다.

요즘 청년들이 공동체의식을 가지고 살았으면 해요. 저도 아들 둘이 있는데, 첫째 아들은 솔아 씨와 같은 나이네요. 저의 첫째 아들은 어릴 적엔 엄마가 하는 일을 보고 "엄마, 나도 엄마 같은 사람이 될 거야."라고 말했지만, 언젠가부터 "엄마, 취업을 먼저 해야 할 것 같아. 돈을 벌어야 할 것 같아."라고 하더군요. 저는 "힘들더라도 네가 하고 싶은 일을 해라."라고 말했어요. 둘째 아들은 대안고등학교를 졸업하고, 대학에 가는 것보다 본인이 하고 싶은 일을 위해 현장에서 노동을 하면서 많은 것을 배우면서 일을 하고 있어요. 힘들더라도 자기가 하고 싶은 일을 하고 있죠.

우리 사회에 '맛있는 혁명'을 기대하며

오늘날 모두가 먹을 것을 필요로 하지만, 우리는 농업용 화학 물질로 오염된 땅과 물, 공기 때문에 사람과 동물, 그리고 환경이 병들고 있는, 심지어는 새로운 병이 생겨나는 시대에 살고 있다. 열대우림은 소에게 먹일 옥수수를 기르기 위해 잘려 나가고, 우리의 식탁에 올려지는 동물들은 가장 짧은 시간 안에 동물 한 마리당 하루수익을 최대로 끌어올리기 위해 몸을 움직일 공간도 없이, 생명으로서의 존엄성도 지키지 못한 채 사육된다. 몸무게를 최대한으로 불리기 위해, 최대한 많은 젖을 생산하기 위해, 가능한 한 많은 알을 낳도록 자연스럽지 못한 먹이를 먹으며 자라고 있다.

식료품점에서 사다 먹는 반조리된 냉동식품이나 식당에서 사 먹는 먹을거리는 어떻게 키워지거나 재배되었으며 어떻게 조리되었는지, 어디서 나는 재료로 만들어졌는지에 대한 아무런 정보도 없이 우리는 그 음식을 먹는다. 대부분의 사람은 자신이 먹는 음식이 그 동네의 식료품점에 진열되기 위해 얼마나 먼 거리를 이동해 왔는지, 그것이 그 자리에 오기까지 얼마나 많은 에너지와 자원이 투입되었는지 궁금해하지도 않는다.

요즘 어린이들은 자신이 먹는 음식에 대해 잘 알지 못한다. 어떤 아이들은 감자가 땅 위에서 자라는 나무에서 나는 열매라고 생각한다. 내 어릴 적엔 무엇이든 제철이 아니면 먹기가 힘들었다. 그 시절엔 포도나 수박은 일 년에 한철밖에 나지 않았지만 지금은 언제든 어느 곳에서나 먹고 싶은 음식을 사 먹을 수 있게 되었다. 어린이들 사이에서 비만이 유행처럼 번지고 있는 현실은 그리 놀랄 만한 일이 아니다. 날로 성장하고 있는 패스트푸드 산업, 그 패스트푸드의 재료 대부분이 건강에 해로우며, 한 사람이 먹기에는 양이 너무 많다. 이렇듯 바로 언제 어디서든 먹을 수 있는 음식이 점점 더 많은 어린이를 지나치게 살찌게 하고 있다.

배옥병 상임위원장은 '건강한 먹거리'를 위해 10여 년 동안 친환경무상급식의 필요성을 국민운동으로 전개했다. 다시 말하면 잘 먹고 잘 사는 문제를 개인적인 차원으로 접근하기보다는 사회구조적인 메커니즘과 연계시켜 우리 사회에 공동체 차원으로 확대하여 먹거리에 대한 일반대중과의 소통을 이끌어 내고 있었다. 내부적으로는 무상급식활동가들의 숙고와 토론을, 외부적으로는 일반대중인 국민과 열린 소통과 대화를 통하여 먹거리에 관심 있는 사람이면 누구든지 운동에 실질적으로 참여함과 동시에 바른 먹거리운동 실천을 거치면서 공공성을 획득해 나가도록 하였다. '우리' 만의 공동체운동이 아닌 이를 넘어서서 '나' 와 '우리' 의 이해관계를 공공의 이해와 일치시키는 방향으로 나아감으로써 주민의 정치적 영향력을 스스로 키워 나가게 했다.

분명 사회변화를 목표로만 나아간 것이 아닌 이해관계의 일치성, 공공선을 추구하며 민간이 주체적으로 참여할 수 있도록 이끌어 낸 친환경무상급식운동은 개인과 사회의 동시적 변화를 추구하며 구조적인 변화 또한 적극적으로 이끌어 낸 것으로 보인다. 소규모 농가를 보존하여 다양하고 영양이 풍부한 지역 농산물을 먹을 수 있도록 하는 것은 누가 봐도 알 수 있는 장점이다. 내 고장의 자연친화적인 농가는 내 지역사회의 건강을 지켜 주기도 한다. 내 고장의 식품을 먹는 것은 토종 먹을거리와 음식과 관련된 전통, 그리고 패스트푸드에 점차 위협받고 있는 문화적 정체성을 보존하는 길이기도 하다.

'내 땅에서 난 것이 내 몸에도 좋다.'는 말도 있듯이 온 국민의 '친환경 먹거리'를 추구하고, 건강한 먹거리를 위해 끊임없이 노력하는 배옥병 상임위원장. 그의 운동과 실천이 이어져 사회구조를 분석하고 더 나아가 국민의 건강권, 기본권, 인권으로 사회적인 의식화를 이끌어 내어 친환경 먹거리 운동이 우리 사회의 '맛있는 혁명'을 일으키기를 기대해 본다.

친환경무상급식풀뿌리연대 연혁

설립 목적

- '학교급식 전국 네트워크(준)', '전교조 서울지부', '7명의 서울시 교육위원' 등은 학교급식의 실질적인 개선을 위해서 「학교급식법」 조례를 제(개)정해야 하며 또한 여러 교육시민단체 대표와 정책담당자들이 함께 하는 광범위한 연대회의를 결성하여 힘을 모아야 한다는데 생각을 같이 하였다.
- 이에 광범위한 연대를 모색하기 위한 매우 구체적이고도 실천적인 모임을 설립하자는 취지하에 「학교급식법」 개정과 조례 제정을 위한 시민사회단체 연대회의(이하 연대회의)'를 제안하였다.
- 2002년 11월 '연대회의'가 출범하였고 이는 그다음 해인 2003년 11월 11일의 「학교급식법」 개정과 조례 제정을 위한 국민운동본부(이하 국본)'의 출범으로 이어졌다.
- 「학교급식법」의 개정 없이는 학교급식의 실질적인 변화를 이끌어 낼 수 없다는 문제의식 하에 학교급식 조례 제정운동과 「학교급식법」 개정운동을 벌였고 전국의 모든 광역단체와 140개가 넘는 기초단체의 급식지원조례가 제정되는 성과를 만들어 냈고 2006년 6월 「학교급식법」이 개정되었다.
- 2008년 5월 대표자회의에서 단체의 명칭을 '안전한 학교급식운동을 위한 국민운동본부(이하 국본)'로 변경하였다.

주요 연혁

- 2001년 6월, 「학교급식법」 개정운동 본격화(한국농업경영인연합회를

중심으로)

- 2002년 2월, 인천광역시 강화군 소재 환경농업농민회, 지역농협, 농업경영인연합회 등 농업단체에서 처음으로 조례제정운동을 구상
- 2002년 4월, 학교급식 운영개선운동에서 법 개정 운동으로 본격화 (농업계의 법 개정 요구에 자극받음)
- 2002년 5월, 전라북도 23개 단체가 운동본부를 구성하고 조례(안)를 만들어 도교육위원회에 조례 제정을 요구하면서 조례 제정 운동 본격화
- 2002년 7월, 학교급식 워크숍 개최(민노당 주관, 우리쌀지키기 농업회생연대준비위원회 주최)
- 2002년 9월, 학교급식 관련 시민사회단체 연대활동 추진(서울 중심 181개 단체)
- 2002년 10월, 「학교급식법」 개정과 조례제정을 위한 시민사회단체 연대회의(이하 연대회의)' 제안 및 설명회, 「학교급식법」 개정을 위한 전국순회 토론회(연대회의, 10~12월)
- 2002년 11월, '연대회의' 출범

'학교급식전국네트워크(이하 급식넷)' 출범 및 급식법 개정안 공청회

「학교급식법」 개정안 청원(연대회의, 이재정 의원 발의)

- 2003년 3월, 「학교급식법」 개정을 위한 공개토론회(연대회의 주최)
- 2003년 5월, 「학교급식법」 개정 촉구 대정부 집회(전국 동시다발)
- 2003년 6월, 「학교급식법」 개정안 마련(연대회의, 이미경 의원에 전달)
- 2003년 9월, '국본 준비위원회' 전국 활동가 워크숍
- 2003년 11월, '국본' 출범(11월 11일)
- 2004년 3월, 각 정당 총선 공약화 작업 및 출마자 동의서 받기 운동 전개, 전북/ 경남 조례 대법원 제소 대응(소송지원단 구성 추진)

- 2004년 4월, 국본 홈페이지 개통
- 2004년 5월, 「학교급식법」 개정안(국본안) 마련
- 2004년 6월, 「학교급식법」 개정안 정부안(교육부) 반대 기자회견
- 2004년 7월, 「학교급식법」 개정을 위한 정부–국회–시민사회단체 공청회 개최
- 2004년 8월, 국본 활동가 워크숍 개최
- 2004년 9월, 「학교급식법」 개정안(국본안) 청원
- 2004년 10월, 최순영 의원(민주노동당) 국감 정책 지원 및 「학교급식법」 개정안(국본안) 발의 세부 일정 논의
- 2004년 11월, 행자부의 전남, 경기도 조례 제소 방침 취하 촉구를 위한 전국학부모–교사–농민대회
- 2005년 2월, 국본 활동가 상반기 워크숍
- 2005년 3월, 국본 운영규칙 및 조직 개편안 마련
- 2005년 4월, 「학교급식법」 개정을 위한 총력 투쟁 전개: 개정 촉구 기자회견(7일), 학교급식 박람회 개최(27~28일, 국회 의원회관), 학교급식운동 관련 홍보 전단 제작 및 배포 (컬러 1만 부), 「학교급식법」 개정을 위한 정책 홍보 자료집 발간, 학교급식 식재료 공급 시범사업 평가회를 위한 내부 토론회, 국본 소식지 제1호 발간 및 배포, 프레시안 공동기획, '학교급식도 교육이다.' 7회 연재
- 2005년 6월, 「학교급식법」 개정을 위한 총력 투쟁 이행: 국본 소식지 제2호 발간 및 배포, 「학교급식법」 개정을 위한 릴레이 1인 시위(7~29일), 「학교급식법」 개정을 촉구하는 걷기대회 (11일, 600여명 참가), 「학교급식법」 개정 촉구 국회 앞 천막농성(13~30일), 대통령 선거공약 이행 촉구 기자회견(2일), 열린우리당 비판–급식법 무성의 규탄 기자회견(30일)

- 2005년 8월, 국본 활동가 하반기 워크숍, 국정감사 준비 (국정감사 중 학교급식에 대한 쟁점화)
- 2005년 9월, 학교급식 조례 위법 판결 규탄 기자회견, '우리농산물 사용과 WTO 협정의 문제' 토론회, '경남 조례 판결을 앞두고 대법원의 올바른 판결'을 촉구하는 기자회견, 법개정 특별T/F팀 구성 및 운영
- 2005년 12월, 국회 교육위원회 법안 심의 무관심 규탄 기자회견, 전북 조례 무효 판결 재고를 위한 의견서 제출
- 2006년 1월, 대표자 총회
- 2006년 2월, 학교급식 기초 조례 조속한 제정 촉구 기자회
- 2006년 3월, 상반기 학교급식 활동가 워크숍 "학교급식 우리 농산물 공급, 지원 사례와 향후 과제"
- 2006년 4월, 국회의원 299명 대상 팩스 홍보 시위(총 10회), 5·31 지방자치선거 대응 사업 전개, 저질 급식 재료 규탄과 급식법 개정을 촉구하는 기자회견, 수산물 납품비리 진상조사 촉구
- 2006년 5월, 지방자치선거 후보 대상 정책 질의 및 공약화 작업
- 2006년 6월, 식중독 규탄, 급식법 개정, 조례 제정 촉구 기자회견, 「학교급식법」 개정 촉구 농성장 설치(27~29일), 개정 급식법에 대한 입장 발표를 위한 기자회견, 수산물 납품비리 연루 학교장 감사 촉구
- 2006년 7월, 학교급식법령 및 종합 개선방안 교육부회의 1차, CJ 식중독 사고에 대한 집단 소송
- 2006년 8월, 하반기 학교급식 활동가 워크숍 "「학교급식법 시행령」 및 종합정책 논의", 학교급식 법령 및 종합 개선 방안 교육부 회의 2차
- 2006년 9월, 조례 제소 5지역 공동대응 논의 및 표준 조례 검토, 우리 농산물 사용 기초조례 폐기권고(감사원)와 행자부 대응 논의

• 2006년 10월, 학부모부담 가중 · 위탁급식 안전급식법시행령개정령(안) 규탄 기자회견, 「학교급식법 시행령」 개정 촉구대회(26일), 한미FTA 협상중단 촉구 반대성명 발표, 감사원 급식 관련 종합감사(각 부처 감사) · 결과 평가
• 2006년 11월, 광우병과 미국산 쇠고기 수입 반대 투쟁 관련 한미FTA 저지 범국민운동본부 대책회의, 급식지원센터 유형과 운영방안 논의, 안전한 학교급식 정착을 위한 대토론회
• 2006년 12월, 학교급식법령 및 종합 개선방안 교육부 회의 3차
• 2007년 1월, 국본 총회 및 활동가 워크숍
• 2007년 5월, 대통령선거 공약 마련을 위한 T/F팀 구성
• 2007년 6월, 하반기 활동가 워크숍
• 2007년 8~9월, 제2의 학교급식운동 전개를 위한 지역순회간담회
• 2007년 10월, 학교급식 백서 발간 기념식 및 학교급식 5년의 평가와 전망 정책 토론회 개최
• 2007년 11월, 부산식약청 소비자 단체 간담회
• 2007년 12월, 교육인적자원부 학교급식상 수상
• 2008년 1월, 국본 총회

06

끝나지 않은 싸움, 일강정은 살아 있다

– 제주대학교 철학과 교수 윤용택 | 이수영 |

생명평화마을 강정에 건설되는 제주해군기지는 지금이라도 공사가 중단되어야 한다. 그것이 강정마을을 살리고, 제주도를 살리고, 한반도와 동아시아의 평화와 안정을 이루는 길이다. 현재 강정은 제주도의 한 마을이 아니라 세계평화의 성지로 태어나고 있다. 뜻있는 예술가들은 강정을 직접 찾아 훌륭한 시, 음악, 그림, 사진, 영상 등을 만들어 전 세계에 알리고, 더 많은 국민과 세계인들이 강정의 아름다운 자연과 생태를 직접 체험하면서 강정주민들의 숭고한 생명평화정신을 함께 느끼고 싶어 한다.

2006년 5월, 환경부로부터 자연생태우수마을로 지정되기도 한 강정마을이 2007년 5월 14일 해군기지 예정지로 선정된다. 2007년 4월 26일, 갑작스레 그 당시 마을회장이 유권자의 십 분의 일도 안 되는 87명의 주민이 모인 마을회의에서 해군기지 유치를 결정했기 때문이다. 극소수의 마을주민만이 참여한 상태에서 마을의 미래를 결정지은 것이다. 이에 반발하여 마을에서는 반대대책위원회를 꾸려, 그 해 7월 마을회장을 탄핵하고 새로운 마을회장을 선출하여 8월 20일 725명이 참여한 마을총회에서 다시 해군기지 유치 찬반을 묻는다. 결과는 반대 의견이 94%로 압도적으로 많았다. 이에 따라 강정 마을회는 2007년 11월, 생명평화마을을 선포하고 현재까지 마을주민과 전국의 시민, 환경, 평화, 종교, 예술단체 회원들이 이를 저지하는 운동을 하고 있다.

해군기지 예정지로 선정된 지 이제 8년째를 맞는 강정마을의 현재 모습은 어떠할까. 400여 년 동안 한 가족처럼 살아왔던 마을공동체가 해체되고, 해군의 공사강행으로 강정마을의 아름다운 환경과 생태계가 사라지고 있다. 지역주민들은 해군기지 건설이 처음부터 절차나 추진과정에서도 문제가 많았기 때문에 진상조사를 해 주기를 바라고 있고, 활동가들 역시 주민과 의견을 같이하고 있다. 하지만 이를 무시하고 공사가 계속 진행되고 있다. 제주지역 30개 시민단체가 모여 구성된 제주해군기지를 반대하는 범도민대책위원회에서 주축이 된 다섯 개 단체 중에 하나인 환경운동연합 공동의장으로 강정마을을 지키기 위해 그 중심에서 활동해 온 이 마을 토박이면서 운동가인 제주대학교 윤용택 교수를 만나 그 이야기를 들었다.

제주도의 다이아몬드, 강정

> 기후와 토질이 좋고 물이 풍부해서 논농사가 잘되었고, 보리쌀도 다른 지역에 비해 무게가 더 나가던 곳입니다. 지금도 비닐하우스 농사를 하면서도 제주도의 다른 지역보다 연료도 덜 땝니다. 그래서 저는 제주도가 우리나라의 보물섬이라고 하면, 강정은 제주도의 다이아몬드라고 표현합니다.

윤용택 교수는 강정마을에 대해 이렇게 말했다. 강정마을은 서귀포 시내에서 서쪽으로 8킬로미터, 중문에서 동쪽으로 6킬로미터에 위치한 660여 세대 1,900여 명의 주민이 사는 반농반어 마을이다. 강정은 물 강江, 물 정汀이라는 지명에서도 알 수 있듯이 물의 마을이라 해도 과언이 아닐 정도로 물이 풍부해서 제주도에서는 보기 드물게 논농사가 이뤄졌다. 그래서 옛 제주 사람들은 '1강정, 2번내, 3도원'이라 하여 강정을 제주 섬 최고 마을로 쳤고, 지금도 강정사람들은 '일강정'으로 불리길 원한다. 강정마을은 경관도 아름답고, 생태계도 잘 보전되어 있다. 해군기지를 건설하고 있는 중덕바다에는 가끔 돌고래 떼가 출현하고, 바닷속에는 바다의 꽃인 연산호가 군락을 이루고 있다. 제주도가 세계의 보물섬이라면 강정마을은 제주도의 다이아몬드다. 2006년 5월 환경부로부터 '자연환경이 잘 보전되어 있고, 주민과 자연이 조화를 이루며 살아가는 마을'로 인증을 받아 자연생태우수마을로 지정되었다.

그런데 2007년 4월 26일, 갑작스레 그 당시 마을회장이 87명의 주민이 모인 마을회의에서 해군기지 유치를 결정하였다. 마을의 미래가 걸린 중대한 문제를 유권자의 십 분의 일도 안 되는 주민들이 결정한 것이다. 제주도청은 덥석 이를 받아들여 2007년 5월 14일 강정을 해군기지 예정지로 선정하였다. 이에 반발하여 마을에서는 반대대책위원회를 꾸려, 그해 7월 마을 회장을 탄핵하고 새로운 마을회장을 선출하여 8월 20일 725명이 참여한 마을총회에서 해군기지 유치 찬반을 물었다. 그 결과 반대의견이 94%로 압도적으로 많았다. 이에 따라 강정마을회는 2007년 11월 생명평화마을을 선포하고 지금까지 해군기지 반대운동을 펼치고 있다. 현재까지 마을주민과 전국의 시민, 환경, 평화, 종교, 예술단체 회원들은 이를 저지하는 운동을 하고 있다.

국가 권력 앞에서 다이아몬드는 깨지다

강정마을이 처음부터 해군기지 부지로 예정된 것은 아니었지요?

강정마을에서 해군기지 문제가 2007년 4월부터 불거졌는데요. 강정이 처음부터 해군기지 부지는 아니었어요. 처음에는 서귀포시 안덕면 화순지역이 예정지였는데, 화순사람들이 반대하는 바람에 서귀포시 남원읍 위미지역으로 하려고 했는데 여기서도 반대가 심해서 하지 못했어요. 세 번째 후보지로 결정된 곳이 강정마을이었어요. 강정으로 오게 된 것이 2007년 4월경이에요. 2006년에 강정마을이 생태가 살아 있고, 많은 사람이 찾아오고, 경관도 좋고, 마을주민들이 환경활동을 많이 해서 자연생태 우수마을로 선정이 되었는데, 바로 다음 해에 해군기지 후보지가 된 것이죠. 화순과 위미에서는 어부와

해녀들이 해군기지를 건설하는 것을 가장 많이 반대했는데, 강정에서는 어촌계와 해녀회에서 찬성을 했어요.

▌ 해녀들은 왜 찬성을 했나요?

우선 찬성을 하기 전 단계를 이야기해 보면 660세대가 살아가는데, 마을의 중요한 일이 있으면 마을주민들의 의견을 모으기 위해 마을총회를 엽니다. 해군기지 유치 문제는 매우 중요한 결정사항임에도 해녀와 어부 중심으로 87명이 모여서 결정을 했습니다. 아마 해군에서 전략을 그렇게 세운 것 같아요. 화순마을과 위미마을에서 바다를 업으로 살아가는 사람들이 제일 반대를 많이 하니까 해군에서 해녀와 어부를 집중적으로 설득했던 것 같아요. 설득의 매개체가 돈이겠죠. 충분한 보상을 해 주겠다 그랬던 것 같아요. 바닷일을 하면 1년에 얼마씩 돈을 벌잖아요. 예를 들면, 수협에 소라, 성게, 전복을 판 액수가 있잖습니까. 그것 20년치를 일시불로 보장해 주겠다. 해녀들 말에 따르면 지금은 바다에 잡을 물건이 별로 없거든요. 그런 상황에서 지금까지 했던 것의 몇 년 평균치 곱하기 20을 한 번에 보장해 주겠다고 하니까 솔깃했던 거죠.

▌ 그 당시 해군 측과는 얘기를 나눠 본 적이 없나요?

있습니다. 당시 해군기지 유치책임을 맡았던 해군 담당자에게 주민 의견을 다시 물어서 반대가 많으면 다시 원점에서 재검토를 하라는 이야기를 했어요. 그랬더니 안 된다고 그러더라고요. "왜 안 됩니까?" 그랬더니 이미 결정이 되었기 때문에 더 이상 되돌아갈 수 없다는 거예요. "그럼 어떻게 할 것입니까?" 물었더니 "그럼 끝까지 가 봅시다." 그러더라고요. 끝까지 가 보자는 것이 무슨 의미냐 했더니 놀랍게도 강정마을이 깨지든 해군이 깨지든 한번 해 보자는 겁니다.

그래서 제가 "지금 당신이 대한민국 군인이 맞습니까? 국민을 앞에 놓고 어떻게 그런 이야기를 할 수 있습니까? 그 말을 취소하십시오." 그러면서 강하게 항의를 한 적이 있습니다.

강정주민들, 생업 제치고 결사반대 외치는 이유

해군에서는 남방 해역과 해상교통로를 확보하기 위해 제주해군기지가 필요하다지만 우리나라가 지난 50여 년 동안 남방 해역이 막혀서 수출을 못 하거나 수입을 못 한 적은 단 한 차례도 없다. 정부와 해군에서는 강정주민과 제주도민이 반대하는 제주해군기지가 필요한 이유를 설명해야 한다. 그리고 백 번 양보해서 제주해군기지가 제주도에 필요하다고 해도 왜 제주도에서 가장 아름다운 강정에 건설해야 하는지 해명해야 한다. 제주해군기지는 부지선정 과정에서도 문제가 많았지만 선정된 이후 사업추진 과정에서도 문제가 많았다.

입지선정 과정에서 절차를 제대로 밟지 않고, 사업실시 계획을 승인하였다. 환경영향평가에서 현황조사를 부실하게 하였을 뿐만 아니라 멸종위기 야생동물인 붉은발말똥게를 누락하였고, 공동생태계 조사결과도 제대로 반영하지 않았다. 해군기지 해당지역은 절대보전지역인데도 제주도청은 이를 해지하고, 그 당시 한나라당 중심의 제주도 의회는 이를 날치기로 처리하였다. 이에 강정주민들은 지금까지 생업을 제치고 해군기지 결사 반대를 외치고 있다.

> 제주도민 누구를 붙잡고 물어도 다 강정이 적합한 지역이 아니라고 한다면서요.

지금 와서 보면 만 7년이 넘어 가는데 정부에서 국책사업이라는 것을 이유로 한 마을공동체를 깨는 것을 너무 쉽게 생각해요. 그래도 우리나라가 민주국가이고 법이 있는데, 교묘하게 법을 적용하고, 자의적으로 해석하면서 이 모든 것을 밀어붙이는 거예요.

부지선정 과정에서 마을주민의 5퍼센트밖에 안 되는 87명이 모인 마을총회에서 결정된 것도 마을총회이기 때문에 마을의 전체 입장으로 받아들이는 거죠. 제주해군기지 건설이 아무리 국책사업이라 하더라도 대규모 사업을 하면, 환경적 · 경제적 타당성이 있느냐 조사를 해야 하는데 타당성 조사도 제대로 하지 않고 밀어붙이고 있거든요. 하더라도 그야말로 형식적으로 끼워 맞추기 식으로 해서 강정마을을 가장 적합한 지역이라고 발표를 하는 거죠.

제주도민 누구를 붙잡고 물어봐도 강정마을이 해군기지로 적합한 지역이냐고 물었을 때, 다 아니라고 해요. 굳이 제주도에 해군기지를 짓는다면 십중팔구는 화순마을이지 강정마을은 아니라고 해요. 왜냐면 화순은 해안선이 오목하게 들어간 만灣이고, 강정은 튀어나온 곶串이기 때문이죠. 지금도 태풍이 올 때는 큰 배들이 다 화순항으로 대피를 합니다. 그렇기 때문에 제주도에 해군기지가 반드시 필요하다면 화순 쪽으로 갔어야 하는 거죠. 그런데도 해군에서는 끼워 맞추기 식으로 강정이 타당하다고 그럽니다. 또 그 이후 조사하는 과정에서 공사하는 과정에서 역사 유적지가 발견되었는데도 어디서나 흔히 있는 거라고 했습니다.

외부 활동가들이 어떻게 강정에 들어오게 됐나요?

반대하는 사람을 무자비한 공권력으로 다 잡아들이면서 600명이 연행되었고, 그중 200명이 재판을 받고 있어요. 정부에서는 강정이 갈등이 종료된 곳으로 발표를 하고 시간이 7년 정도 흐르다 보니 강정마을 주민들도 지쳤습니다. 그러다 보니 집회를 해도 초창기에 몇백 명씩 오시던 분들이 이제 몇 명 안 오세요. 그렇다고 그들이 찬성하는 것은 아니죠. 7년이면 얼마나 긴 세월입니까. 그렇게 긴 세월 동안 모든 일을 팽개치고 싸움에만 매달릴 수는 없죠. 그 모든 것을 감수하면서 반대하는 분도 계시지만 상당수의 주민은 소극적으로 지켜보는 상황으로 되었죠.

그래서 2011년 봄부터 외부에서 종교인, 평화활동가, 환경활동가들이 모여들기 시작했지요. 강정의 진실을 알았기 때문이죠. 2011년 9월 2일 해군사업단에서는 경찰력을 투입하여 해군기지 부지에 펜스를 설치하여 민간인 출입을 통제하면서 공사를 강행하고 있어요. 어마어마한 공권력 앞에 마을주민들이 끝까지 저항한다는 것은 불가능한 일이잖아요. 그래서 손 놓고 있을 때, 외부 활동가들이 들어와서 지금까지 버티고 있는 거죠.

강정마을 주민들의 해군기지 반대운동은 강력했다

강정주민들은 강했다. 강정주민들은 두 번은 차량으로, 두 번은 걸어서 제주도 전역을 돌며 해군기지 반대에 동참해 줄 것을 호소하였다. 열 살 어린이부터 칠십 대 어르신에 이르기까지 한여름 뙤약볕과 소나기 속에서 발이 부르트도록 걷고 또 걸었다. 하지만 제주도 해군기지 문제는 워낙 뜨거운 감자여서 그런지 강정마을만의 문제로 축소되어 갔다. 단지 제주도 내 종교계와 34개 진보 시민단체만이 강정주민들과 함께할 뿐이었다. 도민들은 꿈쩍하지 않았다.

그러던 해군기지 문제는 정부와 제주도청 간에 제주해군기지 기본협약이 체결되면서 제주도 전역으로 확산되기 시작하였다. 강정마을회와 제주도의 진보 시민단체를 중심으로 김태환 도지사그 당시 제주도지사에게 책임을 묻는 주민소환운동이 벌어졌고, 마침내 2009년 8월 우리나라 초유의 도지사 주민소환투표가 실시되었다. 비록 이 운동이 실패했지만, 이를 계기로 제주해군기지 문제가 한 마을의 문제가 아닌 제주도 전체의 문제라는 것이 도민들에게 각인되었다.

2011년 3월부터 생명평화결사단이 강정마을을 찾아 100일 동안 머물면서 제주해군기지 건설 소식은 전국으로 빠르게 전파되기 시작했고, 여기에 여러 평화단체가 가세하면서 제주해군기지는 제주도만의 문제가 아니라 전국의 문제로 확대되었다. 여기에 영화평론가 양윤모 선생의 옥중단식과 동영상이 인터넷에 유포되면서 미국의 촘스키, 브루스 개그넌, 일본의 서승, 이타쿠라 히로미 선생 등 세계 평화운동가들이 제주해군기지 문제에 관심을 갖게 되었다. 양윤모 선생은 2009년부터 2011년까지 3년 동안 강정 중덕 바다에서 천막생활을 하면서 해군기지를 반대해 왔고 제주도 교도소에서 여러 차례

수감 생활을 하였다.

그동안 해군기지 반대운동을 해 오면서 어떤 입장이었나요?

제주도 해군기지와 관련해서 저는 환경단체 대표이면서 한편으로는 강정마을 출신이어서 주민의 입장이죠. 어느 입장이냐에 따라 달라질 수 있는데, 제일 중요한 것은 진실이고 진정성의 문제죠. 진실이, 불편한 진실일 수 있죠. 그러다 보니 언론과 행정이 외면하고, 다른 지역사람들도 외면했죠. 심지어 정당에서조차 외면하려고 해요. 남북관계라는 특수한 상황 때문에 해군기지를 반대하면 선거 때 표 떨어지는 소리가 나거든요. 그동안 여러 번 대선과 총선, 지방선거를 치렀습니다. 정치인들은 제주해군기지 문제를 진실보다는 선거 때 표와 연결이 되느냐 안 되느냐로 따집니다. 특히 보수진영에서는 안보가 최우선이라면서 해군기지 문제를 적극적으로 활용하죠. 해군기지 문제는 뜨거운 감자여서 그런지 언론에서도 심층보도를 안 합니다. 그저 성명서나 기자회견 내용만 몇 줄 보도할 뿐이죠. 그러다 보니 제주해군기지의 진실에 대해 도민도 잘 모르고 국민들은 더더욱 모르죠. 강정주민들은 제일 그게 외로운 거예요.

강정마을에서 구체적으로 어떤 일을 해 왔나요?

제주해군기지 문제가 불거지면서 제주도 30여 개 시민단체가 모여서 제주해군기지를 반대하는 범도민대책위원회를 구성했습니다.

저는 2005년부터 2011년까지 제주환경운동연합 공동의장을 맡은 바 있는데, 그러다 보니 해군기지 문제의 중심에 서게 되었어요. 사실 저는 해군기지 문제가 강정마을에서 불거지기 이전인 안덕면 화순, 남원읍 위미에서 해군기지 유치가 거론될 때부터 반대해 왔어요. 그런데 고향인 강정마을로 가니까 더 난감하더라구요. 화순이나 위미마을의 경우에도 시민단체가 반대운동을 하기는 했습니다. 하지만 극렬하게 반대하게 된 것은 강정마을로 가면서였어요. 화순이나 위미는 해군기지 후보지로 확정되지 않았던 상태였고, 강정은 확정된 상황이니까요. 그렇기 때문에 더 어려운 싸움이었고, 주민들도 많이 힘들어했죠.

어떤 지역에 문제가 있을 때 지역주민의 힘만으로 해결하지 못하게 되면 자연스럽게 관련 단체와 활동가들이 들어가게 됩니다. 그랬을 때 지역주민과 외부 시민단체나 활동가들 사이에 이질감이 분명히 있어요. 강정마을도 마찬가지였죠. 지역주민의 입장에서 봤을 때 시민단체나 외부 활동가들은 이방인입니다. 그렇기 때문에 서로 간에 신뢰와 소통의 문제가 있을 수 있어요. 지역의 정서를 이해할 수 없는 부분도 있고, 지역주민들은 그들의 취지를 잘 이해하지 못할 수도 있는 거고요. 지역주민과 시민단체 또는 활동가들이 하나가 되기까지는 시간이 걸리고 누가 그런 역할을 하느냐에 따라서 빨리 결합이 될 수도 있거든요. 지역주민이 원하는 것이 다 옳은 것이 아닐 수도 있지 않습니까? 지역주민은 우선 마을의 이익을 많이 생각할 거고, 시민단체나 활동가들은 보다 큰 당위적인 명분을 내세웁니다. 그 둘 사이에 간격이 클 수가 있습니다. 그랬을 때 그것을 좁히는 역할을 나름대로 누군가가 해야 되는데 지역출신의 운동가라든지 지식인이 있다면 그런 역할을 해야 하는 거죠. 제가 나름대로 그런 역할을 해 온 거예요.

제주도 내 시민단체가 강정마을에 들어갔을 때 지역주민과 신뢰를 쌓아 가는 것은 그래도 좀 나아요. 그들의 정서를 이해하기가 수월하거든요. 하지만 육지에서 내려온 단체나 활동가들은 많이 힘들죠. 반대주민은 자신을 도우러 왔다 하고, 의견을 달리하는 측에서는 외부개입이라고 생각할 수 있지요. 그렇기 때문에 지역주민과 외부단체 활동가들 사이에 많은 소통이 필요해요. 하지만 지역주민, 시민단체, 활동가 입장에서 서로를 이해하고 소통하기가 쉽지 않습니다. 그렇기 때문에 모두를 이해하는 저로서는 힘들 때가 있지요.

운동을 해 본 적이 없고 농사만 짓고 평범하게 살았던 강정주민들이 국가를 상대로 만 7년을 싸우는 과정에서 백여 편의 성명서도 나왔고, 보도자료도 나왔어요. 누군가 그 일을 어느 정도 자문해 주어야 했는데 초창기에 제가 그런 역할을 좀 했습니다.

> 제주가 생명과 평화의 섬이 되기를 바라며 그동안 글을 써 왔고, 책도 펴냈다는 얘기를 들었습니다.

제주도가 생명 · 평화 · 생태의 섬이 되기를 바라며 10여 년 전부터

도내 일간지에 칼럼을 쓰기 시작했어요. 제주해군기지와 관련해서도 수십 편이 넘는 글을 썼습니다. 환경이 밥 먹여 주느냐는 비아냥거림에는 앞으로는 환경이 밥 먹여 줄 것이고, 생태환경이 잘 보전될 때 더 많은 관광객과 이주자들이 제주를 찾아 지역경제를 살릴 것이라고 응수했습니다. 국가안보를 위해서 제주해군기지가 필요하다는 주장에 대해서는 해군기지가 주변국과의 갈등을 불러올 수도 있기 때문에 오히려 국가 안보에 도움이 안 된다는 식의 논리를 폈지요.

제주해군기지는 강정마을이나 제주도만이 문제가 아닌데도 지역 주민 간의 갈등 문제로 축소하는 경향이 있어서 공론화할 필요가 있었어요. 하지만 중앙의 환경단체나 평화단체들도 4대강 사업, 방폐장 사업 등에는 신경 써도 제주해군기지 문제는 늘 뒷전이었죠. 그동안 쓴 글을 모아 2009년 6월에 『생명평화의 섬, 제주를 꿈꾸며』라는 책으로 묶어 냈고, 그 후에 쓴 글을 추가해서 2011년 4월에 증보판을 내기도 했어요. 이 책은 제주해군기지 문제를 외부에 알린 최초의 책으로, 제주도민과 전국의 생명평화에 관심을 가진 이들에게 강정의 현실을 알리는 조그만 계기가 됐습니다. 그러나 글만으로는 부족했어요. 백문이 불여일견이라고 영상으로 강정마을의 상황을 도내외에 알리는 것도 필요했습니다. 강정은 언제 어디서나 어디를 향해 셔터를 눌러도 그림이 될 정도로 아름다운 곳이거든요.

▍그래서 강정마을을 사진과 영상으로 남기는 작업을 하게 된 거네요?

네. 강정마을에 해군기지 불거지기 시작한 2007년 4월부터 시간이 날 때마다 살아갈 날이 얼마 남지 않는 어머니를 찾아뵙는 심정으로 카메라를 들고 강정을 찾아갔어요. 사진에 문외한이지만 목마른 이가 우물을 파는 격이었죠. 강정에 가면 언제나 큰내와 아끈내가 반겨 주고, 중덕바당과 개구럼비바당이 맞아 주었어요. 거기에 있는 냇물, 파도, 바위, 연못, 물새, 들꽃 그리고 펄럭이는 깃발들은 하나같이 "나 여기 있어! 날 좀 봐봐! 나 아직도 이렇게 살아 있어! 하지만 어쩌면 앞으로 영영 날 보지 못할지도 몰라! 그러니 나를 잘 기억하고 기록해 둬!" 라고 소리를 쳤어요.

2년 동안 카메라에 강정마을을 최대한 담으려고 했습니다. 마침내 2010년 2월에 제주도 내 예술가와 도민들을 대상으로 강정마을 슬라이드 사진전을 열게 됐어요. 더 늦기 전에 많은 예술가가 강정을 직접 찾아 훌륭한 시와 그림과 사진 작품을 만들고, 더 많은 도민과 국민과 세계인들이 강정의 아름다운 자연과 생태를 직접 체험하면서 주민들의 숭고한 생명평화정신을 함께 느꼈으면 좋겠다고 호소했습니다. 일부 강정주민은 우리 마을이 그토록 아름다운지를 몰랐다면서 눈물을 글썽이기도 했어요.

떡 본 김에 제사 지낸다고, 일회성 사진전만 가지고는 부족하니 더 많은 이가 볼 수 있도록 사진들을 DVD 영상으로 제작하여 널리 알리면 어떠냐는 의견이 나왔죠. 영상 제작을 하는 제자와 함께 자막과 음악을 넣고, 내레이션까지 곁들이니 그럴듯한 작품이 나오게 됐죠. 〈일강정은 살아 있다〉라는 DVD는 그렇게 탄생되었고, 영상이 유튜브에도 올라가면서 강정의 아름다움을 전국과 세계에 널리 알리는 촉매제가 됐습니다.

고향이 강정이고, 환경단체 활동을 하면서 대학에 있다 보니 강정마을 해군기지 문제는 더욱더 피부로 와 닿았지요. 지금 와서 생각해 보면 강정마을에 해군기지 문제가 불거지기 전에 그러한 책과 DVD가 나와서 지역주민들이 일찍부터 생명평화와 생태환경이 중요하다는 인식을 했더라면 하는 아쉬움이 남습니다. 그랬다면 해군기지를 유치하는 데 앞장섰던 어부와 해녀들도 강정마을의 좋은 자연환경과 생태계를 파괴하면서 해군기지를 건설하는 것이 마을 발전과 지역경제를 살린다는 생각은 하지 않았을 것이라는 막연한 회한을 가져봅니다.

> 강정을 보면서 우리 사회의 중요한 덕목이 무너지고 있다는 것을 느끼게 돼요.

산다는 것이 뭘까요? 이는 철학적인 문제인데, 교육하는 입장에서 봤을 때 "옳은 건 옳다, 그른 건 그르다."라고 가르치는 것이 교육이거든요. 우린 그렇게 살아야 하는 거죠. 우리 사회가 그런 사회여야 하고요. 그러나 언젠가부터 우리는 목적을 위해서는 어떤 수단과 방법을 동원해도 된다는 입장이 되었어요. 수단과 방법을 가리지 않고 목적만 달성하면 된다는 것이죠. 우린 5 · 16 군사쿠데타 이후에 옳고 그름을 떠나서 무조건 밀어붙이기식의 풍토가 되고 말았어요. 이익을 위해서 정의와 선, 이런 것들이 사라지게 된 거죠.

공자는 일찍이 우리한테 "이득이 주어졌으면 과연 그것이 옳은 것인지 생각하라, 옳지 않으면 하지 말라."라고 했거든요. 우린 그게 부족하죠. 나한테 이로운 것, 이득이 되는 것, 도움이 되는 것을 중심으로 살아가지요. 만약에 잘못이 있다면 잘못됐다고 말할 수 있어야 하는데 모두가 눈을 감는다면 사회가 어떻게 되겠어요. 지금 우리는 그것을 망각하며 살아가는 것 같아요.

강정주민들은 지역을 진정으로 사랑하고 있습니다. 그리고 환경단체들은 후세대를 위해서 환경을 잘 보전하려 하고, 생명과 평화를 사랑하는 평화단체들은 주변국들과 평화롭게 살아가야 한다고 주장합니다. 그들이 삶의 의미를 전해 주고, 살아야 하는 의미를 전해 주고 있는 거죠. 적어도 정상적인 인간이라면 이것을 평소에는 잊고 살더라도, 문제가 되었을 때는 그것을 찾으려고 하는 거겠죠. 강정의 문제가 이런 것 같아요.

생명, 생태, 평화는 대단히 중요한 덕목인데 이것이 무너지고 있습니다. 강정에서 일어나고 있는 반생명, 반생태, 반평화, 갈등, 난개발 등을 무릅쓰고 건설되는 제주해군기지는 정당한 절차로 이루어지는 것이 아니라 국가 공권력을 이용해서 밀어붙여지고 있습니다. 그래서 그것은 안 된다고 하는 사람들이 우리 곁에 있습니다. 강정마을회와 활동가들이죠.

생명평화의 섬, 제주를 꿈꾸다

해군기지를 반대하는 것은 단순히 지역이기주의 소산이 아니다. 제주도에 해군기지가 들어서면 중국과 일본의 군사력 증강의 빌미를 주고, 더 나아가 유사시에 그들의 핵심공격 목표가 될 가능성도 적지 않기 때문이다. 그럴 경우 제주도는 세계평화의 섬이 아니라 세계 분쟁과 갈등의 섬이 될 것이다. 이는 제주도에 산재한 일제 강점기 군사 전적지 경우만 보더라도 충분히 예상해 볼 수 있는 문제다. 제주도가 비무장 평화의 섬으로 가는 것이야말로 민족 이익과 국가 안보를 위한 길이다.

8년째 접어든 강정마을 사태는 마을 공동체를 산산이 부숴 놓았다. 평화롭던 마을이 해군기지로 인해 무참히 깨져 버린 것이다. 제주해군기지 때문에 강정주민들은 찬성과 반대 입장으로 나뉘면서 한 식구처럼 지내던 이웃, 친구, 친척, 심지어 형제간에도 금이 갔고, 400여 년 동안 한 가족처럼 살아왔던 마을공동체가 분해되었다. 그리고 해군의 공사강행으로 아름다운 환경과 생태계가 사라지고 있다. 생명평화마을 강정에 건설되는 제주해군기지는 지금이라도 공사가 중단되어야 한다. 그것이 강정마을을 살리고, 제주도를 살리고 한반도와 동아시아의 평화와 안정을 이루는 길이다. 현재 강정은 제주도의 한 마을이 아니라, 세계평화의 성지로 태어나고 있다. 뜻있는 예술가들이 강정을 직접 찾아 훌륭한 시, 음악, 그림, 사진, 영상 등을 만들어 전 세계에 알리고, 더 많은 국민과 세계인들이 강정의 아름다운 자연과 생태를 직접 체험하면서 강정주민들의 숭고한 생명평화정신을 함께 느끼고 싶어 한다.

> 해군기지에 대한 찬반 입장이 갈리면서 마을공동체가 깨어지고 있는 거죠?

마을주민들만이라도 한마음이 되어야 할 텐데. 정부와 지방자치단체가 마을주민들을 이간질시키고 분열시켜서 서로 손가락질하고, 이제는 친하게 지내던 사람들이 인사도 안 하고 쳐다보지도 않아요. 반대하는 집, 찬성하는 집이 따로 있기 때문에 너무 분명하게 선이 나누어져 있어 서로 왕래가 없어요. 의견이 다르면 친척 집 왕래도 거의 없고, 제사도 잘 안 가요. 형제간에 그런 경우가 있고, 삼촌과 조카 사이도 그런 경우가 있어요. 너무 가혹한 일이죠.

우선 지역공동체가 깨지지 않는 게 제일 중요합니다. 강정마을의 갈등은 애초에 소수에 의해 결정을 내렸기 때문에 시작된 것입니다. 어떤 사안이 있을 때 지역공동체가 깨지지 않기 위해서는 주민들 자체적으로 민주적으로 전체 의지를 모아서 결정을 해야 합니다. 공동체가 깨진 상태에서 그것을 복원하고, 수습하는 것은 쉽지 않을 것 같아요. 강정마을의 갈등은 상당히 오래 지속될 것 같습니다. 이런 문제가 당대에는 해결되지 않을 것 같고요, 적어도 100년은 걸리지 않을까 생각돼요.

제주도는 미군정기에 도민 3만 명이 희생된 4 · 3사건이라는 엄청난 사건을 겪었습니다. 그런데 66년이 된 지금도 완전히 해결된 것은 아니거든요. 서로 입장이 다른 후손들까지도 그 갈등을 대물림하고 있어요. 제주해군기지를 반대하는 강정마을회, 평화활동가, 종교인들은 진실과 정의가 묻히는 것에 대해 반대를 하고 있습니다. 그들은 국가도 결국 국민을 위한 것인데 국민의 뜻에 반하는 나라에 사는 것에 대해 회의감을 느낄 겁니다. 아마 밀양주민들도 비슷한 감정을 가지고 있을 거예요.

국무총리실에서 제주해군기지 문제는 갈등이 해결됐다는 결론을 냈습니다. 그러면서도 해군기지 후보지 선정절차와 건설과정에서 무리수를 둔 것에 대해 정부차원에서 지역주민들에게 사과를 해야 하는데, 사과를 안 하고 있습니다. 상처받은 주민들의 마음을 치유하기 위해서는 결자해지 차원에서 우선 정부가 나서야 해요. 국가 안보상 해군기지가 필요하더라도 400여 년간 살아온 그들의 터전을 손상시킨 것에 대해서는 지역주민들에게 진정한 사과를 하고 이해를 구해야 합니다.

지금 600여 명이 연행되고, 그중 200여 명이 재판을 받고, 구속된 사람도 있잖아요. 그들은 국책사업이라는 이름으로 해군기지사업을 밀어붙이는 데 대해 자신의 인권과 마을을 지키기 위해 반대했습니다. 정부는 그들의 형사적 · 민사적 책임을 묻고 있습니다. 마을주민과 평화활동가들은 정부의 잘못을 비판하다가 처벌을 받은 것이기 때문에 자신은 죄가 없다는 거죠. 그렇기 때문에 그들은 사면이라는 표현을 쓰질 않고 사면해 달라고 하질 않아요. 만일 국무총리실에서 주장하듯이 갈등이 종료되었다면 그들을 사면 복권시켜야 하는데 그렇게 하고 있지 않아요. 여전히 구속하고, 재판하고 있고 내야 할 벌금이 수억 원에 달해요. 정부의 주장과는 달리 제주해군기지와 관련된 갈등이 계속되고 있어요.

지금 마을주민들이 경제적으로, 심리적으로, 정신적으로 상당히 힘든 상황이에요. 국가에서도 마을주민들의 마음을 돌리기 위해서는 사면 복권을 시켜야 하고요. 그분들의 맺힌 것을 풀어 주어야 합니다. 국가에서 인정하기 힘들겠지만 7년 동안 반대활동을 한 것에 대해 인정해 주는 것이 필요해요. 마을주민 간에도 진정한 화해가 있어야 하는데 이것은 쉽지 않아요. 지역주민들 간에 찬반 갈등이 심하다 보니 결혼식과 장례식조차도 함께하지 못하고 있습니다. 하루빨리 갈등이 풀렸으면 합니다.

시민단체와 지역주민 간에도 생각의 차이가 있는 건가요?

강정마을회에서는 반대를 하지만 도민 전체 입장에서 봤을 때는 인구유입 효과라든지 건설되는 과정이나 이후에 경제적인 이득이 있지 않을까 하는 생각을 하면서 찬성하는 사람들이 있어요. 제주해군기지가 국책사업인데 지역에서 협조해야 하지 않겠느냐, 국가안보를 위해서 필요하다면 제주도를 희생해야 하지 않느냐 하는 사람도 있을 수가 있고요.

하지만 지역경제나 국가안보를 위해서도 제주해군기지는 바람직하지 않다고 봅니다. 제주도가 대한민국과 한민족, 인류에게 기여하는 길은 군사기지가 없는 생명, 생태, 평화의 섬으로 되는 것이라고 여러 차례 밝힌 바 있습니다. 그게 강정마을을 살리고, 제주도를 살리고, 한반도는 물론 동북아시아와 세계의 평화를 위한 길이라는 거죠. 그리고 강정주민들은 강정마을에 해군기지를 짓는 것은 국가의 이익에 반하는 것이라고 합니다. 마을주민들은 해군기지를 지어 놔도 이 지역이 워낙 물살이 센 곳이고 태풍의 길목이어서 해군기지로서의 역할을 못하게 된다고 확신하고 있습니다. 강정마을이 입지 조건이 아닌데도 불구하고 사업이 진행되는 것에 대해 더욱 반대를 하는 거죠.

대규모 개발 사업을 하는 경우에 해당 지역주민과 지방자치단체 간에 의견이 다를 수 있어요. 문제는 그것을 어떻게 서로 조정하느냐는 거죠. 지역 현안문제가 있어서 의견이 찬반으로 갈릴 때, 지역주민, 시민단체, 외부 단체나 종교계 등의 입장에 따라서 이해관계와 명분이 조금씩 차이가 나게 됩니다. 하지만 그것을 큰 무리 없이 접목시키는 것이 중요해요. 지역주민 입장에서 지역을 잘 아는 사람이 활동가와 전혀 모르는 활동가들 사이에 신뢰도의 차이가 많이 납니다. 그렇기 때문에 지역주민의 입장을 최대한 배려하고 그들의 입장을 전달하는 것이 필요합니다. 저는 반대운동을 하면서도 그런 부분을 조율하려고 애를 썼습니다. 그러다 보니 '그 지역출신이니 그렇게 반대운동하는 거 아니냐?' 라고 생각할 수도 있어요. 그 부분은 오해의 소지가 있을 수도 있는데, 사실 그것은 아니었거든요. 다른 지역에 해군기지를 건설하더라도 저는 당연히 반대를 했을 거예요. 마침 고향인 강정으로 오게 된 거였을 뿐이죠.

강정이 다시 자연생태 우수마을로 거듭나길 기대하며

강정마을 사람들은 솔직히 소박한 농부요, 어민이었다. 세계평화, 동북아시아의 평화운동으로 그 의미를 부여하기에 앞서 그들은 평화롭던 마을주민이었을 뿐이다. 국가권력 앞에, 정부의 무자비함 앞에, 정의롭지 않은 상황 속에서 그들은 무참히 깨지고, 피 흘리고 서로를 오해하고 시기하며 힘든 시간을 보내고 있다. 강정마을 출신 환경운동가인 윤용택 교수는 강정마을 사람들이 걱정된다고 했다. 나 또한 인터뷰 내내, 강정마을의 자료를 찾는 내내 강정마을 사람들의 안녕이 걱정이 되었다.

마지막으로 윤용택 교수는 사회복지를 전공하고 있는 내게 부탁했다. 강정마을 사람들은 지금 심리적인 안정과 온 국민의 관심이 필요하다고, 그들의 지금까지의 노력이 정당했고, 참 잘한 일이라고 칭찬하고 그들의 정체성을 확인시켜 주는 과정이 필요하다고 했다. 지금까지 강정마을이 버티고 있는 것은 윤용택 교수의 말대로 "옳은 것은 옳다. 잘못된 것은 잘못되었다."라고 말하는 사람들의 힘이었다. 이는 사회복지를 전공하고 있거나 현장에서 일하는 사람들에게 가장 필요한 덕목이 아닐까 하는 생각이 든다.

지금 강정마을 사람들에게 필요한 것은 무엇인가요?

경제적 · 심리적으로 많이 힘들어하고 있는 주민들이 많아요. 그분들이 할 수 있는 것과 할 수 없는 것이 있는데, 최선을 다했는데도 이루어지지 않았을 때 생기는 좌절감과 심리적인 박탈감, 상실감은 참으로 견디기 힘들어요. 앞으로 살아가면서 우울증에 걸릴 수 있고, 자살충동도 느낄 수 있는데, 이는 복지와 연결이 많이 되어 있죠. 이런 부분을 어떻게 해소할 것인가 고민을 해야 합니다. 그분들의 심리치료도 필요해요. 강정주민들은 해군기지 문제가 아직 끝나지 않은 싸움이라고 생각해서 원하지 않을 수 있지만, 자연스럽게 그분들의 현재 삶과 미래의 삶을 이어 줄 수 있는 심리치료와 공동체 회복을 위한 프로그램이 나와야 하는 거죠. 정부에서 그 일을 할 수 없다면 민간단체나 종교단체에서라도 그러한 움직임이 있어야 합니다.

그들에게 정신적 보상도 뒤따라야 해요. 이를테면 지난 7년 동안, 앞으로 그 이상이 될 수도 있는데 마을을 지키고 생명평화운동을 했던 주민들의 숭고한 뜻을 기릴 수 있도록 생명평화기념관을 지어야 한다고 봅니다. 더 나아가 제주해군기지가 건설됨으로써 경제적 · 문화적 터전을 잃은 대가에 대해 마을차원의 경제적 보상도 마땅히 해 주어야 하고요.

강정마을은 여전히 싸움이 계속되고 있는데요, 앞으로 어떤 일이 이루어져야 하나요?

그동안에 강정마을 해군기지와 관련해서 찍었던 사진이 수십만 장에 이르고, 글과 성명서 등 문자기록이 수천 쪽에 이릅니다. 강정마을 천여 명의 주민과 활동가들이 온몸으로 체험했던 것들을 채록한다면 아마 수백 권의 책이 될 겁니다. 몇 주 동안 진행된 5 · 18 민주항쟁 기록도 엄청난데, 7년 넘게 진행되어 온 강정마을의 경우는 어마어마한 기록이거든요. 비록 해군기지가 강정마을에 지어지더라도 생명평화를 위해 싸웠던 그들의 노력을 남겨야 합니다. 그동안 과정을 정리하고, 그 기록을 후대에게 잘 전해야 해요. 그것들은 그들의 당대의 자존심과 자부심을 위해서도 중요하겠지만, 후손뿐만 아니라 제주도민과 세계인을 위한 세계평화교육의 장으로 쓰여야 해요.

앞으로 지역의 발전계획도 행정에서 이렇게 하자 저렇게 하자 할 게 아니고 주민이 주체적으로 발전계획을 세워 나갈 수 있도록 정부에서 지원을 해 주어야 되겠지요. 정부지원 이전에 마을주민들이 주장하듯이 진상조사를 통해 잘못된 것은 바로잡고, 또 그들이 법적으로 민사상 · 형사상 처벌받은 것에 대해 다시 원상복구를 하는 작업이 필요해요. 강정마을 주민들은 국가 공권력에 의해 자신의 의지가 처참하게 깨지고 그로 인해 마을공동체가 깨지면서, 자신이 대한민국 국민이 아니라고까지 생각을 하고 있어요. 국가에서 자신을 국민이라고 인정을 한다면 그럴 수는 없다는 거죠. 마을주민들은 자신도

국가의 보호를 받는 국민이라는 것을 인정해 달라는 겁니다.

저는 현재 '진실과 정의를 위한 제주교수네트워크' 상임대표를 맡고 있습니다. 제주대학교를 비롯한 제주도 내 대학교수들의 모임인데, 이 단체에서 강정마을 관련 기록을 정리하는 문제에 대해서 조심스럽게 논의하고 있습니다. 하지만 아직까지는 끝나지도 않았는데 무슨 기록을 정리하느냐는 생각을 할 수도 있기 때문에 섣불리 시작할 수는 없어요. 강정마을회의 공감을 얻고 범대위 쪽에서 필요하다고 하면 같이 작업을 해 나갈 계획입니다. 일을 추진하기 위해서는 같이 활동하셨던 분들의 의견도 모아야 할 것 같아요. 너무 큰 작업이라서 한두 해 가지고는 되지 않을 겁니다. 최근에는 강정에 상주하는 육지 평화활동가들에게 제주어와 제주문화를 알리는 일을 하기도 했습니다. 현재 강정마을에는 30여 명의 활동가가 살고 있습니다. 앞으로 외부에서 들어온 이들과 현지 주민들과의 소통도 문제가 될 거에요. 언어와 관습과 문화가 달라 서로 소통이 되지 않는다면 또 다른 갈등이 생겨나 모두의 삶의 질이 떨어지게 될 겁니다. 이를 조금이라도 완화시키기 위해서는 누군가가 마을주민과 외부에서 들어온 사람들 간에 소통을 위한 노력을 해야 할 겁니다.

몇 해 전에 일본의 오시노 핫카이忍野八海를 찾은 적이 있어요. 오시노 핫카이는 야마나시현 오시노무라에 있는 여덟 군데의 용천수를 말하는데, 후지산 주변에서도 경관이 매우 뛰어난 곳으로 평가받아 일본의 이름난 물 100선에 포함되기도 했어요. 강정보다 훨씬 못한 용천수와 시냇물을 잘 보전하고 잘 관리하여 수많은 생태관광객들을 끌어들이는 것을 보니 시샘이 나기도 했어요. 강정마을도 하루빨리 해군기지라는 족쇄에서 풀려나서 세계 최고의 자연생태 우수마을로 거듭나길 기대합니다.

마지막으로 사회복지실천가나 사회운동가들에게 한 말씀 부탁드립니다.

다른 운동도 마찬가지지만 특히 환경운동은 환경단체 대표나 상근자만의 몫이 아니거든요. 환경운동은 환경단체 회원이나 진보진영의 전유물도 아닙니다. 진보냐 보수냐 상관없이 그리고 남녀노소, 직업 여하, 계층에 관계없이 모두가 함께 환경을 지켜야 하는 겁니다. 잘 보전된 환경은 지금 현세대를 위해서도 중요하지만 미래세대가 인간답게 살아가기 위해서도 반드시 필요합니다. 따라서 환경과 생태운동은 연령과 계층의 눈높이에 맞게 이뤄져야 합니다. 우리의 삶이 생태적이고, 우리의 제도가 생태적으로 운영될 때 환경은 잘 보전됩니다. 그러려면 어린이, 학부모, 노동자, 경영자, 행정관료, 정치인, 일반시민, 예술가 등 각자의 위치에서 실천될 수 있는 대안이 제시되어야 합니다.

지역에서 환경문제로 인한 갈등이 불거지기 전에 지역주민에게 환경의식을 심어 주는 게 최선책이겠지요. 우리에게 무엇이 중요한지, 생명과 평화가 왜 소중한지 등이 평소에 인지되고 있다면 지역주민들 스스로가 지역의 환경을 지키려 할 겁니다. 환경의식과 생태 감수성을 키우기 위해서는 자연과학적, 인문학적 이론 강의뿐만 아니라 음악, 미술, 연극, 영화 등 예술 매체의 도움이 반드시 필요합니다.

부득이하게 사회운동가들이 지역으로 들어갈 때는 먼저 그 지역의 정서와 문화를 잘 알아야 합니다. 가급적이면 외부인의 입장에서 그들을 가르치려 들지 말고 철저하게 그들의 입장에서 이해하려고 노력해야지요. 그리고 지역 속으로 들어간 활동가들은 지역공동체의 갈등을 최소화해야 합니다. 외부 활동가들은 지역에서의 직접적 이해관계에서 떠나 있기 때문에 어느 정도 찬반 갈등을 객관적으로 볼 수 있는 위치에 있습니다. 그러한 장점을 잘 살려서 지역의 보다 큰 이익, 그리고 장기적인 이익을 위해서 무엇이 필요한지 지역민들에게 이해시키는 것도 필요한 일이겠지요.

제3부

우리 사회의 소수자, 그들의 목소리

01

이주노동자를 향한 편견과 차별에 묵묵히 맞서싸우다

– 서울외국인노동자센터 최의팔 목사 | 문성아 |

한국에 이주노동자가 들어온 지 20여 년이 넘었고, 그들의 상황이 전보다는 개선되었다고는 하지만 여전히 이주노동자를 향한 '시선'은 달라진 게 없는 듯하다. 왜 우리에게도 남아공의 '백인' 들이, 미국의 링컨과 마틴 루터 킹 시대 때 '백인' 들이 그러했던 것처럼 이주노동자를 향한 '폭력적인' 모습이 있는 것일까. 우리 역시 불과 몇십 년 전에는 타민족에게 억압받고 착취당했던 슬픈 역사를 가지고 있는데, 차별받고 억압받고, 착취당한 쪽의 고통을 그 누구보다도 잘 알고 있는데 말이다.

난민 및 북한이탈주민탈북난민이 증가하고, 이미 우리산업의 중요한 역할을 담당하고 있는 이주노동자와 결혼이주여성, 그리고 그들의 자녀가 우리와 어우러져 함께 살고 있는데도 이들을 향한 시선에는 알게 모르게 편견이 묻어 있다. 실제로 외국인 범죄율이 내국인 범죄율보다 낮은데도, 외국인들을 범죄집단이라고 매도하는 일도 비일비재하다. 인터넷 공간은 말할 것도 없다. 다문화 관련 기사에 꼭 달리는 악성댓글과 노골적으로 인종비하적인 발언을 서슴지 않는 일간베스트라는 사이트의 인기는 다문화사회에 진입한 대한민국의 현재 모습을 여실히 보여 준다.

이 글은 이주노동자의 처우 개선을 위해 투쟁해 온 커피 볶는 목사에 관한 이야기다. 신촌 트립티[1]에서 외국인 이주노동자 인권을 위해 헌신해 온 최의팔 목사를 만났다. 사람들의 이주노동자를 향한 편견과 차별에 묵묵히 맞서 저항해 온 최의팔 목사. 그의 활동을 살펴보면서 구체적인 실천의 현장을 직접 확인해 보았다.

---

1 신촌 트립티는 귀환할 이주노동자를 고용해 공정무역커피를 파는 카페. 네팔어로 '참 좋다'는 뜻이다. 모두가 참 좋은 세상이 되기를 꿈꾸며 만들어졌다고 한다.

한국의 이주노동자운동 역사

1987년은 한국 민주화의 역사뿐만 아니라 이주노동의 역사에서도 전환점이었다. 그 무렵 해외로 일하러 떠나는 한국인은 거의 사라졌고, 대신 이주노동자들이 한국으로 일을 하기 위해 들어오기 시작했다. 한국에 이주노동자가 들어온 것은 한국정부가 1960년대부터 추진한 공업화정책의 성공을 알리는 신호탄이었다. 한국전쟁 직후 한국은 세계에서 가장 가난한 나라 중 하나였지만 1980년대 중반에는 이웃나라 사람들이 일하러 올 정도로 발전한 나라가 되어 있었다.

경제적 궁핍에서 막 벗어난 한국인들은 더 이상 '어렵고 지저분하며 위험한 직종'에 종사하려고 하지 않았기 때문에 중소제조업체와 건설현장 등에서는 구인난이 상시적이었다. 그 당시 한국정부는 한국인의 해외여행 규제를 풀면서 동시에 외국인의 한국 입국을 매우 쉽게 했다. 결국 이주노동자의 입장에서 볼 때 한국은 입국하기 쉽고, 일자리도 쉽게 구할 수 있는 '기회의 나라' 였다. 이렇게 해서 들어온 이주노동자들은 1991년 이전까지 미등록노동자로 일했다. 한국정부는 미등록노동자가 늘어나자 1991년 이후 공식적으로는 산업연수제도와 연수취업제도를 도입했다. 실질적으로는 미등록노동자를 활용하는 데 초점이 맞추어진 편법이었다.

미등록노동자들은 한국의 인력난을 해결하며 경제발전에 이바지하면서도 미등록노동자였기 때문에 숨어서 일해야 했고, 그로 인해 임금체불, 산업재해, 직업병, 부당해고 등에 시달렸다. 1993년 미등록노동자들이 늘어나고 있다는 이유로 범칙금이 10배 이상 인상됐다. 여기서 범칙금은 1년 이상 불법체류한 사람에게 부과되는 것을 말한다. 범칙금 인상조치가 시행된 지 몇 달 지나지 않아, 한국에서 번 돈을 범칙금으로 지불하고, 빈털터리가 된 것을 비관하여 이주노동자가 자살한 사건이 발생했다. 이 사건은 국내 이주노동자 지원 단체들이 처음으로 연대하여 활동하는 계기가 되었다.

한국정부는 미등록노동자의 수가 크게 증가하자 1992년 9월부터 '외국인 미등록노동자에 대한 노동관계법 적용제외'를 방침으로 정했다. 미등록노동자가 「산업재해 보상법」 등의 적용을 받을 수 있었던 때에도 그렇지 못한 경우가 적지 않았을 뿐 아니라, 적용이 배제된 이후에는 수없이 많은 안타까운 사례가 발생했다. 이후 외국인노동자 피난처 등을 중심으로 산업재해를 당한 이주노동자들이 자신의 신분을 감추던 소극적인 자세에서 벗어나 적극적으로 이의를 제기한 사건이 발생했다.

산업재해를 당하고도 치료와 피해보상을 제대로 받지 못한 미등록노동자들이 1994년 1월 10일부터 2월 7일까지 서울 종로구 종로5가 경제정의실천시민연합 강당에서 농성을 했다. 농성 결과 「산업재해보상보험법」에 따른 재해보상, 「근로기준법」상의 휴업급여 규정 등과 「최저임금법」, 「남녀고용평등법」 등에 의한 보호조치가 이루어지게 됐다. 경제정의실천시민연합 강당농성은 이주노동자운동의 첫 승리였다.

그 이후 미등록이주노동자의 '노동자'로서의 법적 지위는 여러 차례 재확인됐다. 상용노동자 수 4인 이하 영세사업체에 취업한 노동자들도 2000년 7월 1일부터 「근로기준법」, 「산업재해보상보험법」이 전 규모 사업체에 적용됨에 따라 보호받게 됐다. 그러나 사업주가 불법체류자 고용사실이 적발될 것을 우려해 산업재해 처리신청을 기피하고, 비합리적인 쌍방합의를 통해 산업재해 사고를 처리하는 관행이 아직도 비일비재하다.

1995년 1월 9일부터 17일까지 산업연수제도의 부당함에 이의를 제기하는 농성이 명동성당에서 있었다. 이후 노동자도 학생도 아닌 어정쩡한 지위에 놓여 있던 외국인 산업연수생들을 '사실상의 노동자'로 인정하겠다는 약속을 받아 내게 됐다. 만족할 만한 수준은 아니지만 명동성당 농성은 이주노동자운동의 또 하나의 승리였다.

1999년 12월 이후 모든 산업연수생은 '노동자성'을 인정받게 되었다. 하지만 '노동자 대우'는 「근로기준법」상의 노동자로 인정받는 것과는 천양지차였다. 노동부의 '외국인 산업기술연수생의 보호 및 관리에 관한 지침'과 '해외투자기업 산업연수생 보호지침'은 거의 준수되지 않았다. 연수업체들이 이 지침을 위반해도 노동부가 지침 준수를 강제할 수 있는 법적 근거가 없었기 때문이다. 그래서 노동부는 외국인 산업연수생을 「근로기준법」상 '노동자'로 전환하는 방안, 즉 '고용허가제' 도입을 적극적으로 검토하기 시작했다.

2001년 4월 17일, 대구지방법원은 필리핀 산업기술연수생 미네르바 푸욕당시 28세, 여자이 대구의 섬유업체인 (주)서도산업을 상대로 낸 퇴직금 지급 소송에 대해 "서도산업은 푸욕에게 퇴직금 1,604,800원을 지급하라."라는 강제조정안을 제시했고, 4월 25일에 업체가 그것에 대해 이의를 제기하지 않고 수용함으로써 외국인 산업연수생도 노동자로서 퇴직금을 받을 수 있다는 선례가 만들어졌다. 이 강제 조정으로, 산업연수생도 명칭여하에 관계없이 실제로 '근로'를 제공한다면 「근로기준법」상 '노동자'로 대우받아야 한다는 사실이 한층 더 명확해졌다.

초기 이주노동자의 투쟁 방식은 상담지원단체와 함께 자신의 열악한 인권상태를 폭로하면서 제도개선을 요구하는 거점농성이 주류였으나, 시간이 경과되면서 이주노동자 스스로 자신의 권익을 위해 파업투쟁을 벌이는 일이 자주 발생했다. 2002년 1월 21일부터 26일까지, 경기도 포천군 소재 (주)아모르가구에서 미등록 이주노동자 93명이 체불임금 지불을 요구하며 집단 파업·농성을 벌인 사건이 발생했다. 전례를 찾기 어려운 아모르가구 집단 항의시위는 1987년 이후 누적되어 온 중소제조업체에 취업 중인 이주노동자 처우 및 불법체류 외국인 문제가 한꺼번에 폭발한 상징적인 사건이라 할 수 있다. 또 이주노동자 스스로 자신의 문제를 풀기위해 단결했고, 그것을 쟁취한

역사적 사건으로 평가할 수 있다. 그 전에도 이주노동자의 집단적 저항사례들이 없었던 것은 아니나, 그것을 기획하는 데 국내 이주노동자 지원단체의 도움을 많이 받았다. 이런 점에서 아모르가구 파업사건은 그 전의 사례와는 질적으로 다르다.

1995년 1월에는 명동성당 농성 당시 결집된 38개의 단체 중 일상적으로 이주노동자 지원활동을 하는 단체 십여 개가 이주노동자 공동체와 함께 1995년 7월, 외국인노동자대책협의회를 결성했다. 이로써 국내 이주노동자운동에서 처음으로 본격적인 연대 틀이 구축됐다.

이후 이주노동자 공동체들은 분화 또는 확대과정을 거치며, 1998년 전국조직 결성시도로까지 나아갔으나 실패하고 말았다. 한국 이주노동자기구를 결성하기 위해 1998년 6월 13~14일 대성리에서 각 나라의 지도자들이 모였다. 후속 모임으로 지역별 이주노동자 대표자 연석회의가 있었으나, 이 모임을 주도한 외국인노동자대책협의회 실무자의 진행상 부주의와 배제가 여러 문제를 야기하였고, 결과적으로 각 상담단체의 이해관계 대립으로 비화되며 모임이 중단됐다(박천웅, 2011: 설동훈, 2003에서 재인용).

주로 한국인이 주축이 된 이 연대는 지속적으로 고용허가제 도입을 주장했다. 그러나 계속해서 중소기업협동조합중앙회의 강력한 반대에 부딪혀 실현되지 못하다가 경영계에서 고용허가제와 산업연수제의 병행실시라면 찬성할 수 있다는 입장을 취해, 고용허가제는 2003년에 통과된다(설동훈, 2003).

> (외노협은) 이주노동자들이 아무런 사회적 목소리를 낼 수 없는 극악한 상황에서 이주노동자를 한국사회에 등장시킨 역할, 즉 이주노동자 문제를 사회이슈로 제기한 것 그 자체만으로도 충분히 인정받을 만한 성과를 냈다. 또한 1995년부터 외국인인력제도개선을 위한 투쟁을 벌여 2003년 고용허가제 입법에 이르는 제도개선 투쟁의 중심 역할을 했다. 이 점에서 외노협은 현재의 한계와 문제점에도 불구하고 이주노동자운동사에서는 이미 자신의 역할을 충분히 해냈다는 평가도 가능하다(정귀순, 한국 이주노동자운동의 평가와 전망).

한편 2000년에는 미등록노동자들의 수가 늘어나면서 그 자녀들의 교육문제가 공론화됐다. 성남 외국인노동자의 집 등 이주노동자 지원단체 활동가들이 '학교에 다닐 나이의 아동들이 부모가 일터에 나가 있는 동안 집에 갇혀 지내는 사례'를 발굴해 언론을 통해 그 실태를 알렸다. 이에 따라 한국정부교육인적자원부는 미등록 이주노동자의 자녀에게도 2001년 3월부터는 초등학교, 2002년 3월 이후에는 초등학교, 중학교 전·입학을 허용하는 것으로 방침을 정했다.

이주노동자운동, 우리 사회 공동의 문제로 부상하다

이후 이주노동자운동은 외국인노동자와 한국인노동자의 관계, 출신국별 외국인노동자 조직과 국내 노동조합 체계와의 관계, 그들이 국내 기존 노동조합에 가입할 것인지 아니면 새로운 자체조직을 결성할 것인지, 외국인노동자 조직과 기존 외국인노동자 지원단체와의 관계설정 등 매우 다양한 선택의 지점에 놓이게 됐다(설동훈, 2003).

2009년 현재, 이주노동자운동은 이주노동자 스스로 노조를 조직하고, 직접 행동에 나서거나 노동권을 넘어 시민권을 요구하는 등 매우 다양화되고 전문화되었으며, 적극적으로 변모했다. 이주노동자의 인권문제 역시 '이주노동자들만의 문제'를 넘어 '우리사회 공동의 문제'로 성장했다. 하지만 정부의 정책이나 제도 그리고 그 과정에서 시행되고 있는 이주노동자를 향한 단속과 추방은 아직도 예전 수준을 벗어나지 못하고 있고, 이주노동자를 향한 사회적 편견과 낙인 역시 더디게 변화되고 있다(유해정, 2009).

청암교회에 피신해 온 이주노동자, 운동의 계기를 만들다

평신도로서 사회를 변화시키고자 하는 생각에서 서울대학교 사회학과에 진학했던 최의팔 목사가 이주노동자의 이웃이 된 것은 순전히 하나님의 뜻이었다고 한다. 1970년 서울대학교 사회학과를 졸업한 최 목사는 군복무를 마치고, 크리스천신문에서 기자생활을 했다. 이후 한신대학원에서 신학을 공부하기 시작했는데, 목사가 되기 위해서라기보다는 신문을 보다 잘 만들기 위해서는 신학을 좀 더 잘 알아야겠다는 생각이었다고 한다. 서슬 푸른 군사독재 기간 눈엣가시인 기사만 쓰다가 해직되고, 이후 1988년 독일 교회의 장학금을 받아 부부가 함께 3년간 독일 유학을 떠나게 된다. 그곳에서 우연히 독일 탄광노동자 출신 동포들과 가깝게 지내면서 이주노동자 문제에 눈을 뜨게 됐다. 최 목사는 박사학위 취득을 눈앞에 두고, 낮은 자의 삶을 살기로 결정한다. 박사학위에 미련을 갖고 있던 아내에게 "마흔이 넘으면 삶을 실천할 나이이지, 공부할 나이가 아니다."라고 설득해 1991년 한국행을 선택했다.

이즈음 넝마주이 막사에서 천막교회로 출발했던 청암교회의 2대 목사로 시무하던 후배 정지석 목사에게 교회를 맡아 달라는 편지가 날아들었다. 신학을 전공하긴 했지만 목회자의 길은 생각해 본 적 없던 최 목사에게 이 한 통의 편지는 인생의 전환점이 되었다. 당시로선 목회란 최목사에게 어이없는 제안이었지만 평소 낮은 자의 편에 서서 섬김과 나눔의 삶을 살기를 소망했던 그로서는 부름에 응할 수 밖에 없었다. 이렇게 해서 낮은 곳으로의 긴 여정이 시작됐다.

최 목사는 1992년 1월부터 1997년 5월까지 청암교회 3대 목사로 시무하면서 청암교회와 성도들을 위해 섬김의 삶을 살았다. 그러던 중 1996년, 한국에서 일하면서 1년간이나 월급을 받지 못해 한국기독교교회협의회에서 농성을 벌이던 중국인노동자 여덟 명이 본국 송환을 피해 청암교회로 피신해 들어오면서 이주노동자 문제의 심각성을 깨닫게 됐다.

최목사는 한국에서 이주노동자와 인연이 아주 없었던 것은 아니었다. 1996년 성남 외국인노동자의 집 김해성 목사가 이주노동자에 대한 부당한 조처에 항의해 시위를 벌이다 구속된 일이 있었다. 이때 최목사는 '외국인노동자보호법 제정과 김해성 목사 석방을 위한 대책본부' 본부장을 맡았다. 민중교회운동연합회장을 맡고 있어서 '자동'으로 하게 된 일이었다.

최목사는 중국인노동자 일을 계기로 1996년 서울 창신 2동에 외국인노동자센터를 개설하게 됐다. 센터의 일이 본격화되면서 최목사는 이듬해 교회를 아내인 한국염 목사여신학자협의회 총무에게 일임하고, 이주노동자들을 위한 사역에 몰두했다.

1996년 9월, 서울외국인 노동자센터를 개설하다

최의팔 목사가 오랫동안 소장으로 있던 서울외국인노동자센터는 국내 3D업종에 종사하며 한국경제에 적지 않은 기여를 하고 있으면서도 인권을 유린당한 채 아웃사이더로 전락해 버린 이주노동자들에게 조금이라도 도움을 주기 위해 1996년 9월에 개설됐다. 청암교회 성도들과 자원봉사자, 후원회원, 기독교단체 및 교회 등 각계의 도움으로 외국인 노동자들을 돕는 이곳은 산재 · 여성쉼터 · 인권상담실, 한글 · 컴퓨터 교실 등을 운영하고 있다.

산재쉼터는 공장에서 일하다가 다치거나 병이 생긴 노동자들을 위해 무료로 숙식을 제공하며 교육과 치료를 통해 재활을 돕고 있다. 원래는 최의팔 목사의 집이었지만 그에게는 '나눔'이라는 평소 철학을 실천하는게 더 중요했다.

원래 최의팔 목사는 오랫동안 장애인인권을 위해 헌신해 왔다. 그가 이번에는 산업재해를 당해 장애인이 된 이주노동자들을 돕겠다고 하니, 한국장애인들이 한국장애인도 힘든데 왜 외국장애인을 돕느냐고 했다. 그러나 그는 외국장애인을 품을 수 있을 때 당연히 한국장애인 역시 품을 수 있으며, 한국장애인을 품을 수 있을 때 한국사회가 차별없는, 인간답게 살 수 있는 사회가 될 수 있을 것이라고 이야기했다. 그에게는 돈보다 중요한 게 사람이라는 믿음이 있었다.

여성쉼터는 일터에서 성폭행을 당한 여성이나 임산부를 대상으로 잠자리는 물론 육아상식과 가정의 따스함을 느낄 수 있도록 도움을 주는 여성전용 쉼터다. 외국인노동자센터는 외국인노동자들의 질병을 치료하고, 예방하기 위해 경동교회와 협력해 무료진료소도 운영하고 있다. 아울러 의료보험 혜택을 받을 수 없는 외국인노동자들을 위해 우리나라의 의료보험과 같은 의료공제회를 운영하고 있기도 하다.

2013년 1월에는 2012년 조직된 방글라데시 한국모임이 첫 회합을 갖고, 올해 사업계획을 수립하도록 지원하는 등 국가별 공동체형성을 돕는 일도 하고 있다. 외국인노동자와 결혼한 이후 각종 차별로 많은 어려움을 겪고 있는 국제결혼가정과 2세들을 위한 국제가정 모임도 갖고 있다.

서울외국인노동자센터 설립 목적 및 주요 연혁

설립 목적

- 이주민의 인권보호 및 신장을 위한 정책 제안 및 지원활동
- 이주민을 위한 노동 · 의료 · 생활상담 및 지원활동
- 이주민 문제에 대한 각종 조사 · 연구 · 교육 · 언론홍보 활동
- 산재 이주노동자 및 긴급한 상황에 처한 이주민을 위한 쉼터 제공

주요 연혁

1996. 8. 15. 서울외국인노동자센터 준비위원회 구성

1997. 9. 2. 서울외국인이주노동자센터 창립

1998. 2. 10. 외국인이주노동자 남성쉼터 개소

1998. 3. 8. 한글교실 개설

1999. 6. 6. 컴퓨터교실 개설

1999. 3. 4. 외국인이주노동자 의료공제조합 준비위원회 구성

1999. 9. 23. 외국인이주노동자 의료공제조합 가입

1999. 11. 21. 필리핀 국제가정 모임 창립

2000. 1. 16. 다란을 지원하는 네팔인 모임 재창립

2000. 5. 26. 서울시 비영리 민간단체 등록(제 179호)

2000. 12. 8. 법인에 준하는 단체 등록(101-82-61330)

2001. 7. 24. 여성이주노동자의 집 개소

2001. 12. 9. 방글라데시 공동체 창립총회

2002. 5. 9. 사무실 이전

2002. 12. 17. 여성이주노동자 실태 보고서 작성

2002. 12. 31. 국제결혼가정을 위한 생활 매뉴얼 발간

2003. 5. 11. 이주노동자와 함께하는 평화한마당 개최

2003. 8. 1. 의정부 이주노동자센터 개소

2003. 11. 14. 85일간의 이주노동자 강제추방을 반대하는 장기농성

2004. 1. 14. 스톱 크랙다운 음반 출시

2004. 5. 30. 이주노동자 월드컵 축구대회 개최(의정부 공설운동장)

2005. 4. 본 센터를 모체로 '외국인노동자와 함께' 사단법인 등록(노동부 제331호)

2006. 3. Mutual Welfare Society 방글라데시 현지 단체 주정부 등록

2006. 5. '이주노동자 자발적 귀환 및 재통합 지원 컨소시엄' 후원으로 귀환이주노동자 실태 조사

2007. 5. 사)외국인노동자와 함께 비영리 민간단체 등록(노동부 제30호)

2007. 7. '이주노동자 자발적 귀환 및 재통합 지원 컨소시엄' 후원으로 자동차정비 교육실시

2007. 9. 28.~10. 10. 이주노동자를 위한 방글라데시 미술전 개최

2008. 12. 예비사회적 기업 '이주노동자방송국 Salad TV' 인가

2009. 2. 예비사회적 기업 '극단 샐러드' 인가

2009. 4. 1. 네팔 장애인쉼터 개소

2009. 4. 22. 이주장애인을 위한 공정무역 사업단 '트립티' 사업 개시

2009. 7. 2. 센터 사무실 이전(창신동 → 장충동)

2010. 3. 14. 몽골 공동체 준비모임 결성

2010. 3. 15. 서울외국인노동자센터 공정무역 사업단 '트립티' 카페 본점 개점

2010. 4. 계간 소식지 「나그네 합창」 57호부터 판형 변경

2010. 10. 1. '이주노동자방송국 Salad TV', '극단 샐러드' 분리 독립

2010. 10. 17. 제1회 평화와 화해의 크리켓 대회(방글라데시, 스리랑카, 인도, 파키스탄)

2010. 11. 1. 네팔공동체(Nepalese Consulting Committee)와 사무실 공동사용

2011. 3. 6. 한글교실 장소 이전(카페 트립티)

2011. 5. 12. 산재쉼터 리모델링

2011. 7. 24. 이주민가요제 개최

2011. 10. 16. 제2회 평화와 화해의 크리켓 대회(방글라데시, 스리랑카, 인도, 파키스탄)

2012. 4. 13.~15. KBS 나눔대축제 부스 운영

2014. 2. 21. 사단법인 외국인노동자와 함께 인천지부 설립(인천외국인노동자센터)

출처: 서울외국인노동자센터 홈페이지.

공정무역카페, 신촌 트립티에서 최의팔 목사를 만나다

지난해 7월 1일 월요일 오후 3시, 신촌 트립티에서 최의팔 목사를 만났다. 트립티는 서강대학교 가는 길목에 있다. 찾기 어려울 것이라는 예상을 깨고, 의외로 공정무역카페 트립티라는 간판을 금방 찾을 수 있었다.

마음까지 정화되도록 고즈넉하게 꾸며 놓은 카페 내부로 들어갔는데 최의팔 목사는 보이지 않았다. 세미나를 할 법한 크기의 테이블을 놓은 구석진 자리에도 없었다. 카운터에 있는 직원에게 물어보니 최의팔 목사는 커피를 볶고 있다고 했다. 가리킨 곳으로 갔더니 최의팔 목사가 하얀 김에 둘러싸여 커피를 볶고 있었다.

'코람데오' 라는 말이 있다. 기독교 초대교회 교인들이 자주 썼던 말로, '하나님 앞에서' 라는 뜻의 라틴어다. 초대교회 교인들은 코람데오를 실천하는 것이 진정한 신앙, 예배라고 믿었다.

> 모든 일을 '하나님 앞에서' 하듯이 한다면 정직하게, 열심히 할 수밖에 없겠죠. 또 모든 일이 하나님 앞에서는 다 똑같다는 신앙 고백이 될 것입니다.

그의 말처럼 커피 볶는 최 목사의 모습에서 코람데오 정신이 느껴졌다. 카페라떼와 오늘의 커피를 주문했다. 과장을 보태지 않고, 커피가 다른 집 커피보다도 부드럽고 맛있었다알고 보니 이 집 커피를 맛본 손님들이 다들 그렇게 얘기한다고 한다. 최 목사에게 질문 내용을 대강 알려 주자, 껄껄 웃으면서 책 한 권에 담기에는 부족할 것 같다고 했다.

이주노동자를 돕는 일은 어떻게 시작하게 되셨나요?

제 기본적인 관심은 사람들이 어떻게 인간답게 살 수 있도록 만드느냐였어요. 고등학교 때부터 관심을 가졌는데, 처음에는 '돈을 엄청나게 많이 벌어서 하자.' 는 생각으로 토목공학과를 가려고 했어요. 그런데 고3 때 담임선생님이 "다른 사람들이 벌면 되지. 네가 돈까지 벌려고 하느냐?" 라고 하셔서 고3 때 이과에서 문과로 옮기게 됐어요.

사회를 전반적으로 파악할 수 있을 것 같다는 생각이 들어 사회학과에 진학했는데, 돈을 많이 벌어도 인간의 근본적인 문제를 해결할 수 없겠다는 생각을 하면서 신학을 하게 됐어요. 오랫동안 신문사 기자를 하다가 신학대학에 들어가 목사가 됐습니다. 그리고 '이 땅에서 가장 어려운 이웃이 누구냐. 소위 민중이지 않는가? 우리 동네 창신동 노동자 그분들을 위해 일하자.' 고 생각하게 되어 독일로 해방신학을 공부하러 유학을 가게 됐어요최의팔 목사는 한신대학교 대학원에서 해방신학을 전공했다. 그 이후에 한국노동자와 빈민들을 위한 민중교회를 맡게 됐는데 그 교회가 청암교회였어요. 그런데 어느 날 청암교회로 중국노동자, 한족이 피신해 왔는데 그것이 계기가 되어 이주노동자들을 돕는 일을 하게 된 거지요.

▌ 그게 언제였지요?

1996년이었어요. 우리 교회는 가난한 노동자교회라서 다들 제가 그들을 돌봐 주는 것을 탐탁지 않게 생각했어요. 그분들은 '이주노동자는 우리의 직업을 빼앗는 사람들이다. 왜 우리가 그런 사람들을 돌봐야 되느냐?' 그렇게 생각을 한 거지요. 지금도 이런 게 문제가 돼요.

어느 날 교회에서 여름수련회를 같이 갔는데 한족들이 손이 아주 빨랐어요. 젊은이들이 만두 800개를 순식간에 빚는데 그것을 본 우리교회 교인들이 '어 저 사람들도 만두 먹네? 우리랑 똑같은 사람들이네? 국적은 다르지만 돌봐줘야겠다.'는 공감대가 생긴 거예요. 그래서 이 일을 시작하게 됐어요. 제가 선택한 게 아니라 선택된 거지요. 처음부터 외국인노동자운동을 할 의도는 없었고요.

그 당시만 해도 한국사회가 이주노동자를 노동자로 취급하지 않고, 산업연수생제도로 온 인력으로 생각했어요. 그때 가장 먼저 한 일이 1995년 명동성당 시위였어요. 목에 쇠사슬을 두르고 "우리도 사람이다. 인간답게 대접해 달라." 그런 것이 계기가 돼서 한국의 많은 NGO가 외국인노동자보호법 제정을 위한 운동을 벌였어요. 그러면서 연대하게 됐지요. 그렇게 해서 만든 게 외국인노동자대책협의회, 즉 외노협이었죠.

자연스레 같이 활동하게 됐고, 그러다 보니 우리의 노력이 결실을 맺어 2003년에 법 제정이 됐어요. 그 당시는 노무현 대통령이 정권을 잡았을 때인데, 노 대통령이 성차별, 학벌차별, 인종차별, 이주노동자차별 등 5대 차별을 없애자고 하면서 법 개정을 굉장히 열심히 했거든요. 결국 2003년 8월에 고용허가제가 통과가 됐죠. 이 법이 통과되면서 문제가 됐던 게 한국에 불법체류했던 이들이에요. 정부가 그들을 강제추방한다고 해서 다시 농성을 하게 됐어요. 명동성당에서 농성이 시작됐고, 성공회성당에서도 또 농성을 했어요. 그때 제가 외노협 대표였는데, 보람이라면 농성을 하면서 외국인노동자들이 스스

로 노동자라는 인식을 하게 된 것입니다. 그 당시에 우리가 힘이 없어서 노동허가제가 아니라 기업주가 중심인 고용허가제를 받아들일 수밖에 없었지만요.

농성이 고용허가제를 도입하게 된 결정적인 계기였네요?

정부에서 법을 제정하려고 했지만, 하도 야당에서 반대하니까 외노협이 국회의사당 앞에서 농성을 했어요. 이것이 계기가 되어서 고용허가제가 통과됐죠. 그리고 2차 농성은 불법외국인노동자를 단속하는 시점인 10월에 이뤄졌어요. 그때 단속을 반대한다는 운동을 명동성당에서 시작했는데, 일부는 명동성당으로 가고, 일부는 성공회성당으로 갔어요. 저는 성공회성당으로 가서 이주노동자들과 함께 90일을 농성했어요.

외노협 대표로서 가신 건가요?

네. 일단 농성 끝나고 난 이후, 여러 법이 통과됐죠. 「다문화 가족지원법안」도 통과됐고, 「외국인지원법」도 통과됐어요. 이런 법들이 통과된 게 결국은 그 당시에 우리가 노력했던 결과라고 생각하니 보람을 느껴요.

보람이 있었던 일을 더 꼽는다면요?

보람이 있었던 일을 더 꼽자면 우리 센터에서 최초로 이주여성을 위한 여성쉼터를 만들었어요. 이것을 기반으로 한국이주여성인권센터가 창설되어서 이주여성의 문제를 한국사회에 제기하는 데 밑거름이 되었던 것도 보람이 있었다고 생각합니다.

그리고 외국인근로자 건강권에 관한 거예요. 무료진료소도 중요하지만, 외국인근로자를 스스로 돕자는 취지에서 이주민건강협회를 만들었어요. 외국인근로자를 위한 의료공제회를 만들기 시작한 거죠.

> 이주민들이 건강을 챙길 수 있는 이주민건강협회는 어떻게 만들게 되었나요?

우리가 일본과 계속 국제교류를 했는데, 일본에서 한 단체가 이와 비슷하게 의료보험제도를 운영하고 있었어요. 의료보험이 적용되지 않는 이주노동자들에게 좋은 제도인 거 같아 한국에 도입한 거였어요. 사회복지공동모금회에서 5천만 원을 받아 전국적으로 확대했죠.

그게 대단히 의미있는 일이었어요. 이주노동자들도 월급을 받으니 자기가 돈을 내서 병원을 가는 의료공제조합을 만든 거지요. 병원에 가기 힘든 이주노동자의 건강을 미리 체크할 수 있도록 경동교회와 함께 '선한 이웃클리닉'을 만들어 격주로 무료진료를 하도록 했고, 정동교회와 협력하여 '아가페 클리닉'을 격주로 운영해, 결국 매주 이주노동자 무료진료를 하도록 만들었어요. 무료진료를 하는 건 예방 차원이었고, 큰 액수의 진료비를 내야 하는 경우도 있었기에 보건복지부를 통해 적십자, 국립의료원과 함께 무료로 하는 진료지원 대책을 만들었어요.실제로 의료 사각지대에 놓여 있는 많은 이주민, 난민 신청자, 미등록 이주노동자 등이 이 제도의 혜택을 받고 있다.

산업재해를 당하신 분들의 경우, 정부에서 보상이 없나요?

산재보상을 받기 어렵죠. 공장주가 잘 안 해 주려고 해요. 받기는 받아도 산재보상이 월급의 70%로 나오는데, 대부분 치료비로도 모자라요. 한국 사람은 산재보상을 받으면 집에 가서 치료를 해요. 외국인노동자는 산재보상을 받아도 자신이 간병인을 쓰면 본인이 내야 하는 돈이 또 있어요. 그게 제법 들어요. 100% 다 되는 게 아니에요. 그리고 장애보상이 있는데, 장애인이 되면 또 나와요. 그 돈을 치료하며 많이 써요.

이분들이 산재와 장애보상을 받아도 본국에 들어가서 일하는 것을 전제조건으로 하기 때문에 액수가 굉장히 적어요. 더구나 산재보상을 받지 못한 사람은 전혀 대책이 없어요.

장애인 이주노동자들은 왜 본국으로 돌아가서 치료를 받지 않나요? 여기 있어도 희망이 있는 건 아닌 것 같은데요?

본국에 가면 누가 환영할까요? 견디다가 가긴 가요. 외국보다 한국이 살기가 낫긴 낫죠. 어쨌든 거기도 가 봐야 희망이 없어요.

이주노동자를 돕는 일을 하면서 아쉬웠던 점은요?

가장 아쉬웠던 점은 우리가 힘이 없어서 결국은 노동허가제가 아니라 고용허가제를 받아들인 것이었고, 두 번째 그 법을 만들 때 현재 체류하고 있는 미등록이주노동자들을 전면 합법화시키지 못한 거죠. 이제는 이주노동자들이 정식으로 노동자로 일하고 있기 때문에 스스로 자신의 문제를 해결해야 한다고 봅니다. 즉, 노동조합을 만들어 본인의 문제를 주체적으로 해결해야 해요. 원래 법적으로 가능한 일이거든요. 핵심과제는 정부는 소위 미등록이주노동자는 노동조합 주체가 될 수 없다고 반대를 해서 대법원에 상고되어 있어요. 노동자 입장에서는 미등록이어도 포함시켜야 한다는 거죠. 대법원이 미등록 이주노동자의 「근로기준법」상 노동자성을 인정했어요. 그동안 한국 정부와 기업들은 이주노동자들의 노동력이 필요했고, 노동력의 대부분을 미등록이주노동자들이 제공해 왔다는 거죠. 이 문제가 고등법원에서 합법이라고 판결을 받았는데도 아직도 6년간 대법원에 계류 중이에요.

요즘 외노협 상황은 어떤가요?

이전에는 분명한 투쟁목표가 있었는데 요즘은 사회적으로 공감할 수 있는 공동의 목표를 제시하지 못하고 있어요. 요즘 외노협은 서울 외국인노동자센터장이 근무를 하죠. 중요한 이슈가 있을 때 모이긴 합니다.

세계적으로 외국인노동자 실정이 비슷한가요?

한국이 일본이나 대만, 홍콩보다 훨씬 낫습니다. 중동과는 하늘과 땅만큼 차이가 크고요. 그렇지만 우리의 실정이 캐나다와는 비교가 안 되고요.

복지단체에 꼭 하고 싶은 얘기가 있다고 들었습니다.

2005년인가, 사회복지공동모금회에서 외국인노동자 관련사업 공모를 했어요. 그때 복지단체들이 '기회는 이때다.'하고 다 달려들었어요. 저한테 많이 왔어요. 제가 "이주노동자 문제에 대한 프로그램을 다 전수할 수 있다, 우리는 당신들과 경쟁할 필요가 없다. 그 대신에 정부나 사회복지모금회의 예산을 안 받아도 일할 각오가 되어 있느냐, 우리는 돈 안 받고 해왔는데, 당신들은 시설이나 규모가 우리보다 좋아 우리보다 더 잘할 수 있다. 그렇지만 당신들이 지원을 받아서 하다가 지원받지 못해 이 사업을 안 한다면 외국인노동자를 위해 누가 다시 일을 하겠냐. 솔직히 답을 해달라."고 했어요. 대부분 사회복지단체들이 도망갔어요. 현재 복지단체들의 한계라고 봐요. 돈이 없으니까 어쩔 수 없지요.

저한테 자문한 단체 중에 딱 한군데서 하겠다고 했어요. 하지만 그 단체도 3년 끝나고, 4년 지나니까 문을 닫더라고요. 개인이 하는 게 아니라 어쩔 수 없었어요. 진짜 복지한다는 사람이라면 그게 필요하다면 돈을 모금해서라도 해야 한다고 봐요. 그런데 그런 복지관들이

있나요?

▌그런 분들은 복지관이 아니라 다른 데서 일을 많이 하는 것 같아요.

복지라는 게 인권이든 뭐든 사람을 인간답게 하는 게 복지이지, 사업 프로세스가 아니거든요. 저는 복지단체들이 그런 마음이 없다고는 생각 안 해요. 그렇지만 자기한계를 넘지 않는 한 이러한 것들을 받아들이기 힘들어요. 스웨덴을 복지국가라고 하는데 복지국가를 어떻게 만들었나요? 운동을 해서 만들었지, 사업을 해서 하지는 않았거든요. 정치단체나 노조가 모여서 협력해서 만들었어요. 지금 복지사들이 사회를 바꾸는 데에는 관심이 없는 거 같아요. 진정한 복지는 스웨덴처럼 해야 한다고 생각해요.

한국이 다문화 사회라고는 하지만 실제 인식은 이에 미치지 못합니다. 인식 개선을 위해 복지계가 나서서 해야 할 일이나 관심을 가져야 할 것에 대해 말씀해 주실 수 있을까요? 최의팔 목사는 한참 침묵했다. 생각하고 있는 것 같았다.

어떤 게 다문화사회인가요? 대답하지 못했다. 막연히, 외국인들이 많이 들어와서 사는 것이 아닐까 하고 속으로만 대답했다.

왜 이런 질문을 하느냐 하면 학자마다 다문화사회에 대한 정의가 다 달라요 나중에 찾아보니 다문화에 대한 정의가 생각했던 것 이상으로 다양했다. 게다가 다문화사회의 개념이 제대로 정의되지도, 합의되지도 않은 채 한국사회에서 유통되고 있는 현실을 알게 됐다. 보통 학자들은 외국인이 전체 인구의 5% 정도가 돼야 다문화사회라고 얘기하거든요. 지금 우리 정부는 동화정책을 다문화정책이라고 불러왔어요. 다문화라는 것은 결국 서로 다른 문화를 같이 있게 하는 거예요. 샐러드를 해야 하거든요. 한국의 다문화정책이라는 것은 어떻게 하면 외국인을 한국인으로 만드느냐에 초점을 두고 있어요. 여하튼 사람을 차별하는 것은 반대예요. 캐나다는 그렇지 않아요. 복지도 그런 면에서 시혜적인 차원이 아니라, 차별없는 차원에서 해야 하지 않을까요. 외국인, 장애인을 도와야 하느냐는 것도 그런 차원에서죠.

이주노동자 지원 운동을 하다가 공정무역커피 사업을 하게 된 계기가 있나요?

지금은 일단 정부에서 그리고 지자체들이 노동자지원센터, 민간 지원센터를 많이 만들어 놓았어요. 심지어 복지단체들도 하고 있어요. 서울 시내에 복지단체가 네다섯 곳 있고, 서울시 외국인노동자지원센터도 있고, 많아요. 저는 그러면 과연 우리가 그것을 계속해야 하느냐는 근본적인 문제에 대해 생각을 했어요. 우리는 정부 돈 받아서 안 하니까. 다른 단체와 경쟁할 필요도 없고. '사각지대가 어디 있을까?' 생각하다가 외국인노동자 중에 장애인이 사각지대라는 것을 알게 됐어요.

정부에서 하는 정책대로라면 외국인 체류허가가 노동허가, 즉 일하는 비자이기 때문에 일할 수 없으면 가야 해요. 그런데 한국에 노동자로 들어와서 본인 잘못이든 체제 잘못이든 산재를 당하면 보상을 받든 치료를 받든 우리사회가 책임지는 게 타당한 거지요. 외국인노동자가 다쳐서 일을 할 수 없게 되면 가라고 하는 것은 한국이 좋은 사회가 아니라는 거죠.

어느 날 네팔노동자들이 같이 가자고 해서 영등포에 네팔장애인들이 있는 곳에 갔는데, 열 몇 명이 살고 있었어요. 상황이 너무 열악하더라고요. 겨울인데 찬바람 들이닥치고, 본국에는 가지도 못하고. 이러면 안 되겠다 해서 그분들을 위한 동대문쉼터를 만들고, 일을 시작하게 됐어요. 원래 산재쉼터가 그분들을 위한 쉼터였어요. 그분들은 치료가 문제가 아니라 결국 장애를 안고 본국으로 돌아가서 어떻게 경제활동을 하며 살아갈 수 있는가 하는 '자활'이 문제였어요. 어떻게 그들이 본국에 돌아가서 행복하게 살 수 있도록 할 수 있을까 하다가 성균관대학교 경영대학 협력을 받아 이주민들을 위한 경영교실을 열었어요. 어떤 분들은 식당, 어떤 분들은 커피 만드는 것을 배웠는데, 커피는 공부하기가 힘들지 않고 쉬웠어요. 그러다가 공정무역 커피를 생각했죠.

커피라는 것 자체가 국제무역 물동량 2위에요. 사업이 될 거라고 생각했죠. 그리고 공정무역 커피사업은 원두재배 산지에 정당한 가격을 지불해 그곳 노동자들의 삶의 질을 높이고, 장애인 이주노동자들이 본국에 돌아가서 카페에서 일할 수 있어 장애인 이주노동자 귀환사업으로 안성맞춤이라고 생각했어요. 자동차와 관련된 일이나 컴퓨터를 가르치는 것으로는 그들이 귀환할 수 없어요. 그 동네에 가서 할 수 있는 일이어야 해요. 그런 건 자본이 많이 들거든요.

앞으로 계획을 말씀해 주세요.

이제는 노동자들이 중심이 되어서 자기권리를 합법화할 필요가 있어요. 그걸 우리가 지원하는 거고요. 우리가 주체가 될 수 없어요. 그 다음에 제3세계를 도와서 악순환을 끊어야 해요. 근본적으로 그들이 올 필요가 없게 해야 해요. 귀환했던 이주노동자들이 대부분 이주노동자로 다시 오는데, 가족하고 오랫동안 떨어져서 지내야 한다는 것은 얼마나 불행한 일인가요? 그래서 공정무역커피사업을 시작했죠. 한국사업이 궤도에 오르면 외국에 나가 직접 필요한 사람을 무료로 교육시키고 카페를 열게 하고, 한국에 있는 장애인 이주노동자를 그 카페에 고용시키는 것이 꿈입니다. 이 카페가 잘되면 좋겠어요.

커피가 참 맛있는데, 카페가 잘됐으면 좋겠어요.

커피는 주문하면 되고, 집에서 갈아 먹어도 돼요. 이주노동의 악순환을 끊기위해서 공정무역을 해야 해요. 공정무역사업단, 이 카페 공식명칭처럼 그렇게 해야 합니다. 소비만 정당하게 하면 되기 때문에 장애인 이주노동자를 돕는 것이 그렇게 어려운 일이 아니에요.

마지막으로 하고 싶은 말씀이 있다면요?

좋은 글 쓰세요. 복지분야에서 일하는 사람들이 많이 도전받았으면 좋겠습니다.

인터뷰를 하기 전에 커피를 볶고 있던 최의팔 목사는 인터뷰를 위해 귀한 시간을 내 준 후 다시 커피를 볶을 채비를 했다. 카페를 여기저기 둘러보다 차와 커피를 사 들고 카페를 나섰다. 중앙대학교 앞에는 왜 이런 카페가 없는지 아쉬웠다. 이 글이 작게나마 카페홍보에 기여하면 좋겠다. 카페사진을 덧붙인다. 카페이름은 공정무역사업단 '트립티' 이며 서강대학교신촌역 6번 출구로 올라가는 길목, 오른쪽에 있

다. 트립티 프랜차이즈는 매출액의 1%, 그리고 트립티 카페는 카페 수익금 대부분을 장애인 이주노동자를 돕는 데 기부한다.

끝으로 최의팔 목사는 『자비를 팔다』라는 책을 읽어 보기를 권했다. 자신도 혹시나 그런 모습이 있지는 않을지 반성한다고 했다. 무엇보다도 최의팔 목사는 똑같은 사람이 사람을 돕는 것인데, 자신이 '특별하게' 보이는 것을 무척이나 싫어한다고 했다.

"복지도 그런 면에서 시혜적인 차원이 아니라 차별 없는 차원에서 해야 하지 않을까요."라는 그의 말이 계속 마음에 남는다. '다문화'라는 단어가 오히려 우리와 당신을 구분짓고 있다고 한다. 지금껏 내게 '다문화'는 무엇이었을까. 나는 왜 '다문화'에 관심을 갖고, '다문화가족'을 돕고 싶어 했을까. 인터뷰를 마치며 사실 나부터 '다문화가족'이라는 것을 깨달았다. 모두가 다 다르기 때문이다. 이걸 인식하지 못한 채 막연히 불쌍하다며 주변의 외국인을, 아니 더 나아가 '소수자'들을 대해 왔던 것은 아닌지. '사람은 다 똑같다.'라는 이 인식. 복지를 전공하는 내가 얼마나 이러한 인식을 하면서 살고 있었나 하는 부끄러움에, 갑자기 얼굴이 화끈거렸고 눈시울마저 붉어졌다.

한편으로는 가야 할 방향을 알게 되어 감사했다. 그리고 아직 부끄러워만 할 시기는 아니라고 생각했다. 여전히 열정적인 목사님을 보면서, 젊은 내가 사람답게 사는 차별없는 사회를 위해 해야할 일이 더욱 많을 것이라는 생각에 마음의 신발끈을 바짝 조이게 되었다.

02

이주여성의 빛과 소금이 되다

– 한국이주여성인권센터 대표 한국염 목사 | 김은재 |

"현재 우리 사회에서 가장 취약한 계층이 누구냐고 묻는다면 이주여성이라고 생각해요. 저는 페미니스트에요. 지금 제가 하는 모든 일은 직업이 아닌 여성운동의 연장선에서 하는 일이고, 여성 목회자로서의 사명과도 연결돼 있어요. 한국사회에서 여성 목사로 산다는 것은 어렵지만, 그만큼 의미도 커요. 남자와 여자 중에 상대적으로 여자가 약자죠. 약자로서 억압당한 경험을 가지고 또 다른 약자를 섬기는 것, 그것이 여성목사의 길이죠. 이주여성과 함께하는 것은 여성목회자로서의 길이고 저의 사명이죠. 저의 삶 자체가 여성차별, 이주민차별을 없애려고 싸워 온 시간입니다. 저는 차별에 엄격하며 절대로 타협하지 않습니다. 만일 현재 제가 벌이고 있는 이주여성 인권운동이 받아들여져서 우리 사회에서 이주여성의 인권이 안전하게 보장된다면 저는 또 다른 곳에서 새롭게 차별받고 소외받는 사람들을 찾아서 그들을 위해서 평생 운동을 할 겁니다."

'한국 소금'이라는 별칭을 가지고 있는 한국염 목사, 그의 이름처럼 이주여성들의 '빛과 소금'이 되어 한국을 제2의 고향으로 삼은 결혼이주여성들이 차별과 억압에서 벗어나 우리 사회의 일원으로 평등한 권리를 누릴 수 있도록 이주여성들을 옹호하는 한국 이주여성인

권 운동의 새 역사를 쓰고 있다. 현재 여성운동가이자 여성 목회자로 그가 한국 이주여성인권센터에서 펼치는 인권운동은 미시적 차원에서 이주여성의 인권보호를 위한 인권상담 및 법률지원, 이주여성 가정폭력 쉼터운영, 한국어와 문화교육, 다문화가족 프로그램 등을 운영하고, 거시적 차원으로는 이주여성의 인권을 보호하기 위한 국제활동, 법 제정운동과 정책제안 등을 통해 정부와 사회가 이주여성을 위한 더 나은 제도를 마련할 수 있도록 박차를 가하고 있다.

"오랜 시간 내가 여성운동을 가부장적인 한국사회에서 끊임없이 추진할 수 있게 만드는 에너지는 차별과 불의에 대한 분노다. 분노는 나를 행동하게 만든다."라고 힘주어 말하는 한국염 목사는 우리 시대의 행동하는 페미니스트이자 가슴이 따뜻한 휴머니스트다.

한국사회의 다문화 현장과 국내 거주 결혼이주여성의 실태

1990년대 이전 한국사회에서 국제결혼은 흔한 결혼 형태가 아니었다. 있다 하더라도 1950년대 한국전쟁 이후 주둔한 주한 미군과 한국 여성의 결혼, 드물게는 외국 유학 중이거나 해외지사에 파견된 소수의 사람이 국제결혼을 한 것이 대부분이었다. 그러나 1990년대 초 한국 결혼시장에서 소외된 농촌과 중소도시 노총각들의 결혼문제가 사회문제로 부상하자 정부와 지방지자체를 중심으로 이를 해결하기 위한 대책으로 연변조선족 여성들과의 국제결혼을 주선하기 시작했다. 이어 2000년 전후에 상업적인 결혼중개업소들이 개입하면서 국제결혼대상 여성들이 연변조선족 여성에서 동남아지역 여성으로 다변화되었다. 2014년 현재 우리나라의 국제결혼은 전체 결혼 건수의 10%를 차지하고 있다. 한국사회의 다인종·다문화 사회로의 급작스러운 전환은 그동안 가부장적 혈통주의에 입각하여 민족ethnic group과 국민nation을 동일하게 인식해 오던 한국 사람들의 '국민'과 '민족' 정체성 인식을 근본적으로 재고할 수밖에 없는 시대적인 고민을 우리 사회에 던지고 있다.

한국사회에 국제결혼이 단기간에 급격하게 증가한 가장 큰 영향은 첫째, 1980년대 이후 전 세계를 강타한 신자유주의로 촉발된 세계화다. 이 세계화의 추세는 전 지구적으로 생산, 노동, 시장의 이동을 추동하며 노동력을 담보한 이주노동자들이 국경을 넘나들며 신호모노마드 시대를 열고 있다. 이 신호모노마드들의 이동은 정착지역을 다인종·다민족사회로 사회구성원을 재편하며, 동시에 21세기의 다양한 신사회 문제를 야기하고 있다.

세계화 이전의 이주유형은 주로 남성노동자 중심으로 이루어진 이주였다. 그러나 세계화 이후 아시아지역의 이주유형은 전형적인 남성노동자가 주를 이루던 이주유형에서 변화하여 여성이 차지하는 비율이 높아지는 이주의 여성화feminization of migration 현상을 초래하고 있다. 즉, 전 지구화는 국가 간 빈부격차, 여성의 빈곤화를 촉진하며, 가사, 육아, 간병 등의 돌봄노동을 비롯한 성적 친밀성과 관련된 성별화된 노동이 상품화되면서 저개발도상국 여성이 자국의 만성적인 실업과 가난을 탈피하고 좀 더 나은 미래의 삶을 위하여 국경을 넘어 일자리를 찾는 이주노동을 감행하게 만들고 있다. 최근에는 노동 이주와 비슷한 현상으로 국제결혼을 통한 이주가 두드러지게 나타나고 있다. 엄격하게 제한된 상태에서 감행해야 하는 까다로운 노동 이주보다 결혼이주는 합법적인 방식으로 비교적 쉽게 이주할 수 있다는 장점 때문에 가난한 나라의 여성이 자국보다 경제력이 높고 부유한 국가의 남성과 결혼을 하여 국경을 넘게 되는 것이다(김현미, 2005).

한국사회도 예외가 아니다. 1990년대 초, 약 2만여 명에 불과했던 외국인 수는 2012년 6월 말 현재 150만여 명으로 늘어났으며, 2012년 통계청 자료에 따르면 향후 2050년에는 전체 인구의 10%를 차지할 것으로 예상되고 있다(통계청, 2012). 이 같은 한국사회의 급격한 인구통계학적 변화는 지속적으로 확대될 전망이며, 단일민족 신화를 바탕으로 한 한국사회의 정체성을 급속도로 변화시킬 것으로 예상된다. 두 번째는 한국여성의 도시화, 경제활동 증가로 인한 결혼기피 현상과 저출산, 노령화 등으로 인한 노동력 부족 등을 말할 수 있다. 특히 한국 남성과 동남아 외국인 여성 간 국제결혼이 급증하는 현상은 급속히 무너져 가고 있는 한국사회의 뿌리 깊은 남성중심의 가부장제를 이어지게 하고, 한국결혼시장에서 소외된 농촌 및 도시 저소득층 남성의 성적인 욕구해결, 남성과 아동, 노인들을 위한 무상의 가사돌봄노동과 간병인 역할을 대체할 수 있는, 노동력과 관련된 사회문제를 해결하기 위한 정부와 지자체의 암묵적인 의도가 깊게 깔려 있다.

신자유주의로 인한 세계화의 영향은 한국사회가 직면하고 있는 사회 양극화, 사회 구조적 불평등, 남성 중심적 가부장제도, 인종주의 등과 맞물려 열악한 노동 환경과 저임금 등 이주민의 불안정한 체류 환경과 차별을 심화시키고 있다. 특히 이주민에 대한 한국사회의 가부장적 동화주의 정책은 결혼이주여성들을 새로운 취약계층으로 낙인화하고 분류하며 이들을 인권의 사각지대로 내몰고 있다.

한국 거주 결혼이주여성들을 대상으로 조사한 기존 연구 결과, 대다수 한국의 국제결혼은 매매혼 성격을 띠고 있다. 한국과 문화가 다르고, 가난한 나라 출신 여성이라는 이유로 결혼이주여성들이 한국 남성보다 열등한 존재로 취급받고 있으며, 나아가 남성의 성적 · 문화적 대상화가 되는 억압과 차별 등 다양한 인권 유린과 침해를 경험하고 있다(한건수, 2005; 정기선 외, 2007; 김승권 외, 2010).

국제결혼이 급속하게 일반화되어 가는 동안, 정부 및 지역사회 등은 국제결혼에 의하여 발생할 수 있는 이민자가 겪는 사회문화적 갈등과 부적응문제를 개인의 문제로만 치부하며 이에 대한 정책적인 지원 방안을 고려하거나 준비하지 않았다. 그러다 점차 개인 및 가족이 대처할 수 있는 한계를 초과하는 다양하고 심각한 사회문제가 국제결혼가정에 폭발적으로 발생하기 시작하자 정부는 이들의 한국사회 적응과정에서 야기되는 다양한 문제를 해결하기 위하여 2008년 「다문화가족지원법」을 제정, 전국적으로 다문화가족지원센터를 설치하여 결혼이주여성들의 안정적인 한국사회 정착을 돕는 서비스를 제공하기 시작했다.

그러나 당시 정부가 결혼이주여성을 지원하기 위하여 제시한 종합적인 다문화대책은 이주관련 인권단체나 시민단체가 제시하였던 외국인배우자의 권리나 지위를 포함한 포괄적인 접근이 아닌 국가차원에서 다문화주의 실현을 통해 얻을 수 있는 사회적 · 경제적 이익에 중점을 두고 접근하였다. 급격히 무너져 가는 한국의 가부장적인 질서를 유지하기 위한 결혼이주여성들의 자녀와 가족지원을 쟁점화한 대책이었다. 이주여성의 문제를 젠더차원이 아닌 한국사회의 저출산 문제를 해결하는 차원에서 접근한 것이다.

물론 정부의 다문화가족 지원정책으로 전국 단위로 설치된 다문화가족지원센터가 결혼이주여성들의 안정적 정착과정에 상당한 도움을 주며 다문화가족에서 발생하는 많은 문제를 해소하는 데 큰 역할을 하고 있다. 그러나 다문화가족지원센터에서 중점적으로 지원하고 있는 사업을 살펴보면 결혼이주여성들을 대상으로 한 다양한 정보제공, 한국어 및 한국 문화, 음식 등에 관련한 교육, 훈련, 상담 및 심리치료 프로그램 등으로 그들을 동화적으로 한국사회에 순응시키는 것이 일차적인 목적이다. 반면, 이들이 한국사회에 안정적으로 체

류할 수 있는 체류권이나 법률적인 지위는 한시적이고 부차적인 문제로 다루고 있어, 한국사회로 이주함과 동시에 발생할 수 있는 복잡한 한국사회 적응 쟁점을 포괄적으로 다루기에는 상당히 역부족이다.

이주여성 관련 인권단체나 시민단체들의 입장은 다문화가족지원센터의 지원 프로그램은 정부를 대리하여 한국인 배우자가 우선이라는 입장에 서서 결혼이주여성이 직면하고 있는 위기를 방관하고 가부장적인 가족구조와 사회통합을 위하여 복지라는 미명하에 시대의 흐름을 거스르는 사회통제를 감행하고 있다고 통렬히 지적한다. 이는 곧 남성이 아닌 여성이라는 이유로 차별을 정당화하는 우리 다문화정책의 현실이며, 다문화사회복지 실천현장에서 일상화된 또 하나의 이중적인 억압이며 차별이다. 또한 다문화가족 구성원들과 한국인 주류집단들을 조화시킬 수 있는 바람직한 미래의 방향성을 제시하고 한국사회에서 다문화사회 현상이 초래하는 다양한 쟁점을 해결할 수 있는 대책방안 마련은 아직 불충분한 상황이다. 현재 다문화가정의 약 70% 정도가 열악한 사회경제적 지위에 속한 빈곤한 계층이 대부분이다. 다문화가정에 대한 정부의 부족한 지원체계는 이들을 사회적 배제라는 또 다른 범주에 묶어 둘 가능성이 크다.

우리 사회의 '단일민족국가'라는 집단주의적 가치를 대체하기 위하여 정부가 표면적으로 내걸고 있는 다문화정책은 차이와 다양성의 존중이라는 다문화주의 이념을 표방하고 있다. 그러나 암묵적인 차원에서 보면 이주노동자 가족이나 난민가족, 외국인 남성과 한국인 여성이 결혼한 가족은 다문화정책의 시행대상 범주에서 소외되고 있으며, 오로지 한국남성과 결혼한 저개발도상국의 결혼이주여성 중심으로 사회복지 서비스 등을 지원하고 있어, 「다문화가족지원법」은 가부장적인 사회구조가 추동하는 성차별과 인종차별을 바탕으로 한 또 다른 사회적 배제와 소외를 낳는 차별적인 법이라고 할 수 있다.

정부가 사회통합 차원에서 수립한 제2차다문화가족지원정책기본계획(여성가족부, 2012)은 다문화가족이 한국인 주류집단과 삶의 조건을 동등하게 유지할 수 있도록 다문화가족을 지원하는 것을 목표로 내놓은 가족정책이다. 그러나 다문화가족이라는 특정집단만을 위한 정부의 정책지원은 오히려 내국인과 분리되는 새로운 차별을 낳

〈표 3-1〉 정부의 다문화가족 관련 정책변화

시기	내용
2005년	국제결혼이주여성을 위한 한국어 교육과 모성보호지원 사업 전국 여섯 개 지역에서 실시
2005년	국제결혼 이주여성 실태조사
2006년	제74회 국정과제회의에서 '혼혈인 및 이주자의 사회통합기본방향'과 '여성결혼이민자 가족의 사회통합 지원대책' 확정
2006년	여성가족부를 결혼이민자가족 지원을 위한 주무부서로 지정, 결혼이민자 정책 기본방향 및 추진체계 마련
2007년	「재한외국인처우기본법」 제정
2007년	「결혼중개업의 관리에 관한 법률」, 「다문화가족지원법」 국회 통과
2008년	「결혼중개업의 관리에 관한 법률」 시행
2008년	「다문화가족지원법」 시행
2008년	제1차 외국인정책기본계획(2008~2012) 확정
2010년	제1차 다문화가족지원정책기본계획(2010~2012) 수립
2012년	제2차 다문화가족지원정책기본계획(2013~2018) 수립
2013년	제2차 외국인정책기본계획(2013~2018) 수립

을 수 있는 여지가 높다. 결과적으로 정부의 사회통합을 위한 수단으로서의 정부혜택을 받는 일반 소외계층과 분리된 다문화가족을 위한 다문화정책은 오히려 주류 소외계층 지원에서 역차별적인 정책의 문제를 제기할 수 있는 반면, 결혼이주여성을 포함한 다문화가족에게는 새로운 차별을 야기할 수 있는 차별정책으로 변질될 소지가 높다고 평가되고 있다.

결혼이주여성 인권운동의 개척자, 한국염 목사

한국사회에서 국제결혼이 본격적으로 시작된 지 약 20여 년이 훌쩍 넘어가고 있다. 결혼이주여성들이 우리 사회에서 이웃이 되기까지 정치, 경제, 사회, 문화에 많은 변화가 일어났다. 이제 그들은 우리 사회에서 낯선 이방인이 아니다. 우리 주변에서 언제든지 만날 수 있는 이웃이다. 우리 사회의 새 이웃이자 후後주민인 결혼이주여성들의 인권보호를 위하여 이들에게 불합리한 국적법 및 체류권 보장을 위한 배우자 신원보증제 폐지운동 등 정부와 공권력의 차별과 억압에 강력하게 맞서며 한국이주여성인권운동의 역사를 쓰고 있는 한국염 목사. 햇살이 따스한 5월, 한국이주여성인권센터에서 그의 사람에 대한 깊은 애정과 삶의 이야기를 들었다.

한국염 목사는 1991년 독일에서 신학박사 공부를 하던 중 오래전부터 생각했던 소외된 이들을 위한 목회를 실천하기 위하여 평탄하게 살 수 있었던 모든 기득권을 내려놓고 귀국, 남편최의팔 목사, 전 서울외국인노동자센터 소장과 '평화를 위해 일하는 사람들' 이란 표어를 내걸고 후미진 창신동 뒷골목에서 가난하고 소외된 사람들의 평화를 위한 공동목회를 시작했다. 그는 창신동을 중심으로 우리 사회에서 가장 소외받고 차별받는 도시빈민들, 특히 저소득 맞벌이가정과 한부모가정의 자녀를 위한 무료탁아방 설치와 운영을 시작으로 청소년지역공부방현재 지역아동복지센터의 현신, 결식아동을 위한 신나는 밥집을 운영해왔다. 이곳에서 1996년에 외국인노동자들을 만났고, 2001년에 이주여성들의 인권을 위한 한국이주여성인권센터를 설립하여 고통받는 이주여성들이 있는 곳이면 어디든지 달려가 함께하면서 우리 사회의 어두운 구석구석에 희망의 빛을 비추고 있다.

1960년대부터 성차별 철폐운동 벌여

한국염 목사의 주요 관심분야는 페미니즘을 바탕으로 한 반차별 반억압 운동이다. 대학 시절부터 평등과 정의의 문제에 관심을 가지고 1970, 1980년대는 민주화운동, 교회양성평등운동에 참여했고, 1990년대엔 도시빈민여성과 아동의 복지지원 활동과 성차별로 고통받는 교회여성 반차별운동과 교회 내 성폭력추방운동, '일본군' 위안부 문제해결을 위한 운동에 참여했고, 2000년대에는 이주여성의 문제에 매달렸다. 그가 항상 우리 사회에서 억압받고 차별받는 취약한 소수자들의 문제를 끊임없이 고민하고, 해결책을 모색하는 이유는 우리 사회의 구조적 불평등으로 인하여 벼랑 끝에 설 수밖에 없는 소외계층을 섬기는 소명을 실천하기 위함이다.

특히 한국염 목사의 활동에서 가장 괄목할 만한 성과는 결혼이주여성들의 인권보호에 관한 것이다. 국제결혼이 시작되던 초기, 인권의 사각지대에 놓여 있던 결혼이주여성의 인권보호를 위하여 그는 2001년에 한국이주여성인권센터를 설립하여 인종차별과 성차별, 가정폭력 등으로 고통받는 결혼이주여성의 한국사회 정착에 큰 교두보를 마련하였다. 당시 이주여성들의 인권 불모지였던 한국사회에 결혼이주여성들의 안정적인 정착과 인권보호를 위하여 2005년부터 2년 동안 추동해 결국 여성부로 하여금 결혼이주여성을 위한 사업을 실시하도록 했다. 뿐만 아니라 당시 이혼하면 이유 여하를 불문하고 본국으로 귀국해야 하는 국제결혼이주여성을 위해 가정폭력 등 혼인파탄의 귀책사유가 없는 이주여성은 국내에 체류할 수 있도록 법을 개정토록 하였다. 이 법의 개정으로 인권침해를 받은 많은 이주여성이 한국에 체류하며 국민이 될 수 있게 되었다. 또한 폭력피해를 당한 이주여성이 상담하고 신고할 수 있도록 '이주여성 긴급전화' 1577-1366를 개설하여 자리를 잡도록 했으며, 가정폭력 피해를 입은 이주여성이 보호받을 수 있도록 「가정폭력방지법」을 개정토록 하고 가정폭력 피해 이주여성이 보호받을 수 있는 '이주여성쉼터'를 설치토록 하였다. 이를 통해 지금도 많은 이주여성이 보호를 받고 있다. 다문화가족지원센터도 그의 제안에서 나온 것이다.

한국염 목사가 이주여성인권운동에 뛰어든 계기는 1980년대 말에 창신동에서 빈민운동을 하고 있을 때 우연히 경기도 성남에 있는 양말공장에서 일하던 이주노동자들이 그가 빈민운동을 하던 청암교회로 피신해 오면서다. 그들의 어려움을 알게 되면서 이주노동자운동을 하기 시작했다. 그러던 중에 여성이주노동자들은 퇴근하면 자기 시간이나 휴식을 가질 수 있는데, 결혼이주여성들은 그런 시간조차도 가질 수 없다는 것을 알게 되면서 결혼이주여성에 관심을 가지고 그들의 인권을 보호하기 위한 운동에 뛰어들었다.

그는 이주여성 인권을 보호하기 위한 상담과 교육, 모성보호와 육아지원사업을 하면서 동시에 이주여성을 위한 각종 정책과 제도를 만드는 한편, 잘못되거나 방기되고 있는 정부의 정책을 바꾸는 데도 큰 역할을 하였다. 국제결혼중개업체들의 인신매매성 중개실태를 알리고 이를 규제토록 하는 데 앞장섰으며, 무분별한 지방자치단체의 '농어촌 장가보내기 지원사업'을 규제하도록 하였다. 또한 시민단체와 연대하여 법무부의 '사회통합이수제', '영주자격전치주의' 도입 제도, 결혼이민자 비자강화 정책 등 이주여성을 규제하는 법무부의 정책에 대해 문제점을 제기하고 개선책을 제시하여 법무부의 시정을 이끌어 내기도 하였다. 이런 한국염 목사의 노력을 보며 "한국염 목사가 가는 길에 곧 이주여성의 인권을 위한 길이 열린다."라는 말이 돌기도 한다.

이주여성의 인권을 위한 한국염 목사의 활동은 때로는 신변에 위협으로 다가오기도 한다. 아내에게 폭력을 행사해 이혼당한 남편들이나 국제결혼중개업자들이 한 목사 때문에 아내가 집을 나갔다고 위협하기도 하고, 한 대표가 일하고 있는 센터 앞에 집회를 신고해 놓기도 하고, 한 대표가 주관하거나 참석하는 토론회나 정책세미나 장에 와서 난장판을 벌이기도 한다. 그러나 그는 이런 위협에도 개의치 않고 꿋꿋이 자기 길을 간다. 한 목사는 시간이 갈수록 한국 내에 외국인 혐오단체의 조직적인 움직임이 증가하고 있는 데 대해 심각하게 우려하고 있다. 이에 대처하기 위하여 그는 빗장열기 교육을 통해 한국사회의 인식개선 사업을 전개하고 있다. 이는 한국사회를 '열린 다문화 사회'로 만들기 위한 것으로, 그의 강연을 들은 사람들은 이주여성에 관한 편견이 많이 없어지고 있다고 한다.

〈표 3-2〉 정책 개선을 위한 한국염 목사의 주요 활동

연도	주요 활동
2004년	• 국제결혼이주여성의 인권실태와 과제 심포지엄으로 이주여성 문제 부각
2005년	• 여성부로 하여금 이주여성을 위한 사업을 하도록 추동하여 관철됨 • 국제결혼이주여성 간이귀화제도 제안
2006년	• 정부의 결혼이민자정책 다시보기 토론회 개최 • 결혼이주여성을 위한 「가정폭력방지법」 개정 관철 • 결혼이주여성을 위한 긴급전화 개설 관철 • 성 · 인종차별적 국제결혼중개업 반대 캠페인 전개 • 인신매매성 국제결혼 방지를 위한 아시아여성 전략회의 주최
2007년	• 이주여성종합지원시설 설치요구와 관철 • '지자체의 농어촌 총각 장가보내기, 무엇이 문제인가?' 토론회 주최 • 「국제결혼중개업관리법」 제정에 관한 의견서. 2007.
2008년	• 법무부의 사회통합이수제 반대 캠페인
2010년	• 가정폭력으로 살해당한 이주여성 추모제와 이주여성이 죽지 않을 권리 캠페인을 통해 「가정폭력방지법」을 실질적으로 시행령 개선 • 유엔에 이주여성인권보호를 위한 권고서 제출 • '다문화 트렌드 시대, 이주여성정책과 운동 어디로 갈 것인가?' 정책 심포지엄
2011년	• 유엔 여성차별철폐위원회 참석, 한국정부에 이주여성 인권보호 권고안 활동 • 법무부의 이주여성 체류연장과 귀화 시 신원보증서 제출 제도 폐지운동 • 결혼이민자 체류권보호와 사회안전망 구축을 위한 연대결성과 캠페인
2012년	• 영주자격 전치주의 입법개정안 반대 기자회견 개최 • 미등록(불법체류) 신생아에 대한 인도적 차원의 제도마련 제안
2013년	• 법무부의 결혼이민자 비자강화 정책에 반대 캠페인으로 일부 시정됨

남편 최의팔 목사와 함께 이주노동자운동을 하셨는데, 결혼이주여성 인권센터를 따로 만든 계기가 있었나요?

이 세상에서 가장 고통받는 사람이 누군가 했더니 바로 이주노동자였어요. 그 이주노동자들 중에 이주여성들이 더 약자였고요. 당시 이주노동자를 지원하는 활동가들을 보니 성인지적인 면이 약하다는 판단이 들어서 여성운동의 경험이 있는 제가 이주여성을 위한 지원 활동을 시작하게 되었지요. 당시 이주여성 쉼터가 전국에 하나도 없었어요. 남성이주노동자들은 노숙을 해도 되는데, 여성들은 그렇지 않잖아요. 당시에는 이주여성에 대한 인식이 없던 때라 한국에서는 돈을 구하지 못해서 독일교회기관에서 3천만 원을 지원받아 시작했어요. 막상 독일에서 돈이 왔는데, 전세값이 5천만 원으로 뛴 거예요. 국내 모금을 해서 채웠는데, 이제는 외국인이라 전세를 줄 수 없다는 거예요. 그래서 전세를 끼고 작은 집을 하나 샀어요. 이게 한국 최초의 이주여성 쉼터가 된 거지요. 우리 쉼터가 지금은 창신동에 없고 다른 곳에 있는데, 그게 시금석이 되어서 오늘이 있는 거지요. 그렇게 시작이 되었어요.

남성 중심의 가부장적인 사회 분위기에서 여성지위 향상과 여성차별 철폐운동을 어떻게 하셨나요?

한국 최초의 여자 목사가 되고 싶어서 신학대학에 진학했습니다. 그런데 신학교에 가보니 여자는 목사가 될 수 없다는 거예요. 말도 안 되는 성경을 끌어다 대면서. 전 여자가 능력이 없어서 목사가 못 된 줄 알고 있다가 성차별적 제도 때문에 그렇다는 걸 알고 이때부터 여성운동을 시작하게 되었지요. 학부와 대학원을 졸업하고 교단 여신도회 전국연합회에 실무자로 들어가서 여성신도들 의식화 교육을 시작하며 투쟁을 계속하여 여자목사가 됐습니다. 제가 대학원을 졸업하고 잡지사에 있었는데 월급이 24만 원이었어요. 여신도회는 14만 원밖에 못 줬어요. 그래도 일의 의미를 느끼고 이 일을 택한 거지요. 여신도 의식화교육을 할 때에는 힘들다는 생각을 하지 않았어요. 여성들이 자신에 대해 눈을 떠 가는 것이 너무 재미있었어요. 그래서 지금 이주여성들과 함께 일하는 것이 하나도 힘들지 않아요.

이후에 교회 내 성폭력을 금지하지 위해 1998년 교회 내 성폭력 문제를 터뜨렸고, 목사들의 성폭력 문제를 처음 이슈화했지요. 교회 내 성폭력 문제를 다루니까 국정원에서도 우려를 했어요. 공청회를 할 때는 경찰 두 개 소대가 와서 보호를 할 정도였어요. 보수교회들이 행패를 부릴까봐요. 가부장적인 예배와 설교, 관행에 대해서도 비판을 했어요. 이런 것들이 교회를 성차별 교회로 만드니까요. 교회가 바뀌어야 사회도 같이 바뀌지 않습니까? 교회개혁운동을 벌이면서 사회의 성차별철폐운동에도 참여했어요. 호주제폐지운동 등 여러 사회 이슈에 다 참여했어요. 성차별이란 하나의 연결고리가 있으니까요. 사회의 변화와 교회의 변화가 서로 맞물려 있으니까요. 주한미군 기지촌여성 문제, 군산 개복동의 성매매여성 문제, 농민여성 문제 등

차별이 있는 곳에는 열심히 참여하려고 애썼지요.

▌결혼이주여성 인권운동을 할 때 활용하신 전략은 어떤 것인가요?

전략이란 게 별다른 것이 없어요. 앞에서 말한 것처럼 교회 성폭력 문제, 교회성차별폐지운동, 호주제폐지운동, 우리 사회 이슈에 다 참여하였고, 빈민운동, 민주화운동, 여성운동 등을 섭렵하다 보니 어느덧 운동에 대한 방법을 체득하게 됐습니다. 운동이라는 것은 단기간에 해결되지 않아요. 제가 우리나라 이주여성 관련법이나 정책을 바꾸는 데 이바지하게 된 동력은 이전에 교회여성과 한국여성운동을 하면서 터를 잘 닦아 놓은 데 있어요. 거기에다 숟가락을 하나 더 얹어 놓은 거라고 봐요. 초창기에는 이주노동자만 이슈가 되었어요. 국제결혼여성은 존재감조차 없었는데 짧은 시간에 관심을 불러일으키고, 많은 변화를 가져오게 됐습니다. 그동안 여성운동과 민중운동을 한 것이 이주여성운동으로 이어진 것인데 그 운동들이 기초가 되고 추동력이 된 것이지요. 다시 말하면 그동안에 했던 여성운동을 비롯한 다른 운동들이 이주여성운동을 하기 위한 준비가 된 것 같습니다.

독일에서 유학하던 시절 파독광부와 간호원으로 독일에 가 이주노동자로 살아온 재독한인동포의 삶과 독일 정책을 보았던 것, 여성운동에 참여했던 경험도 큰 힘이 된 것 같아요. 미리 준비되었다고나 할까요? 이런 경험이 큰 원동력이 되었던 거지요. 결혼이주여성을 비롯해서 이주여성들을 보면 문제의 핵심이 보였어요. 저는 생각하면

실천에 옮기는 사람이라 바로 운동으로 실행에 옮겼습니다.

전략은 어떻게 세우셨나요?

그동안 살아온 노하우를 제도적으로 확대했어요. 이주여성과 생활하다 보니 이들이 필요한 것을 정부에 제안을 한 거죠. 제가 만드는 전략은 우선 '이주여성이 이런 제도가 필요하다.' 하고 정부에 먼저 건의하고요, 안 되면 단체를 모아서 기자회견하고, 그것도 안 되면 농성도 해요. 이주노동자들의 합법화나 인권탄압에 항거하기 위해 국회 앞에서 제도 개선을 위한 2주 단식투쟁도 했고요. 한겨울 성공회성당 뒷머리에서 삼 개월 천막 농성도 했어요. 이런 노력이 모아져 고용허가제라는 게 만들어졌는데, 원래는 노동허가제를 목표로 했지만 현실과 타협한 셈이지요. 이주여성들을 위해서 출입국 앞 시위나 길거리 시위는 했어도 아직 농성 같은 것은 안 해 봤어요. 대신 정부정책을 모니터링하고 문제에 대해 캠페인과 제도마련과 개선을 위한 건의운동을 주로 했지요. 이런 운동전략들은 1960~1970년부터 시작해서 1980년대 삶에서 배운 겁니다. 단지 이슈만 다를 뿐이지요. 주제와 타깃에 따라서 다른 거지. 맥락은 다 같아요. 차별받고 억압받는 사람을 위한 일이니까요.

결혼이주여성 인권운동이 성공할 수 있었던 요인은 무엇인가요?

미국은 이민국가지만 여전히 인종차별이 존재하지요. 일본은 뉴

커머라고 해서 브라질 등 해외 동포들이 귀화하는데, 거기는 우리보다 더 차별이 심해요. 일본의 이주연구자들이 한국에 와 보고는 깜짝 놀라요. 한국 시민단체들이 제도를 많이 바꾸어 놓았잖아요. 한국의 경우 단일민족 신화가 있어서 한편에서는 힘들었지만 우리나라는 NGO가 세잖아요. 이주민운동을 하는 사람들이 민주화운동을 했던 사람들이라서 잘하는 거지요. 그러한 삶의 경험을 이주운동하고 연결하니깐 이주운동이 확확 바뀌는 겁니다. 그네들은 그게 없는 거죠. 그래서 한국의 시민운동을 부러워해요. 시민사회의 민주화경험과 여성운동경험, 그것이 성공할 수 있는 원동력이었다고 생각해요.

결혼이주여성운동을 추진하면서 소진되었을 때 어떻게 이겨 나갔는지요?

운동이 생활화되어서 힘들지 않았어요. 그것이 제 소명이죠. 아직까진 소진되진 않았고, 특별히 어렵다고 하는 느낌이 없어요. 이건 내 생활이고, 내 삶이니까요. 제가 가끔 반성도 해요. '내가 민주화운동할 때 그렇게 치열하게 데모도 했는데 이주민운동도 치열하게 했는가?' 자문해 보면 그렇게 치열하게 안 해서 소진할 일이 없어요. 아직까지 탈진을 안 한 것을 보면 죽을 만큼 한 거는 아니구나 생각해요.

힘이 되는 건 변화해 가는 것보다는 같이 있다는 게 아닌가 생각해요. 창신동 시절에서 배운 거는 가난한 사람을 위해서가 아니라 그들과 함께 있다는 거, 이게 참 목회라고 배웠어요. 저하고 남편이 창신동에 있는 빈민교회에서 목회를 처음 시작했을 때, 창신동 저소득 가정을 위해 놀이방을 시작했어요. 그때는 아직 창신동에 어린이집이 없을 때라 무료로 한 거지요. 그때 창신동에 전세를 얻어 살고 있었는데 저녁에 엄마들이랑 대화를 하려면 이분들이 마음을 안 여는 거예요. 이래서는 안 되겠다 싶어 교회가 있는 건물로 이사 갔어요. 우리 교회는 공장의 한 낡은 건물을 얻어서 한쪽은 어린이집을 하고 다른 한쪽은 사무실로 쓰고 있었는데, 이 사무실 건물을 장롱으로 칸을 질러 장롱 이편에는 우리부부와 딸이 자고, 저편에는 중학교 다니는 아들이 잠을 자는 식으로 살기 시작했어요. 한 삼 개월 지나니까 엄마들이 마음을 열기 시작했어요. 우리 삶의 모습이 자기네랑 별반 다를 게 없었던 거지요. 이런 엄마들을 보면서 배운 거지요. 누구를 위해서가 아니라 함께하는 게 중요하다는 것을요! 운동은 누구를 위해서가 아니라 함께 있는 겁니다. 누군가를 위해서 하게 되면 기대하는 것이 있잖아요. 같이, 함께 하는 것이 중요해요. 함께 있는 것은 잘 안 돼도 그렇게 실망하는 일이 없어요.

> 그동안 펼쳐 오신 다양한 여성운동을 통해 획득한 성과를 꼽는다면요?

호주제 폐지, 「성폭력특별법」, 「가정폭력방지법」 등에 참여했고, 이를 경험으로 이주여성을 위한 지원법을 비롯해서 각종 법과 제도를 만들었지요. 이주여성에 대해 아무도 관심 갖지 않던 초기에 이주여성 인권지원 활동을 하면서 민간단체 힘에 한계가 있는 것을 발견

했어요. 그래서 여성부가 가장 열악한 이주여성들을 위한 일을 해야 하지 않겠는가 하고 여성부 장관을 2년 좇아다니면서 이주여성 지원 사업을 하도록 졸랐지요. 결과적으로 태평양화학에서 한 해 2억 씩 5년 동안 10억 기금을 받아 이주여성을 위한 기금을 마련한 거죠. 당시에 이주여성에 관련한 일을 하는 전문단체가 우리밖에 없어서 결혼이주여성 지원사업을 우리가 위탁받아 전국 여섯 개 지역에 네트워크를 형성해서 제공했어요. 1970~1980년대 여성단체 대표로 쭉 여성운동에 가담을 했기 때문에 가능했죠. 전국적인 네트워크가 있으니까요. 그래서 농민지역 같은 데는 거기에 맞는 곳에 연결했죠. 여기 참여한 단체 중 일부가 우리 센터 지부가 되었지요.

정부가 이주여성 사업을 시작하니 언론에서도 관심을 갖게 되어 동력이 붙었어요. 이 여세를 몰아 이주여성을 위한 제도마련에 나섰지요. 초창기에는 결혼이주여성이 이혼하면 이유여하를 막론하고 본국으로 돌아가야 했어요. 이의 부당함을 알리고 결국 혼인파탄의 귀책사유가 이주여성 본인에게 있지 않을 경우 한국에 체류할 수 있도록 체류법이 개정되었지요. 이를 시작으로 「가정폭력방지법」에 외국인도 포함시키도록 개정하고 이를 근거로 해서 폭력피해 이주여성 쉼터도 개설할 수 있게 되었고, 폭력피해 이주여성들이 자국어로 상담할 수 있는 이주여성 긴급전화 1577-1366도 개설하는 등 제도개선과 법들이 마련되었지요. 이런 제도 마련이 가장 성과였다고 봅니다.

한국염 목사가 전개해 온 이주여성 지원 사업

이주여성 상담 관련 지원

이주여성 대면사업으로 전화 및 면접 상담 등을 통하여 국제결혼 이주여성을 위한 가정폭력 상담과 법률지원, 이주여성노동자를 위한 성폭력 상담, 부부상담 및 가족상담, 가족갈등 예방과 해소를 위한 상담과 교육, 개인심리치료 및 정서지원을 위한 프로그램을 운영하고 있다.

이주여성 한국사회 적응 지원(성인지적 관점에서 접근)

원활한 의사소통과 한국사회 적응을 위한 한국어 교육, 한국사회 적응을 위한 생활문화 교육과 체험, 정보화시민으로서의 소양을 위한 정보화 교육, 이주여성 지도력 개발을 위한 열린교육 프로그램, 성폭력/가정폭력 예방교육, 이주여성 문화활동 프로그램 지원과 확산, 이주여성들의 모성 보호 활동 등을 지원하고 있다.

이주여성 의식화 교육을 통한 역량강화 및 당사자운동

다문화사회를 열어 가는 자원활동가 교육, 이주여성 관련 출판과 홍보(이주여성 인권백서, 이주여성들의 당사자 이야기)를 통한 이주여성 권익옹호와 복지증진, 이주여성 의식화교육을 통한 당사자운동, 이주여성 활동단체 활동가의 젠더 및 다문화감수성 훈련을 위한 정책연수 등 관련 이주여성운동가와 이주여성 당사자가 주체가 되는 운동을 펼치고 있다. 이주여성 당사자운동을 통한 제도변화를 주도한 사업은 이주민이 직접 제안하는 다문화정책 플랜 만들기 사업(이주민 당사자가 겪는 불편과 차별을 조사, 2011)과 '이주여성이 직접 제안하는 공공기관 서비스 개선 프로젝트' 보고회(2012), '차별없는 세상 약속해!' 가 있다.

뿐만 아니라 이주여성 당사자들의 지도력 강화와 취업을 연계하여 '이주여성 당사자 가정폭력전문상담원/성폭력전문상담원 교육' '이주여성 당사자 인권전문가 교육' 등을 비롯한 많은 당사자 교육을 하고 있다.

일본군 위안부 문제해결을 통한 여성인권 향상

정신대문제대책협의회가 결성된 1992년부터 20여 년 동안 끊임없이 일본군위안부 문제해결을 위해 노력하면서 할머니들의 복지증진과 한국정부의 지원정책을 이끌어 내었다. 1998년부터 실행위원으로, 2006년부터는 공동대표로서 일본은 물론 아시아와 국제연대를 통해 일본군위안부문제를 여성폭력 문제로 부각시켜 국제공조를 취하는 데 기여하고 있다.

가부장적인 한국 종교 내의 여성지위 향상과 여성차별 철폐 전개

1979년부터 교회여성들의 성평등을 위한 활동을 전개해 왔다. 교회 여성들의 지위향상을 위한 이론작업과 실천운동을 벌여 왔으며, 그 결과 교단에 양성평등위원회를 설치하고 여성참여를 제도화하는 데 공헌하였다. 특히 1998년 한국여신학자협의회 사무총장으로 취임하면서부터 교회 내 성폭력추방운동 전개와 「성폭력방지법」 제정을 촉구하고, 종교 내에서의 여성종교연대를 결성해서 호주제 폐지를 비롯한 종교 여성들의 성차별철폐 운동에 헌신하였다.

힘든 여건에서도 굴하지 않고 끊임없이 운동을 하는 추진력은 무엇인가요?

불의에 대한 분노, 이게 엄청난 에너지가 된 거죠. 차별하는 현장을 보면 좌절하기보다는 분노가 생겨서 그게 힘이 되는 거예요. 분노는 나의 힘이죠. 옳지 않은 것에 분노하는 것, 저는 이것을 '분노의 영성' 이라고 하는데, 저는 이유없이 차별하는 데는 화가 나요. 제가 태생적으로 반골이라 그런가 봐요. 옳지 않은 거에 분노하지 않고 지레 포기하는 사람보면 안타깝지요. 불평만 하는 사람 달래는 것보다 그 에너지 가지고 격려할 사람을 키우는 것이 더 낫다고 생각해요.

이주여성 관련 운동을 하고자 하는 사람이 있다면 어떤 조언을 하시겠습니까?

특별한 사람은 없어요. 다만 이주여성 일은 젠더 관점과 이주의 관점이 있어야 해요. 여성에 대한 성인지적 평등관점과 지구화시대의 이주의 상황에 대한 인식만 있으면 되지요. 가부장적인 사회에서 성의 문제를 볼 수 있는 사람, 이주여성 관련 일은 평등한 젠더관점이 가장 중요해요. 이주여성 관련해서 일하는 사람 중에 젠더관점이 없는 사람이 많아요. 반면 여성운동하는 사람 중에는 이주관점이 부족한 사람이 있어요. 왜 세계화 시대에 이런 지구적인 이주가 생기는지 등 이주와 신자유주의의 글로벌화에 대한 정확한 인식이 있어야 해요. 여성의 관점으로 볼 수 있는 시각과 인식이 정말 중요합니다.

결혼이주여성 인권운동이 발전하기 위해서 개선되어야 할 부분은요?

정부가 자꾸 이렇게 센터도 세우고, 뭐를 세워서 관리를 하잖아요. 그러면서 예전에 운동을 하던 사람들이 자꾸 정부의 자금을 받으면서 운동이 약화됐어요. 이런 점이 안타까운데, 문제는 어떻게 이주여성을 임파워먼트하느냐는 것이죠. 결국 이주여성운동이란 이주여성의 주체성, 이주여성 세력화인데 '어떻게 이주여성과 시민의 의식을 변화시켜 이주여성이 주체성 있게 살 수 있게 하느냐?' 그런 문제죠. 결국은 자기세력화를 해야 하는데 아직은 이주여성들이 정부의 사탕에 약해서 더 시간을 두고 기다려야 하지 않나 생각해요.

많은 분이 우리나라에 다문화가정에서 국회의원이 나왔으니까 많이 발전한 게 아니냐고 물어요. 그러나 아직은 이주여성이 국회의원이 될 시기는 아니라고 봐요. 자칫하면 이주여성이 정치 도구화될 수 있어요. 결혼이주민 이십만 명에 비례대표 국회의원을 내놓을 시점이냐를 생각해 볼 필요가 있어요. 의원만들기보다 중요한 것은 이주여성들이 세력화하여 정부정책을 이끌어 낼 수 있게 하느냐, 어떻게 이주여성 친화정책을 만들게 하느냐는 것이에요. 이주여성의 롤모델이 뭐냐는 거예요. 물론 이주여성 정치대표가 나오는 것은 바람직합니다. 정치대표가 있으면 롤모델이 성립되니까요. 그러나 상징성으로 끝나서는 안 되는 거지요. 자칫하면 문제를 흐릴 수 있어요. 이주여성 정치인 한 명 배출해 놓고 '봐라, 이만큼 이주여성의 인권이 신장되었다.' 이러면 곤란한 거지요. 정의로운 이주인권 정책을 세워서 추진하는 것, 정책을 제대로 만드는 게 중요해요. 하긴 이주여성 입장에서 보면 상징적으로라도 이주여성 국회의원 만들기를 하는 새누리당이 아무것도 안 하는 민주당보다는 낫다고 볼 수도 있어요. 그렇다고 제가 새누리당을 옹호하는 것으로 오해하지는 말고요. 다만 정치홍보 도구가 안 되도록 경계하는 일은 필요합니다.

▌한국에서 결혼이주여성 인권운동의 전망은 어떻게 보시나요?

이제는 한국인들이 하는 선에서 결혼이주여성 당사자들이 하는 운동으로 나가야죠. 지금 하는 운동은 당사자들이 앞으로 운동하기 위한 주춧돌이 되는 거죠. 우리도 주춧돌을 놓기 위해서 열심히 하는 것이고, 당사자들이 운동을 할 수 있도록 그 기틀을 만들어 주는 거지요. 이주민운동은 민주화운동을 하던 사람들이 시작했어요. 그래서 힘이 있는 거지요. 일본에서 이주운동을 하는 사람들이 한국의 이주 문제 발전을 보면서 깜짝 놀라지요. 나는 민주화운동의 경험 때문이라고 답해요. 민주화운동 하다 이렇게 이주운동으로 와서 여태껏 20여 년 동안 깔아 놓은 것들이 자양분이 되었다고 생각해요. 역사는 발전하는 것이니까. 결국은 당사자와 함께 옆에서 치열해야 한다는 거죠. 우리 센터의 미래를 구상하면 이주여성들이 지도력이 발전해서 센터의 대표가 되는 날이 오는 것도 꿈 중 하나입니다.

운동할 때 장애가 많이 있었을 텐데 어떻게 극복하셨는지요?

가로막는 것, 장애라는 것 자체가 부수거나 넘어가야 하는 거잖아요? 벽은 부수는 길이 있고 돌아가는 길이 있는데 담만 있다면 넘어갈 수 있지만 견고한 지붕까지 있다면 부수어야 되는 거죠. 중요한 것은 장애를 극복 못할 것이라 포기하지 않는 것이지요. 우리가 1970년대에 운동하면서 부른 노래가 있는데, '혼자로는' 이라는 노래가 있어요. "혼자로는 힘들겠네. 둘의 힘으로도 할 수 없겠네. 둘과 둘이 모여 커다란 함성될 때 저 억눌린 사람 참 자유 얻겠네." 이런 노래가 있어요. 결국 함께 가는 거죠. 이주여성 당사자들과 우리는 다 한 자매잖아요. 함께 하면 힘이 들지 않아요. 살면서 보니 운동이란 것은 혼자서 할 수 없는 거고, 옆에서 같이 해야 힘이 돼요. 도종환 시인이 말한 것처럼 담쟁이가 어느 날 보니 함께 벽을 넘더라, 그런 것이 장애를 넘는 힘이죠.

실천가로서 한국 사회복지학계나 사회복지실천가들에게 바라는 점은 어떤 것인가요?

첫째, 사회복지를 살펴보면 사회복지 하시는 분들은 자기한테 오는 대상들을 대상으로만 보는 거 같아요. 한국 사회복지는 실적주의예요. 다 숫자로 봐요. 인권사회복지를 제대로 하고 있지 않고 있어요. 클라이언트들에게 수혜가 강화되다 보니 대상을 주체적인 사람으로 만들기보다는 시혜적인 사람으로 자꾸 길들이는 것이죠. 그런 초점으로 클라이언트에게 복지를 베풀면 수혜를 받는 당사자인 수혜자의 자존심에 상처를 입히는 그런 문제가 생기는 것 같아요. 사회복지 현장실천가나 사회복지사가 인권개념이 없다 보니 이주여성을 수혜대상으로 보면서 그들을 거지근성을 가지게 만드는 것 같아서 그런 게 걱정이 됩니다.

둘째, 인권 감수성에서 가장 먼저 나타나는 것이 용어예요. 용어에 대한 차별이 없어야 해요. 이주민과 함께할 때 용어를 살펴야 하지요. 나는 한국인, 당신은 이주민, 이 사이에 벽이 생겨요. 우리는 먼저 오래전부터 여기에 살았으니 선주민이라고 하고, 뒤에 우리 땅에 온 사람들이니 이주민이라고 하면 평등관계가 형성될 수 있어요. 그래서 우리 센터에서는 선주민 활동가, 이주민 활동가라고 불러요. 이런 것부터 차별성을 없애야 해요. '차이를 차별해서는 안 된다.' 이것이 인권의 기본이고 지금 다문화사회에서 기본 슬로건이에요. 이것이 기본인데 한국 사람들은 그런 차별도 무시해요. 그런 취약계층에 있는 사람들의 차이를 인정하고, 더불어 함께 살아야 합니다. 이주여성들은 '다문화가정'이란 용어를 싫어해요. 우리나라는 다문화라는 것이 하나의 계급으로 분리되고 있어요. TV 프로그램 '미수다'에 나오는 사람들은 글로벌 가족이라고 해요. 그러나 동남아에서 온 사람은 다 다문화가정이라고 하는데 이것이 차별이라는 거죠. 다문화아동한테 학교에서 담임선생님이 "다문화 남아라."라고 한다고 해요. 바로 이것이 차별이지요. 그래서 다문화아동 이런 것에 대한 용어를 고려하는 움직임이 일어나고 있어요. 이주배경 청소년, 베트남출신 한국인 이렇게 자기 출신국 배경을 말할 수 있는 언어사용을 사회복지 현장에서부터 실천하는 것이 중요해요.

셋째, 사회복지를 권리로 볼 것이냐, 시혜로 볼 것이냐의 문제인데, 사회에서 공동체로서 함께 살아갈 권리를 보장하는 것이 사회보장이지요. 문화도 문화를 향유할 때가 중요해요. 사람들이 문화를 권리로 향유하느냐 아니면 시혜로 향유하게 하는 거냐, 그것이 중요합니다. 문화를 향유하는 것을 권리로 보아야 하지, 시혜로 향유하는 것은 아니라는 거죠. 이주민들도 자신의 문화를 권리로서 향유할 수 있게 해야 해요.

▌ 언제까지 이 운동을 하실 건가요?

이 운동을 특별히 하고자 하는 것이 아니라 사람들이 저에게 와서 하는 것이니 죽을 때까지 이 일을 할 겁니다. 만일 결혼이주여성을 비롯해서 한국에 거주하는 모든 이주여성이 자기 삶의 주인이 되는 날이 온다면, 그때 또 다른 소외계층이 저를 찾아오면 또 다른 일을 하게 되겠지요. 남북교류가 이루어지고 북의 주민들이 남쪽으로 와 살게 되면 그분들이 중요한 소외계층이 될 것 같은데, 아마 그분들과 함께 있지 않을까 싶네요.

03

장애와 비장애의 경계를 무너뜨리다

– 장애우권익문제연구소 정책위원장 김정열 | 황환 |

"장애인들에 대한 사회적 배제를 통합적으로 해결하기 위해 그동안 지속적으로 운동을 해 왔습니다. 그런데 여전히 사회적으로 배제된 상황에서 벗어나지 못하는, 그런 사건이 있을 때마다 문제를 제기했지만 또 누군가에게 맞아 죽기도 하고 인권 침해가 곳곳에서 일어나지요. 그런 일이 폭력으로 인해 시설에서, 염전 현장에서 일어나고 있습니다. 그런데 그것을 우리는 까마득히 모르고 살아왔다는 것. 그 때마다 자괴감이 듭니다. 지금도 그런 부분은 어렵습니다."

장애인들의 삶을 향상시키기 위하여 장애인 인권운동을 약 30년 동안 펼쳐 온 김정열 위원장. 그는 그 오랜 시간 동안 장애인 인권운동을 해 오면서 보람이 있었던 만큼 힘들고 어려웠던 시기도 많았다고 회고한다. 수치로 보면 정부가 지원하는 예산이 이전보다는 수십 배 많아졌고, 장애인을 위한 여러 지원 전달 체계도 생기고, 시설도 더 많아졌다. 그러니까 괜찮아지지 않았냐고 정부나 관계기관 등은 수치화된 지표를 내보인다. 그러나 정작 당사자들의 삶은 그 수치와는 다르게 실질적으로 향상되지 않고 탁상놀음과 같은 전시성 같은 정책만 난무하는 것 같아, 그는 현장실천가로서 급진적인 변화를 실천하지 못하는 현 상황이 답답하다고 말한다.

그는 30년 전 문제의식을 가지고 어떻게 해결을 해 볼까 했던 고민을 해결하기 위하여 30년 동안 치열하게 운동을 하였지만 여전히 별로 달라지지 않았다는 생각이 순간순간 들 때가 많다. 그때마다 '우리가 정말 열심히 전심전력했었나? 뭔가 잘못된 판단에서 일을 해 왔나?' 라는 반성을 하며 돌아보고, 또 새로운 전략을 짜고, 끊임없이 제도권과 줄다리기를 하고, 변화를 요구하고 있다. 그럼에도 현실은 그때 굶주림에 허덕이던 사람들이 사람만 바뀌었을 뿐이지 여전히 그런 사람들이 있어서 자살도 하고, 더 이상 희망을 보지 못하고 자포자기하고 그때에나 지금이나 장애를 가진 사람들에게 유사한 상황이 계속 벌어지고 있다. 장애인들의 최소한의 생존 문제, 노동 현장의 배제 문제, 사회 각 분야에서 일어나는 차별과 소외 문제도 사람만 바뀌었을 뿐이지 지금도 여전하다며 안타까워하는 김정열 장애우권익문제연구소 정책위원장을 만나 장애인 인권의 현주소에 대하여 알아보았다.

시작은 미미하지만 작은 목소리도 합치면 큰 목소리가 된다

장애인 차별 인권 분야를 논할 때 김정열 정책위원장의 법제화운동을 빼놓을 수 없다. 그는 25년이 넘는 오랜 기간 동안 장애인운동을 해 왔다. 그러한 과정 가운데 얼마나 많은 일이 있었을까. 김정열 위원장은 1988년 장애인올림픽에 반대하면서 명동성당 앞에서 단식투쟁을 했던 기억을 회상하며, "사실 당시엔 돈이 없어서 거기서 먹고 자고 할 수가 없었고, 그러니 그냥 굶을 수밖에 없었다. 10월이라 밤이 되면 정말 추웠다."라고 했다.

한국 장애인 인권운동의 산 증인인 그는 대학 시절에 사회운동을 하면서 사회 구조적인 모순 때문에 장애인은 물론 우리 사회에서 소외된 취약계층의 사람들이 어쩔 수 없이 억압받고 차별당하는 현장을 목격하면서 현장에 뛰어들어 그들을 옹호하고 그들의 목소리를 낼 수 있도록 돕는 일을 하고 싶어 장애인 운동에 본격적으로 뛰어들게 되었다.

그는 장애인운동을 하기 위해 체계적인 정책을 마련할 수 있는 역량이 필요하다는 것을 깨닫고 3년 동안 현장을 떠나 정부산하기관에서 일을 하기도 했다. 정책을 수행하는 제도권 내의 메커니즘에 대한 관련 기관의 경험이 현장의 욕구를 관철하기 위해 전략을 짤 때 절대적으로 필요하다는 생각이었다. 다시 말해 지피지기면 백전백승이라는『손자병법』의 전략을 활용한 것이라고 할 수 있다. 정부산하기관에서의 경험은 김정열 위원장의 개인적인 경험과 역량을 확장하는 계기가 되었으며, 그가 3년 뒤 현장으로 복귀하여 장애인인권운동의 중요한 획을 그으며 활발한 활동을 지속적으로 전개해 나가는 데 큰 힘이 되었다고 한다.

김정열 위원장은 그동안「심신장애자복지법」전면개정운동1988~1989,「장애인고용촉진 등에 관한 법률」제정운동1988~1989,「특수교육진흥법」개정운동1992,「장애인노인임산부 등의 편의증진법」제정운동1994~1997,「장애인종합법안」제정운동1994~1997,「장애인직업법」제정운동1998~1999,「장애인차별금지법」제정운동2002~2007 등 법 제정 및 개정 운동을 진행해 왔다. 이렇듯 다양한 장애인 권익 관련법을 제정하고 추후 개정하기 위해, 그는 법률안 연구 및 제안을 위한 각종 토론회와 공청회, 워크숍, 간담회, 좌담회 등 온건한 접근을 실천하는 것은 물론 각종 대중 집회와 단식 및 천막 농성 등 과격한 투쟁도 마다하지 않았다.

그가 펼쳐 온 장애인 인권운동은 1987년 12월에 설립된 장애우권익문제연구소와 발자취를 함께하고 있다. 김정열 위원장의 활동은 크게 세 시기로 구분하여 정리할 수 있다. 제1기는 1987~1994년의 급진적 장애운동을 중심으로 하며, 제2기는 1994년 장애우권익연구소가 사단법인 설립을 인가받은 이후 2010년 리드릭 대표가 되기까지이고, 제3기는 2010년 리드릭 대표가 된 이후 현재까지로 구분된다. 시기별 활동을 살펴보면서 김정열 위원장의 법제화운동에 대해 다루어 보고자 한다.

그가 장애인 인권운동을 하게 된 이유

김정열 위원장이 장애인 인권운동을 하게 된 시대적이고 사회맥락적인 상황을 살펴보면 1970~1980년대, 민주화운동과 통일운동, 노동운동, 학생운동 등 사회 구조적 모순을 해결하고자 하는 운동이 있었다. 이를 기반으로 1980년대 중반부터 사회의 각 계층들이 자신의 미해결된 욕구를 해결하기 위한 당사자운동, 즉 부문 운동이 나타나기 시작했다. 이 부문 운동으로 1986년부터 1989년까지 여성, 환경, 경실련, 참여연대 등 주요 사회시민단체가 설립되었고, 장애우권익문제연구소도 1987년에 설립되었다. 이때 연구소를 설립하면서 그는 시설을 세워서 장애인을 상품화하는 사회복지에 선을 긋고 떡 하나 주는 것보다 장애인으로 하여금 이 땅 위에서 자기 권리를 행사하며 살아갈 수 있도록 하는 것이 근본적인 문제를 해결하는 것이라고 생각하였다고 한다. 이것이 바로 그가 장애인운동에 본격적으로 뛰어들게 된 동기라고 한다.

> 개인적인 이유로는 사회운동을 하고, 사회의 구조적인 문제에 고민이 많았던 시기에 대학 시절을 보냈었어요. 구체적인 현장에서 일을 하고자 하였는데, 여러 사람이 함께 고민하면서 조직을 갖추고 일을 하게 되었지요. 그중에는 장애인과 비장애인, 장애인이면서 노동자, 도시 빈민운동, 철거민운동 등 다양한 부류의 사람이 있었어요. 이 중에서 일부는 장애인도 사회 구성체의 하나로서 도와줘서 변방에 보내는 것이 아니라, 장애인 문제를 여러 사회 문제 중의 하나로 다루어야 한다는 취지로 연구소를 세우게 되었습니다.

각종 토론회를 비롯해 대중 집회 · 천막 농성 등 투쟁 마다하지 않아

김정열 정책위원장의 장애인 인권운동은 1987년 12월에 설립된 장애우권익문제연구소와 발자취를 함께 하고 있다. 그의 활동은 크게 세 시기로 구분할 수 있다. 제1기는 1970~1980년대의 노동운동 및 민주화운동의 영향으로 대중 집회와 단식농성, 토론회와 공청회, 워크숍 등을 통해 장애인 관련 법 제정을 이끌어 내는 급진적 접근 방식이 주로 사용되었다. 「장애인복지법」 및 「장애인고용촉진 등에 관한 법률」 제정운동을 실천했던 시기라고 할 수 있다.

이 시기의 김정열 위원장은 장애인 관련 법률 제정을 위해 법률안 연구 및 제안, 국회 및 각 정당에서 단식 및 천막 농성, 대중 집회는 물론 정치, 법률, 학계 등 다양한 영역의 인사들과의 공청회, 간담회, 좌담회, 토론회 등 수많은 집회와 논의를 기획, 추진하며 장애인의 인권 확보와 복지 증진을 위해 일하였다. 1988년 장애인올림픽 반대 운동과 그 시기 「장애인복지법」과 「고용촉진법」 제정 운동을 하면서 그와 동료들이 했던 운동방식은 단식투쟁이었다.

사실 당시엔 돈이 없어서 거기서 먹고 자고 할 수가 없었어요. 그러니 그냥 굶었던 거죠. 10월이라 밤이 되면 또 얼마나 추웠던지……. 이게 본래는 사당에 가서 열흘씩 단식투쟁을 하기로 한 거였어요. 그런데 신민주공화당에서 열흘, 민주당에서 열흘, 평민당에서 열흘 단식을 하고, 마지막으로 민정당에 갔는데 거기는 경찰들이 쫙 둘러싸서 못 들어갔죠. 그 열기를 몰아서 다 머리 깎고, 여의도에서 대투쟁을 하게 된 거죠.

장애인 의무 교육권 운동으로 1994년 법 개정을 이끌다

25년간 장애인운동을 하면서 김정열의 기억에 가장 남는 일을 꼽는다면 1990년 초, 장애인 의무교육권에 대한 운동을 벌여 1994년 「특수교육진흥법」을 개정한 것이라고 한다. 1994년 이전 장애인들은 의무교육의 대상이 아니었다. 김정열 위원장은 1990년 대 초 '장애인 교육은 생명이다.' 라는 주제를 가지고 장애인교육 운동을 전개했다. 당시 장애아를 가지고 있는 부모들과 장애인학교 현장 교사들, 장애인 분야 운동가들이 함께 장애인들의 의무교육권 확보를 위한 운동을 대대적으로 전개했다. 그가 이렇게 장애인교육 운동을 적극적으로 전개하게 된 계기는 아이의 지적장애를 발견하는 즉시 조기교육을 하면 30% 정도 통합교육이 가능해 교육효과가 높다는 다른 나라의 연구 결과를 접하게 되면서였다. 우리나라의 경우 모든 아동의 교육은 초등학교에 입학하면서 시작된다. 그러나 지적장애 아동의 경우 발견 즉시 교육을 받지 못하면 적절한 교육 시기를 놓쳐 오히려 통합교육의 가능성을 낮춘다는 지적이 당시 일어나고 있었다. 이에 김정열 위원장은 지적장애를 발견하는 즉시 교육하는, 0세부터 교육을 시작하자는 운동을 하게 되었다. 이 운동을 전개하는 과정에서 그는 장애인이 의무교육에서 유예대상이라는 법적 조항을 알게 되었다. 그는 부모에게는 통합교육의 기회를 확보해 주고 장애아동이 특수학교가 아닌 일반학교로 가게 되면 학교에서 거부하지 못하도록 하는 「특수교육진흥법」 개정을 이끌어 냈다.

장애인은 그때 당시만 하더라도, 1994년 이전에는 의무교육 대상이 아니었어요. 그 과정에서 이러한 법적 조항을 알게 되어 장애인의 의무교육권에 대한 운동을 하게 되어 장애인의 의무교육권에 대한 운동을 하게 되었지요. 당시 부모님들과 현장 교사들, 우리 장애계 운동가들이 함께 의무교육권 확보를 위한 운동을 했어요. 결과적으로 법이 개정되어서 1994년 이후로 의무교육을 실시하게 되었습니다. 지금은 장애인의 경우, 유치원부터 고등학교까지 의무교육을 무상으로 받을 수 있게 되어 있습니다.

그 당시 김정열 위원장은 장애인 의무교육권 운동을 벌이면서 이 법 개정이 얼마나 장애인들을 위한 교육에 큰 변화를 줄 수 있을까

하고 생각하면서 '부딪혀 보자. 작은 목소리도 합치면 큰 목소리가 될 것이다. 시작은 미미하지만 작은 변화가 큰 변화를 가져올 것이다.' 라는 다짐을 하면서 묵묵히 최선을 다했다고 한다. 그 결과 법이 개정된 1994년 이후에는 교육현장에서 만성적으로 일어나던 여러 가지 교육에 대한 장애아동의 차별이 획기적으로 많이 줄어들었다. 이 법이 통과되기 전에 장애아동들은 서너 시간씩 걸려 통학을 하거나 특수학교가 있는 지역으로 이사를 다녔는데 집 근처 초등학교에 다닐 수 있게 되면서 우리 사회에서 장애인이라고 해서 교육을 못 받는 경우는 없게 되었다.

장애인 인권, 복지 위한 정책 개발과 법률적 제안 멈추지 않아

제2기의 김정열은 제1기에 제정된 법률을 보완하고, 제도를 개선하는 것에 목표를 두었다. 대중집회 및 단식농성 등의 급진적 방법을 활용하기보다는 공청회와 토론회, 장애인 관련 시설 및 센터 운영 등 1기에 비해 보다 온건한 방법을 활용하였다. 사회적 기업인 리드릭 대표로 활동하는 제3기에는 장애인운동의 방향을 직접 일자리를 마련하여 제공하는 쪽으로 진행하였다. 25년간 그가 진행해 온 장애인 운동의 특징을 살펴보면, 주로 법률이나 제도 개선을 위한 활동과 정책 개발, 정책 행동, 연대 사업의 특징을 보이고 있다. 구체적인 실천 방법에는 변화가 보이는데, 제1기에는 급진적 방법을, 제2기와 제3기에는 제도권 내의 온건한 방법으로 바뀐 특징이 있다. 특히 제3기에는 사회 구조를 변화시키기 위한 투쟁보다는 리드릭인쇄사업체이라는 사회적 기업을 운영하면서 경제 활동을 통한 장애인 차별 문제를 해결하고자 하고 있다.

1989년부터 추진해 온 법 제정 과정에는 지적장애, 시각장애 등은 포함되지 않았다고 한다. 그래서 똑똑한 사람에게만 해당되는 것이 아닌가라는 지적을 받아 왔다. 그는 이러한 점을 해결하기 위해 1990년대 중반부터 지적장애인을 위한 다양한 시도를 해 왔다. 2000년대 들어서 지적장애인을 위해 일할 수 있는 공간이 있어야 이들을 위한 접근을 제안할 수 있을 것이라고 생각, 사회적 기업 '리드릭'을 운영했고, 그 과정에서 시행착오를 많이 겪었다.

> 직원이 75명인데, 일반노동자와 장애인이 함께하는 노동통합형(50%)으로 인력을 구성하여 시도하였습니다. 연구소 직원이 함께하기도 하였으나 파견이라는 생각에 집중하지 못하는 한계가 있어서 2006년부터 아예 독립된 사업체로 시작하게 되었어요. 국가의 제도를 활용해서 장애인 고용률을 최대한 높여서 사업체를 운영하고자 하였습니다.

그는 이런 활동을 전개하면서 주요 활동의 내용이 변하였다고 하더라도 여전히 각종 토론회와 공청회 등의 자리에서 장애인 인권과 복지를 위한 정책 개발과 법률적 제안을 멈추지 않고 있다.

〈표 3-3〉 김정열 위원장의 장애인운동

제1기(1987~1994)	
1987년	삼마회 설립[2]
1987년	장애우권익문제연구소 설립
1988년	『함께 걸음』 창간
1988년	장애인올림픽 반대운동
1988년	한국장애인총연맹 출범 시 공동대표 및 사무국 역할
1988년	장애우권익문제연구소와 작은자 운동 모임 통합을 위한 간담회
1988~1989년	「심신장애자복지법」 전면 개정운동, 「장애인고용촉진 등에 관한 법률」 제정운동
1989년	월례강좌 개설
1989년	서울장애인단체협의회 출범
1991년	천안 인애학교 사태를 통해 조직된 공대위 구성(대표 및 사무국 역할)
1991년	장애우대학(3개월 교육과정) 개설
1992~1995년	「특수교육진흥법」 개정, 29개 시민사회단체와 연대 진행
1993년	장애인복지를 위한 공동대책위원회, 최종보고서 제출

2 삼마회는 삼이구 한마음회의 약자로서 장애자재활협회에서 실시한 장애인 대상 취업 지도 교육의 제1기 교육생 10명이 중심이 된 친목 모임의 이름이다. 이 모임의 기본정신은 장애인이 마음껏 일할 수 있는 재활의 터전을 마련해 주는 것, 비장애인 문화에 대한 장애인 문화의 확산, 기술학교 건립과 회원 간의 유대이며, 주요 활동으로 친목 도모 및 정기모임, 친선 체육 대회, 삼마회지 발행, 가두찻집 실시, 수화 교실 운영 등이 있다.

제2기(1994~2010)	
1994~1995년	연계고용제와 2배수 고용제 폐지 운동
1994~1996년	「장애인노인임산부등의 편의증진법」 제정운동
1994년	「장애인종합법(안)」 제정운동, 시민과 함께 접근법 확보 운동
1994년	정책 강좌 개설
1994년	장애인대학특례입학 좌담회
1995년	「장애인고용촉진법」 개정안에 관한 공개 토론회
1995년	'지방자치제와 장애우 복지' 정책 토론회
1995년	'연계 고용제, 그 의미와 장애우고용정책의 발전 방향'에 대한 공청회
1995년	법 · 제도 연구 및 정책 조사 · 연구 사업 및 실천 프로그램 실시: 장애우직업센터, 장애아동가족지원센터, 주간보호프로그램, 영삼어린이집
1995년	한국장애인복지공동대책협의회 의장단체
1996~1997년	「장애인종합법(안)」 제정운동
1996년	지방자치제 실시 1년 장애우 관련 조례의 내용과 발전방향 토론회
1996년	바람직한 장애우 관련 법안 내용 관련 좌담회
1996년	에바다복지회 사태 대책 토론회
1997년	수용 시설의 사회화를 위한 방안 모색 그리고 대안
1997년	한국장애인복지공동대책협의회 사무국장 선임
1997년	지방자치제 실시 이후 각 지역 복지현황 전문가 좌담회
1997년	「장애인종합법」 청원운동
1997년	「장애인 · 노인 · 임산부 등의 편의증진 보장에 관한 법률」 제정
1997년	민주사회를 위한 변호사 모임과 함께 (가칭)「장애인종합법」 국회 청원
1998~1999년	「장애인직업법」 제정운동
1998년	'장애인 직업 정책 개혁을 위한 우리의 입장' 성명서 발표
1998년	장애우 실직자 모임터 운영

2000년	장애인일할권리찾기 모임 결성, 장애인인권센터 개설
2000년	장애아동 무상교육 확산 운동 본부 설치 및 운영
2001년	장애우의료센터 개원
2002~2007년	「장애인차별금지법」 제정운동 추진
2002년	지방자치단체 선거 정책 공약화운동
2003년	장애인교육차별 실태 조사, 장애인 차별 실태 조사(장애인과 비장애인 대상)
2004년	성년후견제, 「장애인차별금지법」, 「장애인복지법」 개정 추진
2004년	대구대학교 장애 대학생 성희롱 사건
2004년	강화초등학교 전학 종용 사건
2004년	장애인복지 관련 조례 실태와 향후 과제 토론회
2004년	장애인 교육권 확보를 향한 활동
2004년	4.15 총선 장애인 참정권 확보운동
2006년	리드릭 설립
2008년	「장애인복지법」 개정안 토론회
제3기(2010~현재)	
2010년	리드릭 대표 취임

법 개정 등의 성과를 이끌어 낸 장애인 인권운동 전략

장애인 문제를 다루기 위해서는 자본주의체제 자체를 바꾸는 것보다 자본주의체제 안에서 해결하는 것이 중요한 이슈였다. 김정열 위원장은 구체적인 방법으로 체제 안에 있는 법을 바꾸는 것이 우선이었다고 한다. 왜냐하면 법을 바꿔야 정책, 제도, 서비스가 바뀌기 때문이다. 1987년부터 1994년까지는 장애 문제를 법이라는 틀에서 바라보았다. 법을 바꾸기 위해서는 우선 전문적인 법안을 만드는 것이 필요해서 외국의 사례를 연구하여 조항 하나하나에 대한 이론적 배경으로 제시하였다. 이렇게 준비한 법안이 개인적인 주장이 아니며 보편타당한 주장임을 보이는 데 도움이 되었다.

노동의 효율성을 강조하는 자본주의 체제하에서는 노동시장에서 장애인은 탈락될 수밖에 없을 거예요. 시스템을 바꿔야 한다는 주장도 있었지만, 저와 연구소의 입장은 동구권이 무너지는 등 자본주의를 대신할 체제가 있을지에 대해 의문을 가지고 있었습니다. 자본주의 체제에서 장애인들이 어떻게 살아갈 것인가에 초점을 맞춰야 합니다. 그래서 법을 바꾸려고 하는 것에 주안점을 두고 헌법상의 교육법, 자유권 등을 어떻게 구체적으로 명시적 정책으로 전환할 것인가에 대해 법 제정 및 개정 노력을 했습니다.

이후 법안을 가지고 직접 국회의원들에게 로비를 한다거나 기성 단체나 학생, 청년 단체 등을 규합하여 공대위를 구성하였다. 그 힘을 가지고 로비를 하거나 대화가 안 될 경우에는 농성과 단식투쟁, 집회 등의 다양한 방법을 사용하였다. 이러한 방법은 중앙에서만 사용한 것이 아니라 지방 단체에서도 사용하였는데, 특히 정치적으로 유권자의 힘을 빌려 지역구 의원을 압박하는 방법을 사용하기도 하였다. 1994년 이후에는 법에 근거한 정책과 제도를 실현하기 위해 행정부와 전략적으로 일을 하기 시작하였다. 행정부와 일을 하면서 한계점이 발견될 때마다 공무원의 책임을 완화시킬 수 있는 방법을 찾아 제안하는 것을 활용하였다. 구체적으로 국회나 정당, 다른 부처를 통해서 정치적인 성향이 강한 윗사람을 통해 안전 장치를 마련해 주고, 범위나 예산을 확대한다든지 시범 사업을 정규 사업으로 전환하는 것을 시도하였다.

김정열 위원장 그가 장애인인권운동을 하면서 펼친 위와 같은 전략들은 우리나라의 민주화운동의 경험과 다른 나라의 인권운동 사례에서 배운 것을 실천에 옮긴 것이라고 한다. 약간의 차이가 있지만, 그 틀은 비슷하다며 문제 제기는 대안을 가지고 투쟁해야 한다고 강조한다. 1994년 이후에는 법에 근거한 정책과 제도를 실현하기 위한 공대위를 구성하는 운동으로 전환되었다. 이전에는 법 제정과 예산 확보를 위해 국회와 싸움이 되었지만, 1994년에 행정부와 전략적으로 일하기 위해 법인으로 되면서 국고 지원과 감사를 받기도 하면서 제도권에 들어가서 친해지면서 일하게 되었다.

행정부는 보수적인 단체이기 때문에 지금 예산이 확보가 안 되면 안 되는 측면이 있어요. 행정부와 일하면서 한계점이 느껴졌을 때 사용했던 방법은 공무원의 책임을 완화시킬 수 있는 방법을 찾아서 제안하는 것이 주요했습니다. 예를 들어, 국회에서, 당을 통해서, 다른 부처를 통해서, 정치적인 성향이 강한 윗사람을 통해서 안전장치를 마련해 주는 것이 필요하다든지 범위나 액수를 확대한다든지, 본 사업으로 전환하든지, 틈새는 관심과 애정을 가지고 본다면 보입니다.

현장 활동가들, 장애인 자신의 목소리 낼 수 있도록 조력해야

김정열 위원장은 현장 활동가들이 운동을 하는 과정에서 주제 자체에 빠질 가능성이 있다는 점을 지적한다. 예를 들어, '차별 문제'라고 한다면 차별 철폐와 관련된 법을 만든다는 등 그 주제에 따라서 움직이기 쉽다. 그것이 가장 명쾌하고 운동의 집중력을 가져오기 때문이다. 우리가 살아가는 환경은 물리적인 환경만 있는 것은 아니다. 사람이 살아가는 물리적인 환경이 아무리 좋아진다고 하여도 마음에 벽이 있으면 지역사회가 통합되는 것은 아니라는 것이다. 사람들의 마음에 '장애를 가진 사람들이 함께 살아가는 사회다.' '장애인은 사회의 구성원이다.' 이런 인식이 자리 잡도록 고려하면서 운동을 해 나가야 한다는 것이다. 그는 이것을 늘 유념했으면 좋겠다고 했다.

현장 활동가들이 다양한 경험과 정보를 가지고 있기는 하지만, 당사자가 아니기 때문에 디테일한 부분을 놓칠 가능성이 많아요. 그런 의미에서 정치적 · 사회적으로 배경이 미약하고 기술도 가지지 못하고 학력도 없는 중증장애인, 그들의 현재 이야기를 대신 해 줄 수 없다는 것이지요. 현장 활동가들은 그 사람들이 자기 목소리를 낼 수 있는 기회를 좀 더 확장해 주도록 조력을 해야 합니다.

김정열 위원장은 정책을 만드는 과정에서 장애인 당사자들이 직접 참여해야 한다고 주장한다. 그래야 그들의 욕구에 맞는 실질적인 정책이 나오게 된다는 것이다. 그는 운동가들이 물론 많이 알고 활동력도 있지만, 장애인 당사자 그들의 목소리를 대신 내겠다고 하기보다는 당사자의 목소리로 그들이 적극적으로 의사결정 과정에 참여하게 하는 방식으로 가야 한다고 했다.

그는 3년 동안 현장을 떠나 정부산하기관에서 일을 한 적이 있다. 그 당시의 경험이 장애인운동을 계속해 나가는 데 많은 도움이 됐다고 한다. 그가 일한 곳은 한국장애인진흥원이었는데, 그가 재직하는 동안에 법이 개정되면서 장애인개발원으로 명칭이 변경되었다. 2006년부터 2008년까지 진흥원에서 2년, 개발원에서 1년 있었다.

연구소를 아주 떠났던 것은 아니었지만, 어쨌든 현장은 떠나 있었어요. 개인적으로는 경험을 확장하는 계기가 되었습니다. 아무래도 우리는 정책을 제안하고 만드는 곳이니 정책을 수행하는 기관에서 경험도 필요했어요. 또 20년을 연구소에서 활동을 해 왔기 때문에 후배들도 자기 역할을 할 수 있게끔 해 주고 싶었습니다. 연구소 내부에 연구를 수행할 수 있는 역량이 갖추어져 있었기 때문에 큰 혼란이 있었던 것도 아니었어요. 이미 7, 8년을 일한 후배들이 있어서 조직의 안정성을 유지하면서 떠나 있을 수 있었습니다.

3년 뒤 그는 현장으로 복귀했다. 그동안 장애우권익문제연구소에서 직접 일을 안 한 것일 뿐, 연구소 자체를 떠날 수 있는 상황이 아니었기 때문에 그가 다시 돌아오는 것은 당연한 일이었다. 아직도 해결되지 않은 사회 문제를 안고 있고 그 문제가 언제 해결될지 알 수 없지만, 현재까지도 장애 문제는 여전히 해결 과제이며 이와 관련해 해야 할 일이 있기에 다시 제자리로 돌아왔다.

장애인 인권운동, '반차별' 없애며 전진해 나가야

그는 앞으로 장애인 인권운동의 방향에 대해 반차별을 없애며 전진해 나가야 한다고 주장한다. 구체적으로 중증장애과 지적장애, 자폐성장애, 정신장애 분야에서 고용, 임금 상태의 차별이 사라져야 한다는 것이다. 누구나 봐서 이것이 문제라고 지적할 만한 것을 찾아서 해결해야 하며, 처음에는 밑바닥을 전전하며 자신의 권리를 입증할 수 없는 사람들을 도와야 한다고 했다. 다음은 그 위에 있는 사람들의 문제를 해결하는 식으로 나아가야 한다고 강조하였다. 이러한 운동은 단기간에 성과를 이룰 수 있는 것이 아니기 때문에 10~20년 이상 집중해서 꾸준히 시도해 나가는 것이 필요하며 고용, 교육 등 모든 분야에서 그 수준을 높여야 한다는 것이다.

> 인권 문제는 과거에 비해 보편적으로 상당한 수준에 와 있지만 차별 문제는 여전히 심각해 보입니다. 노동과 교육, 사회문화적인 분야에서 권리의 순위를 매긴다면 장애인이 상대적으로 맨 밑에 위치한다고 볼 수 있습니다. 급여의 차이 등 개인차가 있지만, 통계적으로 큰 차이가 존재한다면 장애 때문에 차이가 있다고 볼 수 있어요. 그런 계층이 중증장애인이며, 지적장애와 자폐성장애, 정신장애 분야였습니다. 정신장애분야를 올리는 방법을 찾아야 합니다. 지적장애인에게 임금을 더 주는 것으로 해결이 되는 것은 아닙니다.

또한 김정열 위원장은 사회복지의 방향이 기관 서비스 중심의 전통적인 방식에서 벗어나 사회를 바꾸는 것을 목표로 삼아야 한다고 말한다. 특히 문제는 개인이 아닌 사회에 있기 때문에 사회를 변화시키는 방향으로 기관의 역할이 진행되어야 한다는 것이다. 개인에 대한 측은지심에서 출발하는 것이 필요하며 사회에 대한 문제의식을 가지고 접근해야 하는데, 현재의 기관 서비스만으로 사회가 변하는 것이 아니기 때문에 문제가 해결되지 않음을 지적한다. 따라서 장애인 자체를 바꾸기보다는 장애인을 포함한 사회가 되도록 바꾸는 것이 필요함을 역설한다. 사회복지사는 지역사회 문제를 바라볼 때 장애인이 있다고 간주하고, 지적장애인 등이 포함된 정책인가를 생각해야 하며, 이러한 관점을 배우고 유지할 수 있도록 학교의 양성과정 또한 사회 환경을 변화시키는 방향으로 바뀌어 가야 한다는 것이다.

> 우리나라는 사회복지서비스가 미국 방식으로 왔기 때문에 기관과 서비스 중심의 전통적인 방법이지요. 그러나 사회는 그대로이기 때문에 문제가 해결되는 것은 아니에요. 장애인을 포함된 사회가 되도록 해야 합니다. 장애를 바꿀 수는 없어요. 따라서 사회가 장애인을 포함한 사회가 되도록 바꾸는 것이 필요합니다.

그는 설계 자체가 장애인에게 맞지 않도록 되어 있어 이 사회에 들어오면 당연히 배제될 수밖에 없는 것이라면 사회가 문제를 먼저 해결하고, 그다음에는 장애를 가진 사람들을 포함하여 사회를 구조화하고 재설계해야 한다고 강조한다. 그런 측면에서 사회가 장애인이 살아갈 수 있는 환경을 만드는 것이 우선 전제되어야 한다. 따라서 운동하는 사람들은 그런 전제하에 자기 문제를 해결할 수 있는 사람들보다도 그럴 수 없는 사람들을 대변해야 한다는 것이다.

> 자원이라는 것은 무한한 것이 아니므로 자칫 자기 관점으로 보면 더 소외된 결과가 나올 수 있습니다. 모든 인간은 자신이 선택하고 결정할 수 있는 권리가 있지만, 그것은 이론에 불과합니다. 실제로 정신적인 장애를 가진 사람들이 그런 결정을 하기는 힘들어요. 그 선택에는 책임이 따릅니다. 그런 원리를 똑같이 적용할 수는 없어요. 이것은 사회가 받아들일 만한 환경일 때 가능합니다. 우리 사회는 이 사람들이 선택하고, 노력해서 무언가를 할 수 있는 그런 사회가 아니에요.

그는 인권을 보장받는 선택과 결정, 그것은 인간이라면 누구에게나 주어진 것이라고 말한다. 신은 자유의지를 주었으며 신을 선택할 자유의지마저도 사람에게 주었다. 그게 자기 결정권이라는 것이다. 그는 이 사회가 작동하지 않는다면 그들은 결국 배제당하는 것이라고 했다. 배제하지 않는 상황을 만들어 놓고 선택하라고 해야지, 선택하라고 해 놓고서는 불가능한 상황을 만들어 놓으면 할 수 없다는 것을 역설한다.

장애인을 포함하는 사회로 바꿔 나가는 것이 더 빠르다

김정열 위원장은 그동안 장애인 영역에서 법 제정 및 개정 운동을 전개해 왔다. 특히 자본주의체제 내에서 사회 구조를 바꾸기 위해서는 법을 바꾸거나 만드는 것이 가장 근본적인 접근이기에 우선 법 제정과 개정을 위해 관련 법안을 만들어 국회나 행정부에 제출하는 것에 전력을 다하였다. 그는 관련 법안을 만들기 위해서 국내외 법률 및 학술 자료를 연구하여 관련 근거로 활용했으며, 각종 토론회와 공청회 등의 과정을 거쳐 다양한 계층의 목소리를 담는 과정을 진행해 나갔다. 이렇게 마련된 법안을 국회에서 통과시키기 위해 이해당사자들을 모으고, 공대위를 결성하는 것을 거쳐 입법 관계자들을 만났다. 하지만 이들 관계자들과 대화가 원활하게 진행되지 않을 경우에는 과거 민주화운동과 학생 · 통일운동 등의 경험에서 배운 방법을 사용하여, 다양한 형태의 농성과 단식투쟁, 집회 등의 행동을 보이기도 한다. 이러한 급진적인 행동은 한편으로는 세계적인 운동 문화를 도입하여 활용한 것이기도 하다.

김정열 위원장의 장애인 인권운동이 보여 주듯, 결론적으로 장애 문제를 해결하기 위해서는 장애 자체는 변하지 않기 때문에 장애 자체를 바꾸기보다는 사회가 장애인을 포함할 수 있도록 사회를 바꾸어 나가는 것이 더 빠르다는 것이다. 장애인을 돕기만 하면서 변방으로 보내기보다는 그들과 함께 중심에서 살아가는 사회를 만들어 가는 것이 근본적인 문제를 해결하는 길이다.

앞으로 사회복지실천은 현재 서비스 제공 중심의 전통적인 개별사회사업 형태로는 문제를 근본적으로 해결할 수 없을 뿐 아니라 비효율적이기 때문에 사회 변화를 추구하는 방법을 모색하는 것이 요구된다. 이를 위해서는 사회복지사들이 사회 구조에 대한 관점을 개발할 수 있도록 정규교육과정에 관련 과목을 개설하고 훈련해야 한다. 또한 현장의 사회복지사들을 대상으로 한 보수교육과정 중 사회 구조적인 관점을 형성하고, 유지하는 과정을 포함하는 것이 필요하다.

한편, 장애인 인권운동을 전개해 나갈 때 법 제정과 개정, 이를 위한 투쟁에만 국한하기보다는 제정된 법을 어떻게 효율적인 정책으로 자리매김할 것인가에 대한 접근을 포함하는 것이 필요하다. 법을 집행하기 위해서는 예산과 인력이 투여되는 정책이 실현되어야 하는데, 예산이나 인력이 보장되지 않는다면 법률의 실효성이 떨어지기 때문이다. 행정부 안에서의 정책적 실천과 접근에 대한 급진적 방법을 모색해야 한다.

04

커밍아웃……
그들을 수면 위로 끌어올리다

– 성소수자 문화환경 모임 연분홍치마 이혁상 감독 | 정혜윤 |

우리나라에서 성소수자 문제가 이슈가 된 것은 최근의 일이다. 요즘 사회가 겪고 있는 다양한 현상 중 하나가 성소수자 문제이지만, 그들에 대한 인권이나 차별문제에는 별로 관심을 갖고 있지 않다. 이는 성소수자가 존재하지 않아서가 아니라 그들이 자신의 존재를 잘 나타내지 않았기 때문이다. 우리 사회는 성소수자를 정신병자 내지는 혐오스러운 죄악을 지은 자라고 사회적인 낙인을 찍으며 거리를 두면서 부정적인 감정을 드러냈다. 성소수자 문화환경모임 '연분홍치마' 이혁상 감독은 2003년 여성주의 문화운동으로 출발해 어느 누구도 관심을 갖지 않는 성소수자들을 위한 인권운동을 10년째 전개하고 있다. '종로의 기적' '두 개의 문' 등 다큐멘터리 제작을 통한 미디어활동, 차별금지법 제정과 다양한 문화활동으로 성소수자들에 대한 인식전환과 사회제도의 변화를 이끌어 내면서 그들이 커밍아웃 등 세상의 수면 위로 나올 수 있게 하는 데 크나큰 영향력을 발휘했다. 그가 펼쳐 온 성소수자 인권운동에 대해 살펴본다.

성소수자에 대한 관심 턱없이 부족해

우리 사회에는 이른바 사회적 소수자, 약자 또는 주변인 또는 소수권리자 등으로 불리는 사람들이 존재하고 있다. 이들은 상대적으로 사회의 중심이나 보편적이고 정상적인 집단에서 벗어나 있다. 사회 내에서 타자나 타인의 위치로 존재한다는 것은 사회를 능동적으로 이끌어 가는 주체의 위치에서 이탈되어 그들의 중심에 참여하지 못하고, 이들 주체들의 보호를 받거나 경계나 격리되는 대상자가 되어

가고 있음을 의미한다. 최근 이와 같은 집단들에 대한 사회 내의 인식이 우리 사회 언론들의 보도 경향과 연계가 깊음이 드러나고 있다. 이는 우리 미디어가 이들 집단이나 대상들에 대한 사회적 인식을 형성하거나 기존의 인식을 전환하게 하는 주요 매개체이기 때문이다. 우리가 이들 집단의 일원이 되기 전에는 이들이 실제로 겪고 있는 어려움이나 문제점을 인식할 수 없다. 단지 미디어로 표현되는 사실에 의해 간접적으로 지각하고 이해할 뿐이다(백선기, 2007).

연분홍치마, 성소수자 인권운동에 앞장서다

1990년대 중반부터 한국 성소수자 인권운동의 역사는 점차 가시화되기 시작했다. 인권모임의 결성을 통하여 자신의 모습을 드러내고 점점 목소리를 높이기 시작함으로써 변화가 일어나기 시작한 것이다. 현재 많은 미디어는 사회복지 대상인 장애인, 이주노동자, 비정규직 노동자, 노숙자, 빈민, 노인, 청소년, 외국인 노동자 등의 현실을 방송하고 보도하여 기금마련과 서비스 원조뿐만 아니라 일반 시민들의 인식의 형성과 변화에 큰 기여를 하고 있다. 이와 달리 성소수자인 경우, 미디어에서 다루어지는 경우는 극히 드물다. 설사 다룬다 할지라도 많은 미디어가 성 정체성을 장애로 규정함으로써 이들의 존재는 가족과 사회에 짐을 주는 죄인으로 묘사되고 동정과 차별의 대상으로 그려지고 있다(이지혜, 2012). 미디어에서 그려지고 있는 성소수자들은 병리집단, 범죄집단, 청소년 유해집단, 에이즈 유포집단 등으로 다루어지고 있어 특히 청소년에게 올바르지 않은 성 정체성을 심어 주거나 더 나아가 이들을 에이즈를 확산시키는 주범이라고 낙인찍고 있다. 미디어가 끼치는 가장 큰 문제는 이러한 미디어들의 일방적 묘사와 담론에 대한 동성애자들의 저항이나 이의제기가 일반인에게 전달되지 않고 지속적으로 성소수자에 대한 편견과 차별을 심화시킨다는 점이다.

공중파 방송 및 미디어가 우리 사회의 구성원으로서 마땅히 누려야 할 성소수자들의 인권문제를 가시화하고 그들이 사회에서 받는 차별이나 편견에 대한 문제를 일반인에게 알려야 함에도 불구하고 그들을 단지 흥밋거리나 사회적 이탈자로 다루고 있어 대중의 성소수자에 대한 관점을 더욱 왜곡시키고 있다. 또한 대부분의 미디어는 성소수자들의 목소리와 정체성을 담아내지 못하는 한계를 가지고 있다. 성소수자에 관한 이해가 결부된 타자의 시선으로 성소수자 문제에 접근하게 되면서 성소수자들을 재현의 대상이나 변수로 취급하여 그들이 정체성을 어떻게 형성해 왔는지, 어떤 문화적 실천에 관심을 기울였는지를 살펴보지 못하고 있다(박지운, 2011).

그러나 최근 이런 왜곡된 성소수자의 재현된 모습에 대응한 많은 변화가 나타나고 있다. 많은 인터넷, 방송, 영화와 같은 다양한 미디어를 통해 성소수자 커뮤니티가 급격히 성장하고 있으며, 성소수자들은 자신과 같은 성소수자의 삶을 담은 문화적 생산물을 접하게 되면서 사회에 성소수자 인권을 드러내기 시작했다. 연분홍치마는 다양한 성소수자 미디어 활동을 통해서 가장 활발하게 성소수자운동에 앞장서 온 단체다. 연분홍치마는 성소수자 문화환경 모임으로서, 그동안 주로 이성애자 입장에서 성소수자의 악의적인 시선으로 보도해 온 미디어에 대항하여 성소수자의 일상과 현실을 계몽주의 입장에서 기록하면서 성소수자의 정체성을 알리고 있다. 당사자로서 성소수자에 대한 일반인의 부정적인 인식을 개선하고 인권을 보호하기 위하여 성소수자의 「차별금지법」 제정을 위한 운동을 펼치고 있는 연분홍치마 활동가 이혁상 감독을 만났다.

미디어에서 성적 소수자 재현…… '변태성욕자' '사회적 이단아'

신문, 방송, 서적, 영화와 같은 미디어들은 현대사회에서 매우 중요한 위치를 차지하고 있다. 우리는 일상에서 직접 부딪히는 소수의 경험을 제외하면 대부분의 정보는 미디어를 통해 전달받고 있다. 또한 미디어는 여러 가지 정보전달을 매개하는 역할뿐 아니라 재화와 물질을 전달하는 역할 또한 담당하고 있다. 때문에 미디어는 다양한 사회과학 영역, 특별히 사회복지 분야에서 큰 관심대상이 되고 있다. 현재 미디어는 변화되는 현실 속에 진보하는 기술, 새로운 것을 요구하는 관객 그리고 매체의 다변성 등 새로운 사회환경과 결부되어 발전하면서 다양한 소재를 다루고 있다.

기존의 정치, 경제, 사회 분야를 벗어나서 지금은 사회복지 분야의 대상이 되는 빈민과 노동문제, 다문화가족, 청소년, 가족, 성소수자, 마을공동체 사업 등 미디어의 범위는 현재 눈에 띄게 늘어나고 있다. 또한 미디어는 사회적 약자와 소수자들에 대한 보도를 통해 이들을 위한 후원사업이나 기금마련에 큰 성과를 올리고 있다.

가장 성공적인 예는 2011년 9월 개봉된 영화 〈도가니〉를 통해서 같은 해 10월 28일 국회를 통과한 아동 · 장애인 성폭력 범죄에 대한 처벌을 강화하는 내용을 골자로 한 '성폭력 범죄의 처벌 등에 관한 특례법 개정안'을 들 수 있다(황지성, 2012). 영화가 개봉된 후 전 국민의 관심이 쏠리자 한동안 묵시되었던 아동, 장애인에 대한 성폭력 처벌 강화에 대한 법안이 같은 해 11월 긴급하게 제정되었다. 이 일례만 보아도 미디어가 얼마나 많은 영향을 대중에게 미치는지를 알 수 있다.

이렇게 미디어의 영향력이 큼에도 성소수자에 대한 저예산 독립영화나 인디영화들은 대중에게 알려지는 경우가 거의 없어 영향을 미치지 못한다. 불과 1990년대 중반까지만 해도 동성애를 묘사하는 것은 터부시되어 왔다. 그나마 TV에 비춰지는 게이는 '변태 성욕자' 에 불과하거나 사회적인 이단아로 간주되었으며, 언론이나 신문기사에서는 그들을 사회적인 이슈로 다루는 것조차 조심스러워했다. 그만큼 성소수자는 대중에게는 생소한 사회 이탈자였으며 기껏해야 흥미의 대상거리였다. 간신히 미디어에서 성소수자에 대해 다루기 시작하자 대중은 성소수자 모습에 노골적인 불쾌감을 드러냈다. 설상가상으로 '역겹다' '더럽다'는 이유로 지나가던 성소수자에게 한밤에 묻지마 폭행을 가한 사건 등도 있었으며, 한 남자 연예인의 커밍아웃이 사회적인 논쟁거리가 된 후 언론은 그를 몇 년 동안 방송에서 퇴출시켜 버렸다. 이것은 여전히 성소수자에 대한 사회적 차별이 존재하며, 성소수자들을 더럽고 역겨운 사회악으로 치부하거나 비정상적인 존재로 규정짓는 부정적인 이미지 또한 여전히 자리 잡고 있음을 보여 준다.

처음으로 성소수자의 삶과 애환을 TV에서 직접적으로 보여 준 드라마 〈인생은 아름다워〉(SBS, 2010)가 방영되자, '참교육 어머니 전국모임'과 '바른 성문화를 위한 전국연합'은 "'게이'된 내 아들 AIDS로 죽으면 SBS가 책임져라!"라는 광고를 조선일보에 게재하며 성소수자에 대한 불편한 심정을 노골적으로 드러냈다. 성소수자인 모델 겸 탤런트인 김지후가 성소수자의 정체성 찾기를 독려하는 tvN의 프로그램 〈커밍아웃〉(2008)에 출현하여 성소수자 인권을 위하여 자신이 성소수자임을 커밍아웃했다. 그러나 결국 그가 네티즌의 악플에 못 이겨 자살에 이른 사건만 보더라도 성소수자들에 대한 차가운 시선과 편견이 우리 사회에 여전히 팽배하다는 것을 알 수 있다(이진, 2013).

미디어에서 성소수자는 시대의 변화와 맞물려 변태 성욕자에서부터 완벽한 꽃미남에 이르기까지 다양한 모습으로 변주되어 나타나고 있다. 성소수자의 목소리를 전달할 수 있는 마땅한 통로는 아직 부족하다. 그나마 성소수자들은 미디어를 통해 자신의 목소리를 전달하려고 노력하고 있다. 그러나 미디어에 나타나는 것은 성소수자를 밝히는 커밍아웃의 시작단계로, 이것은 곧 투쟁과 활동이 시작되는 것이다. 미디어상에서 모자이크 처리는 우리 사회의 성소수자 인권 수준을 드러내는 장치이며, 그들이 얼마나 차별과 억압받고 있는지를 보여 주는 것이다.

현재 매스미디어에서 보여 주는 성소수자의 모습은 다채로운 삶의 방식으로 대중에게 받아들여지지 않고 흥미로운 대상으로 다루어질 뿐, 이성애를 중심으로 한 관점에서 조명되며 다루어지고 있다. 또한 성소수자들의 이야기를 다룬 영상물을 제작했어도 TV에서 방영하거나 극장에서 개봉한다는 것은 상당히 힘든 편이다. 왜냐하면 무엇보다도 제작자는 출연자를 보호해야 하며, 영화의 방영이나 극장개봉 과정에서 성소수자들의 커밍아웃이 시작되기 때문이다. 성소수자들은 커밍아웃을 통해 사회로부터의 긍정적인 힘을 얻기도 하지만, 대부분은 사회적 낙인으로 인한 상처와 두려움, 좌절을 경험하게 된다. 따라서 미디어를 통한 다른 사회복지대상자 아동, 노인, 이주노동자 등에 대한 일반인의 긍정적인 효과와는 달리, 성소수자에 대한 미디어 프로그램들은 그들을 좀 더 위험한 상황에 노출되게 만들 수 있다.

성소수자 커뮤니티 형성에 결정적 역할을 한 인터넷

인터넷과 같은 뉴미디어를 통한 미디어의 활용은 성소수자 커뮤니티의 급격한 성장과 소수자문화의 흐름에 큰 역할을 해 왔다. 한국의 성소수자 미디어는 대부분 성소수자에 의해서 만들어지고 운영되고 있지만, 지난 20년 동안 성소수자들이 만든 다양한 미디어 형태는 존재하고 사라져 왔다. 국내 최소의 성소수자 미디어는 1993년 한국 최초의 성소수자 인권단체인 '초동회'가 1993년 12월에 발간한 소식지다. 1990년대는 한국 성소수자 인권운동역사의 가장 중요한 시기이며, 이때 해외에서 성소수자 단체활동과 경험을 접해 본 유학파나 교포들이 한국 내에서 성소수자 단체조직에 관심을 보이기 시작했다. 1994년 2월 남성 성소수자 인권운동 단체인 '친구사이'를 설립하고, 11월에는 레즈비언들의 인권모임 단체인 '끼리끼리'를 결성한다.

당시 소식지들은 성소수자들에 관한 지식과 정보를 전달하려고 노력했으며, '성소수자＝에이즈' 라는 편견을 깨기 위해 많은 글을 싣기 시작했다. 1995년부터 대학을 중심으로 성소수자 모임이 생겨나고, 동아일보, 시사저널 등 주요 언론이 이들을 보도하기 시작하면서 많은 논란과 사회적 관심을 불러일으켰다. 당시 학생들 사이에서 배포된 소식지는 성소수자에 대한 편견을 바로잡음으로써 긍정적인 정체성 형성에 노력하였다. 1990년 중반부터 활성화된 PC 통신은 성소수자 커뮤니티 형성에 결정적인 역할을 했다(한채윤, 2011). 인터넷은 성소수자임을 숨기고 살고 있는 사람들에게 그들과 같은 성적 지향성을 가진 사람이 많다는 심리적 안정감을 주고, 공동체의식을 심어 주는 이상적인 미디어로 등장한다. 1998년 2월에는 한국 최초의 성소수자 전문지 「버디」가 창간되는데, 이것은 게이와 레즈비언을 포함한 이슈를 포괄적으로 다루고 있으며 출판등록을 한 전국서점에 공식 유통된 유일한 미디어였다. 그러나 미지근한 독자들의 반응과 재정적인 어려움을 겪다 폐간되면서 종이매체에서 온라인으로 이동하게 되었다. 다시 말하면 PC 통신의 등장으로 친목도모를 목적으로 시작된 모임이 동호회 형태가 되면서 인권운동으로 활동의 범위를 넓혀 가게 된 것이다(이서진, 2007).

1998년 6월에 동성애자 단체협의회가 만들어지는 것을 시점으로 성소수자 동호회가 천리안, 유니텔, 하이텔, 나우누리 네 개 통신에 모두 가입하면서 PC 통신을 활용하여 성소수자 인권단체의 기반이 다져졌다. 이러한 여세를 몰아 성소수자 동호회는 같은 해 11월 제1회 퀴어 필름 & 비디오 페스티벌 영화제를 개최하며 다양한 커뮤니티의 반응을 만들어 냈다. 당시 성소수자들에게 공식적으로 '퀴어' 라고 이름 붙인 오픈된 공간에 접근하는 것은 자신을 아우팅한다 본인은 원하지 않는데 남이 나서서 그가 동성애자임을 밝힘 는 상당한 부담을 주었다. 그러나 영화가 보여 주는 다양한 삶의 재현을 통하여 성소수자들은 자신의 정체성에 대한 고민을 경험할 수 있었으며, 그들의 용기 있는 참여는 다양한 정체성별 영역을 만드는 기반이 되었다(배재윤, 2012).

이를 계기로 그 후 주류 미디어는 성소수자의 왜곡된 이미지를 재창조하며, 그들의 살아 있는 일상과 경험을 재현하기 시작했다. 미디어 기록팀은 오프라인 행동을 하고 있는 곳이라면 언제 어디든지 동행하면서 '성소수자차별저지긴급행동'의 활동을 기록하기 시작했다. 이들은 최대한 공식활동 당일 배포될 수 있는 뉴스릴을 제작하고, 성소수자 차별에 대해 알릴 수 있는 홍보 영상물을 제작하였다. 그동안 사회운동이나 미디어운동은 시위나 투쟁이라는 공격적인 활동으로 인식되어 왔었다. 이러한 운동과 대조적인 미디어를 통한 성소수자차별저지긴급행동은 다양한 행동과 공연으로 사람들에게 친근하게 다가가 기록영상을 사람들에게 보여 줌으로써 관심과 감동을 이끌어 내는 길거리 문화로 인식되기에 이르렀다.

성소수자운동과 급진사회복지 실천의 '반차별-반억압' 관점

반차별-반억압 관점은 급진주의에서 유래한 관점으로, 마르크스주의 또는 계급주의 입장에서 관계란 갈등적이라는 가정하에 사회가 인간의 모든 생활측면을 지배한다고 주장하며, 인간을 단지 자본을 창출하는 기계의 일부로만 여기는 사회체계가 인간을 파괴하고 있다고 설명한다. 또한 이 관점은 인간과 사회가 적절한 조화 속에 변화되기 위한 선행조건으로 인간의 의식해방을 강조한다(이수정, 2006).

반차별-반억압 관점에서 차별은 개인의 신념과 행동에 의해 만들어지고 유지되나 이 신념과 행동은 사회구조 내에서 어떤 집단이 자신의 지배적인 지위를 유지하고 강화하기 위하여 행사하는 권력에서 발전되어 나온 이념을 통해 강화되는 것이다. 다시 말하면 차별이란 어떤 특성을 가진 집단을 발견하여 그들이 전통적으로 가치가 있다고 여겨져 온 특성을 가지고 있는 개인 및 집단보다 열등하게 취급하는 것을 말한다. 억압은 권력이 불평등하다는 가정에 기초한 개인적 · 사회적 관계에 의해 특징지어지는 것으로 사람들은 자신의 생활 속에서 스스로 권력의 부족을 수용하고 이를 내면화하게 된다. 따라서 억압적으로 활동하지 않기 위해서는 임파워먼트[3] 접근이 필요하다. 반차별-반억압 이론에서 억압받는 집단의 관점과 다중문화적 관점은 사회복지가 여성, 다양한 소수집단, 장애인과 노인집단의 욕구에 대하여 새로운 관심을 가지게 하였으며, 이 집단들의 억압 및 사회의 불평등과 분열에 대한 다양한 기반을 고려할 수 있도록 해 주었다.

3 임파워먼트 접근은 억압받는 사람들이 자신의 삶에 대해 더 많은 통제력을 가지고 자신의 개인적 자원을 인식하여 활용할 수 있는 능력을 개발하여 자신의 욕구와 열망을 충족시키는 데 발생하는 장애를 극복하고, 의사결정에서 목소리를 높이고 불평등과 억압을 경험하는 상황에 도전할 수 있도록 원조하는 데 초점을 두는 접근이다(말콤페인, 2001).

평등의 원칙 실현하기 위한 확인적 입법, 「차별금지법」

「차별금지법」은 헌법의 핵심원리인 평등의 원칙을 실현하기 위한 확인적 입법으로서, 헌법이념의 실현을 도모하고 있으며 정치, 경제, 문화 등 사회 모든 영역에서 성별, 나이, 출신지, 인종, 학력, 성적 지향 등을 이유로 한 차별을 금지하는 법안이다. 차별 피해자는 국가인권위원회 진정이나 소송을 통해서 구제받을 수 있고 법원은 차별 중지, 손해배상, 임금, 근로조건 개선 등 적극적인 차별시정 조처를 내릴 수 있고 차별진정이나 소송을 낸 사람에게 해고, 징계, 퇴학 등의 불이익을 줄 경우에는 2년 이하의 징역이나 1천만 원 이하의 벌금형에 처하게 되며, 국가와 지방자치단체는 기존의 법령, 조례, 정책 등을 이 법의 취지에 맞게 고쳐야 한다.

지난 10월 말, 법무부는 국가인권위원회가 3년 동안 준비하여 입법권고한 「차별금지법」의 20개 차별 금지사유 항목에서 성적 지향, 병력, 학력, 가족형태, 범죄전력, 언어, 출신국가 등 7개의 항목을 차별사유에서 삭제한다고 밝혔다. 이는 보수 기독교계와 재계의 입김에 법무부가 타협한 것으로 성소수자들은 이런 기만적 태도에 분노하여 성소수자차별저지긴급행동을 조직하여 부당함을 알리는 활동을 시작하였다. 사회적 약자들을 보호하여 '모든 국민의 평등을 실현하겠다.'는 「차별금지법」 본연의 제정취지를 완전히 훼손한 것이다(성소수자차별반대 무지개행동, 2008).

반차별 금지법에 대항하는 성소수자 긴급행동

2004년 청소년보호위원회로부터 동성애 조항이 최종 삭제된 이후 한국의 성소수자 이슈가 커지기 시작했다. 그동안 관심이 적었던 군대 내 동성애자 인권 현실과 성전환자들의 성별 정정 이슈가 사회적으로 나타나기 시작했다. 에이즈 낙인으로 오인을 받았던 성소수자들이 감염자들과 함께 에이즈운동을 건설하는 과정에 참여했다.

'「차별금지법」의 올바른 제정을 위한 반차별 공동행동'으로 성소수자운동의 구심점이었던 성소수자 긴급행동과 여성, 이주노동자, 장애인, 청소년 등과 같은 주체별 영역 인권운동뿐만 아니라 진보적 기독교회, 진보정당, 법률단체 등 광범위한 단체들이 모였다. 반차별 공동행동은 몇 차례의 토론회와 공청회를 거쳐 독자적인 차별금지법안을 만들어 국회에 발의하는 등 「차별금지법」 입법운동과 다양한 반차별운동을 묶어 내는 활동을 해 왔다. 그 와중에도 성소수자긴급행동은 '성소수자 차별 반대'를 의제로 다양한 활동을 독자적으로 꾸준히 벌이고 있다.

여성주의 문화운동에서 성소수자운동으로 확대돼

▌ 연분홍치마는 어떻게 만들어지게 되었나요?

저희 풀네임은 성소수자 문화환경 모임입니다. 처음부터 성적소수자LGBT를 위한 활동을 하기 위해 만들어진 것은 아니며 시작은 중앙대학교 영화과 세미나 모임입니다. 김일란 선배 이외에 다른 선배들과 페미니즘과 섹슈얼리티에 대해서 공부를 하다가, 학습만 하지 말고 사회적인 움직임을 끌어 낼 수 있는 단체를 만들어 여성주의와 섹슈얼리티 활동을 해 보자는 생각을 하게 된 것이지요. '성소수자 문화환경 모임'이라는 이름에서 성소수자는 단지 성적소수자만이 아니라 남성중심 사회에서 소외되어 있는 모든 소수자, 특별히 여성을 위한 것이었습니다.

초반부터 성소수자운동을 하겠다고 한 것은 아니었고, 연분홍치마에 성소수자 당사자들이 있어서 자연스럽게 시작을 했습니다. 즉, 여성주의 문화운동으로 시작해서 그 안에서 확대가 된 운동이죠. 배운 것이 영화라 손쉽게 접할 수 있는 다큐멘터리로 시작하자 해서 2003년에 시작했고, 2014년이 10주년이 되는 해입니다.

〈종로의 기적〉이나 〈3XFTM〉 같은 성소수자 영화를 만들면서 이 영화가 사회에 어떤 영향을 주기를 바라나요?

일단 저희가 영화를 만들 때 크게 두 가지 방향으로 나누어서 생각해요. 성소수자 당사자들, 또 하나는 비성소수자들. 비성소수자들을 위한 전략은 계몽주의 기능으로 성소수자들의 다양한 일상과 현실을 알리는 다큐멘터리가 되었으면 좋겠어요. 성소수자들에게는 "여기서 잘 살고 있는 친구들이 있어요."라고 알리고 싶어요. 왜냐하면 커뮤니티에 나와 있는 사람은 다행이지만, 곳곳에 어쩔 줄을 모르고 방황하거나 안 좋은 생각을 하고 있는 사람이 많기 때문이죠. 그들에게 '고통의 나락에 빠져들지 마시고 나오라.'는 구원의 메시지를 전하는 역할을 했으면 좋겠어요.

미디어를 통해 적극적으로 커밍아웃할 수 있다는 것은 큰 변화

직접 만든 영화가 사회에 영향을 미쳤다고 생각하나요?

물론입니다. 이것은 물론 영화의 힘뿐만 아니라 여러 가지 한국사회의 변화, 성소수자운동이 함께 있어서 가능했을 겁니다. 연분홍치마가 만든 다큐 이외에 다양한 활동을 통해 '연분홍치마가 만드는 영상이라면 내가 커밍아웃할 수 있겠구나.' 하는 신뢰감을 얻을 수 있었어요. 주류 미디어에서 이성애자가 만드는 영상의 경우 매우 악의적으로 편집을 하거나 자기의 입맛에 맞게 전유물로 만드는 경우가 많은데, 연분홍치마의 경우 자신 있게 우리의 이야기를 할 수 있겠다는 생각을 하시는 분들이 많아졌어요. 처음에는 연분홍치마가 이런 목적으로 영상을 찍겠다 할 때 불편해하시는 분도 많았는데 그런 부분이 조금씩 없어진 것 같습니다. 영상을 통해서 많은 분이 커밍아웃을 적극적으로 할 수 있던 분위기가 많이 조성됐어요.

또한 예전에는 주류 미디어의 악의적인 시선 때문에 한발 물러섰지만 이젠 우리만의 미디어를 통해서 우리의 이야기를 확실하게 할 수 있다는 자신감을 가지고 적극적으로 미디어를 통해 커밍아웃을 할 수 있다는 것이 큰 변화인 것 같습니다. 〈종로의 기적〉을 보고 나서 친구 사이와 동성애자 인권회에 후원금이 많이 늘어났어요. 더 큰 영향은 혼자 커뮤니티에 나오지 못하고 방황하는 사람들이 극단적인 생각을 하기 직전에 영화를 보고서 종로를 알게 되고, 커뮤니티를 알게 되어 생각을 고쳐먹은 겁니다.

성소수자들의 경우 노년 대책이 있나요?

성소수자라면 늘 고민하는 문제이지요. 이성애자들은 결혼이란 법적 제도나 자녀들로 인해서 노년에 대한 불안은 없지만, 한국에서 성소수자들은 '혼자 살 수 있겠구나.' '고독사할 수 있겠구나.' 하는 고민을 하게 됩니다. 그래서 새로운 가족형태, 공동체 형성이 가시화되기 시작했는데 서울 망원동이 공동체가 모여 있는 지역 중의 하나입니다. 처음에는 집값이 싸고 홍대, 신촌이 가까워서 거주하기 시작했는데 점점 하나둘씩 성소수자들이 산다는 소식에 모이기 시작했어요. 지금은 그들과 같은 생활과 비밀을 공유하는 친구들이 이웃에 있으니 아프거나 안 좋은 상황에 있을 때 도움을 청할 수 있을 거라는 꿈꾸는 공동체입니다.

당연히 제정되어야 할 「차별금지법」

「차별금지법」에 대한 의견은 어떻습니까?

당연히 제정되어야 한다고 생각해요. 성소수자들은 어린시절에 감수성이 남달라 놀림과 따돌림을 당한 기억이 있습니다. 차별에 있어서 혐오감이나 폭력에 노출되었던 사람들은 그 필요성을 느낄 것 같아요. 이유 없는 폭력과 차별을 당하는데 그것에 대해 사회적 보호를 받는 것은 당연하죠. 기독교에서는 동성애를 합법화한다고 단정을 짓는데, 우리가 말하는 「차별금지법」은 성소수자에 대한 차별을 금지한다는 것입니다. 출신지역이나 학력 등으로 차별을 받지 않아야 한다는 것에 성소수자가 포함된 것일 뿐입니다.

앞으로 어떤 계획이 있나요?

'두 개의 문'을 제작하면서 알게 된 용산참사 구속자분들은 거의 출감되었지만, 부상이 심한 분들은 병원에 있으면서 집행유예를 받았어요. 다행히 부상이 회복되어 그분들에 대한 최종판결이 있을 것 같아요. 형이 확정될지 어떨지는 아직 미정인데 이번 주 목요일은 그분들의 재판에 참여할 예정입니다.

연분홍치마가 여성주의나 성소수자에 대한 작품을 계속해 왔기 때문에 용산참사에 대한 다큐도 약자들을 위한 활동이라고 생각해요. 다음 작품은 아직 정해지지 않았지만, 종로에 계시는 나이 많은 성소수자에 대한 이야기를 담고 싶어요. 그분들의 이야기를 통해서 어떻게 종로가 성소수자들의 메카로 성장할 수 있는지를 알아보려고 해요.

성소수자 위한 '연분홍치마'의 활약을 더욱 기대하며

지금까지 한국에서 미디어가 성소수자 삶의 변화와 인권향상에 미치는 영향과 그에 따른 결과를 연분홍치마 활동가 이혁상 감독을 통해 알아보았다. 현재 한국 주류 미디어에서 이성애자들은 성소수자에 관한 이해가 결부된 타자의 시선으로 성소수자 문제들에 접근하게 되면서 성소수자들의 목소리와 정체성을 담아내지 못하고, 음란한 존재나 단지 차별적인 존재로 그들을 재현하고 있다.

여기에 대응하여 연분홍치마는 성소수자의 눈으로 본 그들만의 영화를 만들어 성소수자들을 좀 더 현실적으로 다양하게 재현함으로써 그들에 대한 편견과 차별을 없애는 데 노력하고 있다. 또한 그들은 「차별금지법」 반대와 다양한 문화운동을 통해서 사회제도의 변화와 개선에도 노력을 하고 있다. 미디어를 통한 연분홍치마의 활동은 성소수자들에 대한 인권향상과 그들이 커밍아웃을 할 수 있는 환경을 마련해 줄 뿐만 아니라 이성애자들이 가지고 있던 성소수자들에 대한 잘못된 편견이나 차별에 대한 인식의 전환에도 많은 역할을 할 것이라고 기대된다.

05

누군가 자신을 온전한 사람으로 대해 주길 바라는 거죠

– 진실과 화해를 위한 해외입양인 모임 제인 정 트렌카 대표 | 김인수 |

제인 정 트렌카는 해외입양인의 경험을 풀어낸 자전적 소설『피의 언어』,『덧없는 환영들』을 쓴 작가이자 진실과 화해를 위한 해외 입양인 모임Truth and Reconciliation for the Adoption Community of Korea: TRACK 대표로 활동하고 있다. TRACK에는 2007년에 우연한 계기로 해외입양인 출신 모임의 리더인 친구를 통해 단체 결성에 참여하게 되면서 현재에 이르렀다. 모임의 리더였던 덴마크에 입양됐던 친구가 학업으로 인해 활동을 중단하게 되자 자연스럽게 그가 모임의 구심점이 됐다. 그 후 해외입양인들을 위한 활동을 하는 과정에서 「입양특례법」 개정운동을 벌였다. 이와 함께 미혼모 문제 또한 별개가 아닌 것을 인식하고, 미혼모들과의 만남과 소통을 전개해 나갔다. 시간이 지나자 미혼모들의 모임이 온라인과 오프라인으로 결성되었고, 본격적으로 이들과 함께 '싱글맘의 날', 국제 콘퍼런스, 사회인식 개선을 위한 이벤트 등 해외입양인과 미혼모들을 위한 운동을 지속적으로 진행하고 있다.

먼저 우리나라 입양과 그 역사에 대해 살펴보면서 제인 정 트렌카의 활동에 대해 다루어 본다.

입양의 최소 원칙

입양이란 친부모가 아동을 키울 능력이 없거나 키우려고 하지 않을 때 그 아동에게 영원한 대체가정을 제공하는 것으로, 생물학적으로 관계가 없는 성인과 아동이 법적 · 사회적 과정 안에서 부모-자녀 관계를 형성하고, 입양된 아동이 친자녀와 동등한 혜택과 자격을 갖게 되는 것이다. 즉, 어떤 이유로든 자신을 낳아 준 부모와 함께 살 수 없게 된 아동에게 잘 보호받을 수 있는 가정을 제공하고, 아동이 자녀가 되었음을 법적으로는 물론 사회적으로도 인정하는 것이 입양이다.

아동에게 입양서비스를 제공할 때에는 최소한 다음과 같은 원칙이 준수되어야 한다.

첫째, 아동에게 최선의 장소는 친가정이다. 친가정이 아동이 필요로 하는 보호를 줄 수 없음이 분명할 때에만, 입양이 고려되어야 한다. 즉, 입양서비스 이전에 가족복지 서비스가 먼저 제공되어야 하며, 친부모와 확대가족의 아동양육 의무와 친가족 보호를 지원하는 정부의 의무가 강조되어야 한다.

둘째, 아동에게 장기 대체보호가 필요함이 분명할 때, 입양은 대체보호 방법 중 최선의 방법이다. 왜냐하면 입양은 위탁보호나 시설보호보다 훨씬 더 큰 안정감, 영속감, 친밀감, 소속감을 아동에게 주기 때문이다.

셋째, 입양가정 선택 시 우선적으로 종교나 민족적 배경 등이 아동의 친부모와 동일한 가정에의 입양이 고려되어야 한다. 이것이 불가능할 경우에 한하여 종교나 민족적 배경이 다른 가정이 고려되어야 하며, 그 가정은 아동의 종교적 · 민족적 배경을 인정하고 존중하여야 한다.

넷째, 입양은 친부모-아동-양부모 중에서 우선적으로 아동을 위한 것이어야 한다. 아동을 위해 가정이 제공되어야 하지, 가정을 위해 아동이 제공되어서는 안 된다. 친부모와 아동의 관계에서도 입양은 아동을 위한 것이어야 한다.

다섯째, 입양의 필요성 여부는 가능한 한 빨리 결정되어야 하며, 불필요한 시간이 지체되어서는 안 된다(박인선, 2001에서 재인용).

우리나라 「아동복지법」은 그 목적을 "아동이 건전하게 출생하여 행복하고 건강하게 육성되도록 그 복지를 보장"하는 데 두고(제1조, 2013) 아동에게 가정의 중요한 역할을 이야기하고 있다. 현대적 의미의 입양은 아동의 복지를 우선으로 하는 것이다. 아동복지로서의 입양의 이념은 아동복지권과 관계되는 것으로, 아동의 복지권이란 아동이 인간으로서 존중되고 그들이 건전한 생활을 할 수 있는 권리를 말한다. 프레드릭슨Frederikson이나 카두신Kadushin 등은 아동의 복지권에 따라 아동은 누구나 건전하게 키워질 권리, 정상적인 가정생활을 누릴 권리 및 부모의 보호를 받을 권리가 있고, 사회는 아동들에게 이러한 권리를 누리게 해야 한다고 주장하였다(Frederikson, 1950: 최진희, 2003에서 재인용).

이와 같은 아동복지에 입각한 입양의 이념은 세계 각국에 입법화되어서 아동을 위한 입양이 제도적으로 보장되고 있다. 따라서 입양이 아동복지에 입각하여 이루어지려면 국가의 역할이 부각되며 이를 실현하기 위한 국가의 노력이 매우 중요한데, 이는 아동복지정책을 통해 실현된다. 그러므로 입양정책이 지향해야 할 바는 모든 아동이 태어난 가정에서 친부모에 의해 자랄 수 있도록 국가가 노력해야 하며, 이러한 연후에도 친부모에 의해 아동이 보호될 수 없는 경우, 그 아동에게 입양을 통한 가정보호의 기회가 제공되어야 하는 것이다(최진희, 2003에서 재인용).

이러한 의미에서 카두신은 아동양육에 대한 최고의 장소는 아동 자신이 태어난 나라에서 가족과 함께 있는 것이며, 또한 입양이 필요한 경우에도 아동이 자신의 나라에서 입양될 수 있도록 국가가 최고의 노력을 기울여야 한다고 주장하였다. 따라서 국가 및 입양관계 기관은 아동이 태어난 나라 안에서 영구적인 가정보호를 하기 위한 모든 방법을 고려해야 하며, 이것이 아동을 위한 최선의 복지라고 할 수 있다(양소민, 1998: 최진희, 2003에서 재인용).

한국 아동의 해외입양 역사

한국 아동의 해외입양은 전쟁의 광풍이 잦아들면서 시작되었다. 한국전쟁 참전 미군이 귀국하면서 전쟁 고아를 데려가거나 혼혈아동을 미국으로 보낸 것이 시초다. 체계적이고 지속적인 해외입양 사업은 현 홀트아동복지회 설립자인 해리 홀트Harry Holt가 물꼬를 텄다. 미국 오리건 주에서 농장과 목재 사업을 운영하던 백만장자 홀트는 한국전쟁의 참상에 대한 소식을 듣고 방한해 고아와 혼혈아의 입양을 추진했다. 그는 당시 한 가구당 입양아를 두 명으로 제한한 「미국 난민법」을 개정하기 위해 의회와 정부를 상대로 많은 노력을 기울였다. 보건복지부 자료에 따르면 1950년대 2899명, 1960년대 6166명이 해외로 입양됐는데, 목적지는 90% 이상이 미국이었다.

1970~1980년대는 해외입양이 가장 성행했던 시기다. 절대빈곤 가정의 아이, 기아버려진 아이, 미혼모 자녀를 중심으로 20년 동안 총 11만 2546명이 국외로 입양되었다. 1980년대 중반에는 연간 국외 입양인 수가 9천 명에 육박해 '한국은 세계 최대의 고아 수출국'이라는 불명예를 얻었다.

1990년대부터 현재까지는 양육을 포기한 미혼모의 자녀가 해외입양아의 대다수를 차지하고 있다. 한국여성정책연구원 보고서에 따르면, 2011년 해외입양아 916명 중 810명88.4%이 미혼모의 자녀다.

세계 10위권의 무역대국으로 성장하고, 저출산이 심각한 사회문제로 대두된 지금도 한국은 매년 1천 명에 가까운 아이들을 해외로 입양을 보내고 있다. 미국 국무부가 지난 1월 발표한 2012년도 입양 통계에 따르면, 한국은 조사 대상국 중 네 번째로 많은 627명의 아동을 미국에 보냈다. 미국의 전체 외국입양아8천 668명 가운데 7.2%를 차지해 중국, 에티오피아, 러시아의 뒤를 이었다.

정부는 지난 2007년 해외입양 아동 수를 해마다 10%씩 줄이는 쿼터제를 도입했다. 이 같은 감소세를 감안하면 2020년대 중반이면 해외입양아가 100명 이하로 줄어들 전망이다.

「입양특례법」 개정과 관련된 논쟁

김성이 전 사행산업통합감독위원회 위원장은 해외입양에 남다른 관심을 가진 고위관료로 잘 알려져 있다. 1970년대 중반 미국유학길에 오르면서 항공 요금을 충당하기 위해 입양아 두 명을 에스코트했던 경험이 직간접적으로 영향을 미쳤다는 후문이다.

그는 보건복지부 장관을 지내던 2008년 3월, 미국 아이오와 주에서 한인 입양아 네 명이 양아버지에 의해 숨지는 사건이 발생하자 분향소가 마련된 서울 합정동 홀트아동복지회를 찾아가 조문했다. 당시 김 장관은 "비극이 재발하지 않도록 해외입양 아동에 대한 사후관리가 실질적이고 체계적으로 이뤄질 수 있도록 하여 보호가 필요한 해외 입양아에 대한 안전망을 강화하도록 노력하겠다."라고 말했다. 장관의 의지 표명 이후 보건복지부는 해외입양을 대폭 줄이는 방안을 빠른 시일 안에 마련하고, 입양허가제를 도입하는 방안을 검토하겠다고 밝혔다.

김 장관은 소고기협상 관련 발언 논란 등으로 인해 입각 반년 만에 조기 강판했다. 하지만 그의 임기 중 뿌려진 씨앗은 싹이 터 이듬해

「입양특례법」의 개정 추진으로 이어졌다. 요보호아동의 원가정 보호를 강조하고, 입양절차 전반에 아동의 권익이 보장될 수 있도록 국가의 관리감독 의무강화 필요에 따라 기존의 「입양촉진 및 절차에 관한 특례법」을 개정하기에 이르게 된 것이다.

「입양특례법」 개정과정에는 우여곡절이 있었다. 입양기관이나 양부모에 의한 허위 출생신고 등 반세기 넘게 관행적으로 이어져 온 문제점을 바로잡고, 국제기준에 부합하는 제도를 도입하는 과정에서 갈등이 야기되었다. 입법 보고회와 공청회 때마다 입양전문기관들과 해외입양인 단체들이 서로 맞서 치열한 논쟁을 벌였다. 입양 기관들과 입양가정 단체들은 입양아의 권리를 보장하고, 양부모의 조건을 강화하는 개정 취지에는 찬성하지만 출생신고 의무화 등 몇몇 조항이 미혼모들의 어려움을 가중시킬 수 있다며 반대했다. 미혼모에 대한 편견과 차별이 뿌리 깊은 우리 사회에 적용하기에는 아직 이르다는 주장이었다.

반면 해외입양인 쉼터 '뿌리의 집', 진실과 화해를 위한 해외입양인 모임TRACK, 입양인 원가족 모임 '민들레' 등은 국제기준의 전면적인 도입을 촉구하는 한편, 정부안과 별도로 약 1년 동안 개정안을 만들어 국회에 입법 청원했다.

개정 「입양특례법」은 민간단체들이 주도한 법안에 정부의견이 반영돼 2011년에 국회를 통과하여 지난해 8월 5일부터 시행됐다. 입양아의 권익을 보호하고, 입양절차 전반에 걸쳐 국가의 관리 · 감독 의무를 강화하는 데 초점이 맞춰졌다. 이 법은 입양절차와 입양정보 관리를 엄격하게 규정한 선진국형 제도라는 평가를 받았다.

개정 「입양특례법」은 입양을 신고제에서 법원허가제로 바꾸었다. 아동복지시설이나 입양기관을 통해 입양되는 요보호 아동의 국내외 입양은 모두 가정법원의 허가를 받아야 한다. 또 친생모친생부는 선택 가능가 자신의 가족관계등록부에 출생신고를 하게 함으로써 입양아가 성인이 되었을 때 친양자 입양관계증명서를 통해 자신의 출생정보를 확인할 수 있도록 했다. 단, 사생활 보호를 위해 증명서 열람이나 발급은 친생모부와 입양아성인만 신청할 수 있도록 했다.

입양아의 출생신고 의무화는 지난 60년간 사실상 방치된 입양 시스템의 허점을 보완한 것이다. 그동안 비공식 입양을 포함해 약 20만 명이 해외로 보내지는 과정에서 국가의 역할은 부실하고 미진했다. 선진국의 기준에 맞춰 해외입양을 성사시키기 위해 입양아의 호적기록을 조작하는 사례도 빈번했다.

친생모부의 입양동의를 아동 출생 1주일이 지난 후에만 가능하도록 하는 '입양숙려제'도 도입됐다. 또한 미혼모가 양육할 때 어떤 지원을 받을 수 있는지에 대해 충분한 설명을 듣고 상담을 할 수 있도록 했다.

「입양특례법」 제정 및 개정 추진 과정

- 「고아 입양법」 제정(1961 제정, 1976 폐지)
- 「입양특례법」 제정(1976. 12. 31.)
- 「입양촉진 및 절차에 관한 특례법」 전부개정(1995. 1. 5.)
- 「입양특례법」으로 개명 및 전부개정(2011. 8. 4., 2012. 8. 5. 시행)
- 「입양특례법」 하위법령(시행령·시행 규칙) 개정 추진(2012. 8. 5. 시행)

「입양특례법」 주요 개정 내용

- 국가는 아동에 대한 보호의무와 책임을 이행하기 위해 해외입양의 감축을 위하여 노력해야 함을 명시
- 양부모 자격강화와 입양숙려제 등 입양아동의 권익강화를 위한 제도 개선
  - (가정법원 허가) 국내외 입양의 가정법원허가제 도입으로 입양아동 보호에 대한 국가의 책임 강화
  - (양부모 자격강화) 아동학대 · 가정폭력 · 성폭력 · 마약 등의 범죄나 알코올 등 약물 중독 경력자의 양부모 자격 제한
  - (입양숙려제) 아동의 출생 후 7일이 경과한 후에 한 입양동의만 효력 인정
  - (파양) 양친이 양자를 학대하는 등 복리를 해하는 경우와 양자의 양친에 대한 패륜행위 시 가정법원에 파양 청구 조항 명시
  - (사후 관리) 입양아동과 양부모의 안정적인 가정생활 지원을 위해 사후 관리 기간 연장(6개월 → 1년) 및 서비스 제공 내용 명시

- (정보공개) 입양아동이 본인에 대한 입양정보를 중앙입양원과 입양기관에 공개 청구할 수 있도록 함
- 「입양특례법」에 의해 입양된 아동에게 양부모의 혼인 중의 출생자와 동일한 법률적 지위(민법의 친양자제도)를 인정

• 입양기관 간 정보공유를 통한 국내입양 활성화 및 입양아동 등에 대한 사후관리를 위해 중앙입양원 설립운영 → 2009년부터 설립, 운영 중인 (재)중앙입양정보원의 법적 근거 마련

출처: 보건복지부 보도자료, "'제7회 입양의 날' 입양문화 개선 공로로 입양인(윤재원, 19세) 국무총리 표창 수상"에서 재인용.

친모의 죽음…… 제인 정 트렌카에게 인생의 전환점되다

제인 정 트렌카는 1972년 서울에서 태어났다. 친모는 술만 마시면 집을 난장판으로 만들고 폭력을 행사하는 남편으로부터 딸들을 보호하기 위하여 입양을 선택하였다. 그리하여 제인은 생후 6개월 만에 언니와 함께 미국 미네소타의 백인가정에 입양됐다. 하지만 친모는 아이들이 걱정되어 딸들의 입양을 주선한 입양기관을 찾아가 끈질기게 요구한 끝에 양부모의 주소를 알게 되었고, 이후로 계속 딸들에게 편지를 쓰기 시작하였다.

고등학생 시절, 어느 날 우연히 우편함에서 한국어로 쓰인 편지를 발견하게 되면서 친모가 보낸 편지의 존재와 양부모가 생모의 편지를 오랫동안 감춰 왔던 사실에 대해 알게 되었다. 이후 친모와 편지를 통해 꾸준히 연락을 하고, 한국에도 방문하게 된다. 하지만 친모가 암으로 세상을 떠나자 그녀는 양부모에게 추모식에 참석을 제안하였지만 생모의 존재를 인정하지 않는 양부모는 이를 거절하고, 그 이후 그녀는 양부모와 절연하게 된다.

> 생모와의 만남이 내 인생을 변하게 했어요. 가장 중요한 것은 '시간' 에 대해 배웠다는 것입니다. 우리에겐 시간이 별로 없다는 것이요. 사실 엄마가 돌아가시기 전엔 내게 급한 일이 별로 없었어요. 엄마의 죽음 때문에 한국과 관련해 내 삶이 끝나기 전에 더 중요한 일을 많이 해야겠다는 생각이 들었습니다.

인터뷰에서 인용한 앞의 글에서 알 수 있듯이 친모의 죽음은 그녀의 삶에 커다란 변화를 가져다준다. 한국 내에 정착생활을 시작하고, 자신이 생각하는 한국과 관련된 '더 중요한 일'에 집중을 하게 된다.

미혼모에 대한 편견이 아기들을 해외 입양으로 내몰아

제인 정 트렌카는 현재 진실과 화해를 위한 해외입양인 모임TRACK의 대표로 활동하고 있다. 이 단체는 한국의 입양제도를 개선하고, 미혼모를 돕기 위한 활동을 벌이는 민간모임이다. 2007년 회원 5명으로 시작했지만 현재는 100여 명으로 늘어났다. 그는 "지난 10년간 국내외 입양의 90%가 미혼모 자녀인데, 미혼모 자녀를 무조건 입양과 연결 짓는 한국인의 인식이 달라져야 한다."고 말했다.

이를 위해 정 트렌카는 2010년 민주당 최영희 의원이 발의한 「입양 촉진 및 절차에 관한 특례법」 개정안의 국회 통과를 촉구하는 활동을 벌였다. 입양의 법원허가제, 입양숙려제 도입, 입양인의 알 권리 등 입양인 단체의 요구사항이 반영된 개정안이다. 이러한 개정안의 내용은 현재 개정된 「입양특례법」에 상당 부분 반영되었다.

2011년 5월 11일 입양의 날에 처음으로 TRACK와 해외입양인센터 '뿌리의 집'이 함께 한 · 미 · 일 미혼모와 입양인이 참여하는 '제1회 싱글맘의 날' 기념 행사를 개최하고, 매년 이 행사를 진행하고 있다.

「입양특례법」 개정안은 2009년 초 TRACK이 공익변호사그룹 '공감'과 함께 개정작업에 착수했는데, 초기 단계에 '뿌리의 집'이 합류했고, 이어서 '국외입양인연대ASK'와 '한국미혼모가족협회'가 추가로 함께 참여해 2009년에 약 1년 동안 작업을 해서 최영희 의원실에 검토와 발의를 부탁하였다.

최영희 의원실에서 이 법안을 세밀하게 검토하고 손질해, 2010년 5월 11일 입양의 날에 발의하였다. 민간단체에서 개정작업을 시작한 지 얼마 안 되어 보건복지부에서도 이 법안 개정작업을 시작했고, 2009년에는 두 차례에 걸쳐 정부 개정안을 위한 공청회를 개최했다. 2011년 4월 중순에 국회보건복지상임위원회에 상정되어 논의되었다. 마침내 그해 6월 29일, 국회에서 입양특례법에 관한 개정안이 통과되었다.

아무도 관심 없는 20만 개의 꼬리표

제인 정 트렌카는 2010년 6월, 아동청소년미래포럼 공동 대표인 한나라당 이주영 의원의 후원으로 국회에서 전시회를 열었다. 이 전시회는 과거 60년간 20만 명의 어린이를 내보낸 해외입양 프로그램의 심각성을 조명하기 위한 공동미술품을 소개하기 위해서 열렸다. TRACK 회원들과 작가 리앤 리스한국 이름: 서영숙가 흰색 천으로 터널을 만들었고, 회원들과 자원봉사자들이 어린이 한 명당 하나씩으로 계산하여 20만 개의 꼬리표에 일일이 도장을 찍어 터널에 매달 구상이었다. 꼬리표 한쪽 면에는 바코드와 유전 정보, 그리고 나이와 키, 체중을 적는 공간이 있다. 뒷면은 한국 '여행 증명서'의 복사본으로, 도장으로 고유번호를 찍게 되어 있다. 하지만 입양아들이 팀을 짜서 몇 주에 걸쳐 도장을 찍었음에도 불구하고 결국엔 9만 개 정도만 완성할 수 있었다. 9만 개 중에서도 불량을 제외한 6만 개밖에 매달지 못했다.

제인은 여기에서 20만이라는 숫자는 실수가 나올 수밖에 없는 횟수임을 자각하지만, 이러한 작업들이 입양아라는 사람의 생명이 관련된 일을 다루는 것에서는 별개의 일임을 말한다. 또한 과거 입양기록의 분실 혹은 조작으로 현재 가족을 찾은 입양아들이 2.7%에 불과하다는 사실을 말하고 있다.

한국인으로서 해외에 입양된 경험을 갖고 있는 제인 정 트렌카. 그러기에 입양인의 문제가 바로 자신의 문제로 다가왔을 것이고, 현재까지 활동하는 데에 큰 힘으로 작용했을 것이다. 그녀가 한국에 깊이 뿌리내리며 앞으로도 입양인들의 목소리를 대변해 주기를 기대해 본다.

그녀는 두 번째 장편소설 『덧없는 환영들』에서 이렇게 말하고 있다.

> 내가 할 수 있는 말이라곤 내 심장 한가운데 있는 내 유일한 욕망은 다정하게 사랑받는 것, 누군가 날 온전한 사람으로, 어쩔 수 없이 이렇게 된 지금의 나를 사랑해 주는 거야.

어쩌면 이 말은 스스로에게 하고 있는 말인지도 모르겠다.

강병철(2011). “사회적 낙인 의식이 성소수자의 삶의 만족도에 미치는 영향”. 사회복지 연구, 42(2), 381-417.

김경식, 이병환(2002). “신사회운동으로서 한국의 대안교육운동”. 교육학논총, 23(1), 1-17.

김기덕, 최명민, 이현정, 조성우 공역(2012). 사회복지학의 새로운 접근(Gray, M., Stepen, A. 저). 서울: 시그마 프레스.

김기태(2002). 사회복지실천론. 경기: 공동체.

김미원(1997). “사회사업실천의 임상중심경향과 전문화 지향에 대한 비판적 고찰”. 한국사회복지학 통권 31호.

김상곤(2011). “무상급식의 의미와 효과, 그리고 보편적 복지국가”. 사람과 정책, 2, 136-147.

김성국(2000). “신사회운동의 새로운 가능성: 영국의 도로건설반대운동을 대상으로”. 한국 사회학회 사회학대회 논문집.

김선희(2010). “행복한 급식혁명: 이제 ‘차별 없는 행복한 밥상’을 차리자”. 시민과 세계, 17, 130-143.

김선희(2011). “친환경 무상급식으로 가는 길”. 교육비평, 28, 89-108.

김선희(2012). “친환경무상급식에서 시작한 먹거리 복지운동, 전 국민의 먹거리 기본권 보장으로 제도화되어야”. 월간 복지동향, 166, 30-33.

김성천(2008). “한국 사회복지실천 방법론의 불균형 문제”. 중앙사회과학연구, 제20집, 31-49.

김성천, 박순우, 장혜림, 이현주, 이해령 공역(2007). 급진사회복지실천(Fook, J 저). 서울: 학지사.

김성천, 이은정(2012). “한국 사회복지실천 방법의 불균형에 관한 연구”. 한국사회복지교육, 20, 176-202.

김수영(2004). "TV 방송의 사회복지관련 프로그램에 대한 탐색적 연구: 프로그램의 사회복지 역할유형별 현황과 역사, 한계와 대안을 중심으로". 상황과 복지, 17, 171-218.
김영모(1981). "현대사회사업의 동향과 그 비판: 급진적 관점을 중심으로". 사회복지연구, 15, 1-39.
김은영 역(2006). 희망의 밥상(Jane G., Gary M., Gail H. 저). 서울: 사이언스 북스.
김인숙(2001). "사회복지실천의 탈계층화: 정체성의 확립인가? 정체성의 위기인가?". 비판사회복지학회 학술대회 자료집, 109-125.
김현미(2005). 글로벌 시대의 문화 번역. 서울: 또 하나의 문화.
남궁선(2008). "성적 소수자의 인권형성 과정과 사회복지의 역할 연구". 미간행 박사학위 논문. 서울기독대학교.
노병일(2003). "급진적 사회사업에 대한 연구". 사회과학리뷰, 23(1), 189-207.
대구사회복지영화제 조직위원회(2012). 제3회 대구사회복지영화제 팸플릿
박경태(2007). 인권과 소수자 이야기. 경기: 책세상.
박인선(2001). "입양에 대한 이해". 복지동향 5월호.
박원순, 홍세화, 오창익, 박세길, 김주언, 조명래, 박병상(2009). 내 인생의 첫 수업: 대한민국을 움직이는 사회디자이너들의 터닝포인트. 서울: 두리미디어.
법제처(2011). 노숙인 등 복지 및 자립지원에 관한 법률.
보건복지부(2013). 노숙인 등의 복지사업안내.
배옥병(2011). "무상급식 주민투표 이후 친환경 무상급식 운동의 과제와 전망". 월간 복지동향, 115, 28-31.
배재훈(2012). 게이 남성 합창단의 문화 정치학. 미간행 석사학위 논문. 서울: 연세대학교.
백선기(2007). 미디어 그 기호학적 해석의 즐거움. 서울: 커뮤니케이션 북스.
백선기, 김소라(1998). "지배담론과 대항담론: 동성애에 대한 '매스미디어' 와 '게이커뮤니티' 의 담론관계를 중심으로". 커뮤니케이션학연구, 6, 78-114.
백종규(1997). 한국 사회복지실천에서 사회복지운동의 특성에 관한 연구. 미간행 석사학위 논문. 경남: 경남대학교.
서진환, 이선혜, 정수경(2001). 현대 사회복지실천이론(말콤페인 저). 서울: 나남.
성소수자차별연대 무지개행동(2008). 지금 우리는 미래를 만들고 있습니다: 올바른 차별금지법 제정을 위한 뜨거운 투쟁의 기록. 서울: 사람생각.

송호근(1997). “신사회운동의 사회학: 개념, 의의, 쟁점”. 한국사회과학, 19(2), 7-27.
엄명용, 김성천, 오혜경, 윤혜미(2011). 사회복지실천의 이해. 서울: 학지사.
여성가족부(2012). 제2차 다문화 가족 지원 정책 기본계획(2012~2017). 여성가족부.
오용오(2012). “한국 시민운동의 변화와 성격에 관한 연구”. 미간행 박사학위 청구논문. 서울: 동국대학교 대학원.
오혜경(1999). “사회사업 실천에 있어서 세력화에 관한 연구: 급진주의 사회사업 실천을 중심으로”. 한국사회복지, 4, 105-133.
유호균(2009). “신자유주의적 세계화 패러다임: 비판적 검토와 대안적 전망”. 아태연구, 16(1), 123-140.
윤용택(2011). “강정마을에 드리운 무기의 그늘: 제주 해군기지 광풍의 현장”. 황해문화, 72, 272-283.
윤용택(2012). “제주해군기지 틈으로 본 우리시대의 생명평화”. 진보평론, 52, 87-96.
이영환(2005). 한국의 사회복지운동. 서울: 인간과 복지.
이은주(2002). “사회복지실천의 전문성과 정체성 확립에 대한 고찰”. 상황과 복지, 16, 203-245.
이인숙(2009). “한국 사회복지운동의 전개과정과 성과”. 부산장신논총, 9, 255-282.
이서진(2007). “게이남성의 장소 형성: 종로구 낙원동의 사례로”. 지리학논총, 49, 23-44.
이수정(2005). 새터민 청소년의 학교적응에 관한 연구: 반차별-반억압 관점을 중심으로. 미간행 석사학위논문. 서울: 중앙대학교.
이진(2013). 성소수자를 향한 한국 주류 미디어의 시선: 1990년부터 2012년까지의 미디어 재현을 중심으로. 미간행 석사학위논문. 서울: 고려대학교.
임성규(2007). “서울을 지역으로 하는 사회복지운동을 전개하자”. 월간 복지동향, 106, 54-57.
전규찬, 이희은, 황인성, 주형일, 김수미, 이경숙, 오원환, 채석진, 정의철, 박지훈(2011). 한국사회 미디어와 소수자 문화정치. 서울: 커뮤니케이션 북스.
정기선, 김영혜, 박경은, 이은아, 박지혜, 이승애, 이지혜(2007). 경기도내 국제결혼여성가족 실태조사 및 정책적 지원방안 연구. 경기도가족여성개발원.
조돈문, 황석만, 김유선, 신철영, 이대훈, 김금래, 남인순, 황상규, 김제남(1995).

노동운동과 신사회운동의 연대: 노동운동으로서 사회적 관심과 이데올로기적 지도력. 한국노동조합총연맹.
조홍식(2010). "친환경무상급식운동의 성취와 연대의 특성. 시민과 세계". 참여연대 참여사회연구소, 18, 26-39.
조희연(1995). "사회발전을 향한 지방자치: 제2부 지자제의 발전과 시민사회의 역할: 민중의 지자제로서의 지방자치". 사회발전을 향한 지방자치, 163-172.
조희연(1998). 한국의 민주주의와 사회운동: 비판 · 실천담론의 복원과 재구성을 위하여. 서울: 당대.
지승호, 심홍아, 동성애자인권연대(2011). 후천성 인권결핍 사회를 아웃팅하다. 서울: 시대의창.
지은영(2010). "친환경 무상급식으로 아이들에게는 건강한 먹거리를, 농민에게는 희망을". 민족 21, 116, 64-67.
제인정 트렌카(2013). 덧없는 환영들. 서울: 창비출판사.
제주도군사기지반대대책위원회(2007). "세계 평화의 섬 제주에 무슨 일이". 진보평론, 34, 150-155.
최진희(2003). 국내입양서비스의 실태와 활성화 방안에 대한 연구. 미간행 석사학위논문. 공주대학교.
통계청(2012). 인구통계
한건수(2006). 농촌지역 결혼이민자여성의 가족생활과 갈등 및 적응. 한국문화인류학, 39(1), 195-210.
한국보건사회연구원(2010). 2009년 전국 다문화 가족 실태조사. 보건복지부 · 법무부 · 여성가족부.
한국게이인권운동단체 친구사이(2011). " '친구사이' 와 한국의 게이인권운동". 진보평론, 49, 60-99.
한국주민운동정보교육원(2010). (주민운동의 힘) 조직화: CO 방법론.
한인영, 김성천 공역(2007). 세계화와 사회복지실천(Dominelli, L. 저). 서울: 학지사.
한채윤(2007). 성적소수자에 대한 이해. 발간자료, 61-74.
한채윤(2011). "한국 레즈비언 커뮤니티의 역사". 진보평론, 49, 100-128.
황지성(2012). "소위 '도가니법' (장애인 성폭력 관련법)의 내용, 의의, 과제". 여성이론, 26, 266-276.

Reish, M., & Andrews, J. (2001). *The Road Not Taken*. Sherdan Books.

Fook, J. (1993). *Radical Casework: A theory and Practice*. Singapore: Allen & Unwin.

Tompson, N. (2001). *Anti-discriminatory Practice*. London: Palfrave Macmillan.

Dominelli, L. (2002). *Anti-Oppressive Social Work Theory and Practice*. London: Palfrave Macmillan.

Fook, J. (2002). *Social work: Critical Theory and Practice*. London: Sage Publications.

Mills. (1943). The Professional ideology of the social pathologist. *American Journal of Sociology, 49*(2), 165-180.

Illich. (1977). *Disabling professions*. Marion Boyars. London.

North. (1972). *The Secular Priests*. Georage Allen & Unwin. London.

국토교통부 http://www.molit.go.kr

대학알리미(2013). www.academyinfo.go.kr

성소수자차별반대무지개행동 http://lgbtact.org

친환경 무상급식 풀뿌리국민연대 http://www.happybob.net

통계청 http://kostat.go.kr

통계청 e-나라지표 http://www.index.go.kr

한국 동성애자 커뮤니티의 형성과 미디어 www.welez.org

홈리스행동 홈페이지 www.homelessaction.or.kr

희망먹거리네트워크 http://www.geubsik.org

여성신문(2011). 이제는 한국 사회와 화해하고 싶어요.

연합뉴스(2003). 해외입양 입양특례법의 진실을 찾아서.

장애인신문(2011. 1. 26.). "남대문 쪽방 화재 시 현실적인 화재 복구 대책/재발 방지대책 마련하라!".

함께걸음(2005. 9. 1.). 장애인복지법과 고용촉진법 제정운동을 회상하며.

함께걸음(2005. 9. 1.). 장애인올림픽 반대 운동을 회상하며.

저자 소개

김성천(Kim Sungchun)

중앙대학교 사회복지학과 박사
원광대, 중앙대사회복지학과 교수
중앙대학교 사회복지대학원 원장
한국가족사회복지학회, 한국사례관리학회 회장
국민복지행동공동대표

〈주요 저서 및 역서〉
급진사회복지실천(공역, 학지사, 2007)
세계화와 사회복지실천(공역, 학지사, 2007)
사회복지실천의 이해(공저, 학지사, 2011) 외 다수

김은재(Kim Eunjae)

동국대학교 철학과 졸업
강남대학교 사회복지전문대학원 석사 졸업
중앙대학교 사회복지학과 박사과정 수료
사) 우리가족교육센터 소장
인터넷중독전문상담사
내러티브상담사
미술심리상담사

옆으로 간 사회복지 비판

– 급진사회복지실천가들의 현장 이야기 –

2014년 4월 30일 1판 1쇄 발행
2023년 4월 20일 1판 6쇄 발행

지은이 • 김성천 · 김은재

펴낸이 • 김 진 환

펴낸곳 • (주) 학지사

04031 서울특별시 마포구 양화로 15길 20 마인드월드빌딩 5층

대표전화 • 02) 330-5114 팩스 • 02) 324-2345

등록번호 • 제313-2006-000265호

홈페이지 • http://www.hakjisa.co.kr
페이스북 • https://www.facebook.com/hakjisabook

ISBN 978-89-997-0665-3 03330

정가 **13,000원**